体育教学与体育文化融合发展研究

唐阳成　燕纪元　任　鹏　著

全国百佳图书出版单位
吉林出版集团股份有限公司

图书在版编目（CIP）数据

体育教学与体育文化融合发展研究 / 唐阳成，燕纪元，任鹏著. --长春：吉林出版集团股份有限公司，2023.6

ISBN 978-7-5731-3897-2

Ⅰ. ①体⋯ Ⅱ. ①唐⋯ ②燕⋯ ③任⋯ Ⅲ. ①体育教学-教学研究②体育文化-文化研究 Ⅳ. ①G807.01 ②G80-054

中国国家版本馆 CIP 数据核字（2023）第 132103 号

体育教学与体育文化融合发展研究
TIYU JIAOXUE YU TIYU WENHUA RONGHE FAZHAN YANJIU

作　　者：唐阳成　　燕纪元　　任　鹏
责任编辑：欧阳鹏
技术编辑：王会莲
封面设计：豫燕川
开　　本：787mm×1092mm　1/16
字　　数：252 千字
印　　张：11.75
版　　次：2024 年 1 月第 1 版
印　　次：2024 年 1 月第 1 次印刷
出　　版：吉林出版集团股份有限公司
发　　行：吉林出版集团外语教育有限公司
地　　址：长春福祉大路 5788 号龙腾国际大厦 B 座 7 层
电　　话：总编办：0431－81629929
印　　刷：北京银祥印刷有限公司

ISBN 978-7-5731-3897-2　　　　定价：70.00 元
版权所有　侵权必究

前言

　　大学生是未来祖国现代化建设的人才。健壮的体魄、良好的心理素质、高尚的道德情操已成为 21 世纪对人才的基本要求。大学生正处于身体发育的旺盛阶段，因此树立健康第一的思想、培养良好的体育锻炼习惯、掌握科学的体育锻炼方法，对于提高大学生个人身体素质，进而提高全民族体质，具有特别重要的意义。高校体育教学是我国高校教育和体育教育的重要组成部分，在促进我国体育和教育事业发展、促进大学生健康全面发展方面发挥着重要作用。

　　体育教学是学校教育的重要组成部分之一，目的在于培养具有健康体魄与创新精神的德、智、体全面发展的合格人才。21 世纪，培养能创新、有思想、能协作、会生存的全面型人才，是课程教育改革发展的需要，也是体育教育事业发展的需要。目前在素质教育发展的新阶段，"为了一切学生，为了学生的一切，一切为了学生"以及以学生发展为本的新理念给体育教师提出了新的要求。为此，教师在教学中必须解放思想，转变观念；尊重学生的主体地位，把学生的利益放在第一位；大胆尝试体育教学改革，及时摒弃不适应现代教学理念的传统思想与教学方式；有效地激发学生参加体育锻炼的积极性，同时提高体育课堂教学效果，促进学生身体素质的全面提高。尤其是新时代背景下，大学生不仅要具备强壮的体魄，还要具有开拓精神和现代意识，因此实现大学体育教学与体育文化的融合是构建现代教学体系的必然要求，也是培养社会实用型体育人才的主要手段。

　　全书以论述体育教学和文化融合为逻辑起点，内容涵盖现代学习观下的体育教学理念模式、文化动力促进体育教学改革、体育教学改革文化动力作用机制及实证研究等方面。本书的特点是在论述体育教学与文化基本理论的基础上，提出促进体育教学与体育文化融合的具体方法。目的在提高和锻炼大学生态度和价值观，促进身心全面、协调、健康发展的同时，提升高校学生的体育文化素养，在体育教学中培养学生正确的情感、态度和价值观，促进身心全面、协调、健康发展。本书对从事体育教学专业的研究学者以及体育文化方向的工作者有一定的参考价值。

  在编写本书的过程中，笔者查阅和借鉴了大量的相关资料，在此向其作者表示诚挚的感谢。此外，本书在编写的过程中，也得到了相关专家和同行的支持与帮助，在此一并致谢。由于作者水平有限，加之时间仓促，书中难免出现纰漏，敬请广大读者批评指正。

第一章	体育教学概述	1
第一节	体育教学的概念与特点	1
第二节	体育教学的性质与功能	6
第三节	体育教学的基本规律与原则	9
第二章	高校体育教学内容及教学研究	19
第一节	高校体育教学内容	19
第二节	高校体育教学研究	36
第三章	高校体育教学理念与创新	47
第一节	"以人为本"教学理念	47
第二节	"健康第一"教学理念	51
第三节	"终身体育"教学理念	55
第四节	坚持体育教学理念创新的注意事项	59
第四章	高校体育教学方法的设计与革新	63
第一节	体育教学方法概述	63
第二节	传统体育教学方法及应用	66

第三节　现代教育理念的体育教学方法 …………………………………… 75

　　第四节　高校体育教学方法的创新与发展 ………………………………… 78

第五章　高校体育文化理论基础 …………………………………………………… 85

　　第一节　体育文化的理论基础 ……………………………………………… 85

　　第二节　校园体育文化的理论 ……………………………………………… 87

　　第三节　高校校园体育文化的理论 ………………………………………… 92

　　第四节　高校校园体育文化的结构与内容 ………………………………… 95

第六章　高校体育教学的文化发展功能解析 …………………………………… 103

　　第一节　体育教学活动与大众体育文化 ………………………………… 103

　　第二节　体育教学活动与竞技体育文化 ………………………………… 108

　　第三节　体育教学活动与奥林匹克运动文化 …………………………… 112

第七章　高校校园体育文化建设发展 …………………………………………… 119

　　第一节　校园体育文化的建设 …………………………………………… 119

　　第二节　体育教学与休闲体育文化的整合发展 ………………………… 130

第八章　高校体育教学与体育文化的融合发展 ………………………………… 143

　　第一节　体育教学改革中的文化动力 …………………………………… 143

　　第二节　体育教学与体育文化的关系 …………………………………… 150

　　第三节　体育教学中体育文化的传承 …………………………………… 156

　　第四节　体育教学与体育文化的融合 …………………………………… 160

第九章　高校校园体育文化的延伸与拓展 ……………………………………… 163

　　第一节　家庭体育与社区体育概述 ……………………………………… 163

　　第二节　校园体育与家庭体育及社区体育的关系 ……………………… 166

　　第三节　家庭体育文化建设与发展 ……………………………………… 168

　　第四节　现代社区体育文化体系构建 …………………………………… 174

参考文献 …………………………………………………………………………… 181

第一章 体育教学概述

第一节 体育教学的概念与特点

一、体育教学的概念

（一）体育教学的定义

体育教学是由"体育"和"教学"这两个词语组成的，把教学的概念与体育的理论体系结合，形成了全新的教学内容与教学方法。在实际的体育教学过程中，体育教学和其他学科一样，具有完整、成熟的体系，需要进行组织活动和管理活动。体育教学与其他学科的教学也有着不同点，比如，体育教学对教学环境有独特要求，对场地和器材也有不同的需求。由此可见，体育教学并不是思路固定、例行公事的教学活动，绝对不能把其视为一种休闲娱乐的放松活动，它需要众多因素的共同作用才可以正常、合理、科学地开展。

体育教学的实践过程就是通过学校教育，学生在教师的管理指导下，通过理论的学习和了解，运动技术和技能的尝试与掌握，从而提高身体素质，保持身心健康，提高运动水平，形成对自然和社会环境的适应能力，培养良好的思想品德，养成终身体育的习惯，塑造自我个性的教育过程。

人们对于一项崭新事物的概念界定一般都是通过长期实践中的认识和总结，只有把概念弄明确了，人们才可以进行客观和准确的思考与判断，才能更好地展开深刻的研究，进而得出更加深刻的结论。任何事物的概念都应具有简洁、科学的特性，而如果把事物的目的、功能、价值等问题融于概念之中，则会使其不够简洁。因此，上述定义既有正确的方面，也有较为啰唆的一面。

基于相关学者的研究和定义，可将体育教学的概念进行归纳总结。体育教学是以体育实践性知识，即运动技术为主要学习内容的教学活动。需要注意的是，这种定义从一定程度上忽视了体育教学理论的学习。在体育教学中，学习技术、技能和战术的同时也要学习理论知识。体育学习中，理论性知识的学习不是单纯地通过看教材、上网、看视频或室内理论教学课来获得的，而是要把身体技能练习与理论性知识的学习充分结合，或者说把体育理论知识的学习穿插于体育课堂教学的动作练习之中。也就是说，在体育教学中，既要重视技术技能的传授，也应该重视传授理论知识。而仅仅依靠阅读教材、论文、期刊、媒体资料或室内理论课等与其他学科相似的形式来进行体育理论知识学习，从某种程度上来说是不太可靠的。当然，在体育教学中，体育室内理论课肯定也是教学体系中不可或缺的一环，但它与一般意义上的理论知识学习仍有一定差异。一是在体育教学中，理论课的比例很小，每学期只有2

课时左右;二是作为运动技术学习的补充课程,待学生对技术动作具有了一定经验后,再去学习相关的理论知识,这样能够对已经学习过的实践性知识有更深入的理解。

体育教学的上位概念是教学,它指的是"以课程内容为中介的师生双方教与学的共同活动",其特点是通过各学科系统知识、技能的传授与掌握,发展学生的身体和心理。

因此,体育教学具有明显的学科教学特征,是教与学的互动,是体育课程的下位概念,与它同一层次的概念有物理教学、数学教学、语文教学等。体育教学是各学科教学的一部分,体育教学首先应属于教学,教学活动是体育教学的下属概念,是体育教学的第一本位。

(二)体育教学的内涵

体育教学活动并不是一成不变的,而是一个动态过程,这一过程中包括知识和技能的传授过程。在体育教学的不同阶段,体育教学的概念、角色等也因为多方面的作用和影响而不断发生着变化。经过多年发展,现阶段体育教学的内涵包括以下三方面。

1. 体育教学是一门学科

在体育教学体系中有着诸多构成要素,其中主要有教学目标、教学内容、教学方法、教学模式、教学评价等内容。体育教学的目标主要是锻炼学生体能、提高身体素质、增进学生身心健康,它是一门相对特殊的课程,配合德、智、美、劳的发展,促进学生身心的全面发展。体育教学中主要的教学组织形式是课程教学,体育课程教学是指为了实现教学目标,配合德、智、体、美、劳全面发展,并以发展学生体能、促进学生身心健康为主的特殊课程教学。通过上述界定,明确了学习体育运动的知识与技能,但对学生的活动与对体育运动的体验、情感的反映与社会适应的关注还比较有限。

2. 体育教学是教育的组成部分

体育教学是在体育教师的指导,从运动科学、生物学、教育学、运动心理学、运动保健学、社会学等学科中吸收知识的精华,在体育与健康方面有规划、有组织、有目标地以身体练习为主要形式的活动,它与德、智、体、美、劳方面的培养相配合,共同促进学生身心的全面发展。除了在运动能力上没有比较详尽的要求外,在体育运动与体育活动、训练方面的教育都能让学生身心的发展得到锻炼和培养,这也是素质教育的主要内容及方法。

3. 体育教学是活动

体育教学主要是相关有组织、有计划、有目标的体育活动的组合。相关学者在研究中也提出了类似看法:"现代体育教学是为了使学生能在身体、运动认识、运动技能、情感及社会方面和谐发展的有计划、有组织的活动。"因此,在教学实践中,学生仅仅掌握了课本上的理论是远远不够的,它是在亲身参与学习运动技能的基础上,进行动作技能的体育活动,要达到一定的标准,是体育感受体验的积累,通过这种身体的感觉和感触才会学习并掌握技术动作。

二、体育教学的特点

体育教学与其他学科教学有一定的共同点,但也有很多不同点。从体育教学的性质来分析,体育教学与其他学科教学的共性主要体现在以下几个方面。

第一,体育教学是教师与学生的交流及互动。在体育教学过程中,教师与学生的双边活动和其他学科的教学活动一样具有互动性强的特征,教师与学生存在着双向交流。学生在课上的一举一动是公开的,教师的指导对全体学生会带来或大或小的影响,教师的"教"与学生的"学"是课堂教学对立而统一的充分体现。

第二,班级授课制是体育教学和其他学科教学都具有的上课方式。与其他课程教学一样,体育课的班级组成一般是自然班,但也有打破自然班组合的情况,如在高校体育课的选修课程中,每个教学班的人员组成并不是自然班,有同一个学院、同一个专业各个平行班的学生,也有同一个学院、不同专业的学生,甚至有不同学院、不同专业的学生在同一时刻一起上体育课的情况。出现这样的情况是由高校体育教学的特点决定的,虽然打破了自然班的建制,但实际教学中依然体现出了班级授课的特征。班级授课制的特点是一个学期内体育课堂教学的班级学生相对固定,且班级内学生的年龄、生理基础、技能水平基本处在同等水平线上。

第三,体育教学的主要目的是传授相应的知识和技能,这与整个教育事业的"传道授业"有着同样道理。但是,由于应试教育长期占据着我国教育方式的主导地位,这就使得体育教学在所有学科的教学中处于比较不利的境地。一方面,相较于其他文化学科,大部分学生确实喜欢并愿意上体育课;另一方面则是学校普遍还是更加注重文化学科的教学,相对而言体育课则受到一定冷落,体育课成为"要求中很重要,做起来没么重要,在实质上其实不重要"的学科。

大家都知道参加体育活动对身心发展具有很好的促进作用,特别是对智力开发具有特殊的意义,只是相关教育者在整体上不重视体育教育的发展,使得这些功能与价值没有得到深入开发及应用。因此,体育教学是对"知识与技能"进行传承的独特方式。所不同的是,体育教学传承的是体育文化。

结合体育教学的性质,并对其他学科教学进行对比分析,可以总结出体育教学的基本特点。下面就来阐述一下体育教学具有的特点。

(一)师生身体活动的频繁性

在体育教学过程中,由于"身体知识"源自人体不断地思考、操作与实践,因此,在体育教学中,需要体育教师反复进行技术动作的示范、反馈与指导,而学生要做的则是端正态度,集中注意力观看,之后再进行身体动作的尝试与体验。不通过亲身实践与身体练习,是无法习得相关技术与技能的。所以,在体育课的实际教学过程中,教师与学生进行身体动作教学是很常见的事情,但在其他学科的教学中却很难看到。其他学科的课程一般情况下都在室内进行,要求安静融洽的课堂氛围,这样才能对激发学生的思维、产生学习效果起到良好作用;但体育教学则恰恰相反,在活动过程中既有学生强烈的身体活动,也有适当的感情与情绪表达,这些都是外显的行为表现,渲染了体育文化,直观地体现出了体育运动中积极与阳光的一面。

(二)传承运动知识的操作性

与其他学科明显不同的是,体育运动的知识是"身体"的知识,身体知识对学生认知自我具有重大作用,其重要性必须得到足够重视。身体知识是一种正回归人类自身感觉的知识,这种知识的重要性目前还未得到足够的重视与挖掘。这方面的理论是人类发展过程中的一种特殊知识,是人们对外部自然知识的追求转向对人体内部知识的追求的结果,是人类面向自我、面向人类人体、面向人类自身的一种挑战。

当今,各级别的学校都十分重视学生的主体性,关注到学生的个性养成,这种追求人类自我知识的回归不仅显示出体育教学的特殊性,还体现了体育教学知识传承的特殊目标与根本意义。在未来,这类知识必将被大部分教育者所接受与认可,并将广泛地应用于人类身心健康的具体研究之中。

(三)学生身心合一的统一性

体育对人自身自然的改造,不仅是外在结构与生理机能的统一,也是身体和心理的统一。体育教学要在传承体育文化的同时改变学生的身体形态,并强化学生的心理与社会适应能力的发展。

体育教学与其他学科的智育教学所处的情境是不同的,它营造了一种能够直观感触到的教学环境,这些直观明显的、生动形象的、富含情感的教学情境为学生的心理与社会适应能力的健康发展培养起到了促进作用。因此,体育教学中的身心发展是一元的,符合辩证唯物论的哲学观点。身体发展是体育教学的基础,心理发展是依靠身体的发展而发展的,心理的发展同时促进着身体的发展。

体育教学中身心合一的统一性主要体现在以下三个方面。

第一,体育教师在教学中选择教学方法时必须考虑学生的个人情况,符合学生的身心变化规律,使学生在一定运动负荷的要求下,在身体锻炼与整理休息的过程中实现发展身心的目的。在人体开始运动后,机体的生理机能状态出现变化,各器官进行工作,长期坚持后运动水平就会进一步提升;发展到一定水平时,会固定在一段时间;当体内堆积大量代谢物质、糖原等物质消耗过多后,机体的运动水平就会下降。在体育课程教学中,教师对于运动负荷和调整休息有着科学的分配,所以学生的生理机能变化不是直线,而是具有波峰和波谷的曲线。

第二,体育教学的内容在选取上不仅要注重对学生身体各器官与系统、各种运动能力和各种身体素质的正面促进,而且要注重对学生心理健康及社会适应的培养,要符合心理学、体育美学和社会学等方面的要求。

第三,体育教学要符合学生的年龄特点和心理特点。因为学生尚处于成长发育阶段,心理上很容易出现变化及波动,思维、情绪、意志等方面的变化会对动作技术和体育技能的学习产生影响。这种生理、心理负荷波浪式的曲线变化规律,体现了体育教学具有鲜明的节奏和与身心的和谐统一。因此,体育教师应根据学生的心理特征对教学进行全面设计和组织,在促进学生身心发展的同时,培养学生对体育的积极性、形成对体育项目的兴趣,让体育教学更有效地发挥自身的功能。

(四)教学内容的审美情感性

体育具有艺术感和美感,而体育教学的美感首先体现在师生运动过程中的形体美与运动美上。学生通过身体锻炼让自己的身形变得更具有美感,形成身体各部分线条的美、身体比例对称的美,在运动的过程中体现出人体结构的美,这些都是体育运动的外在美。其次,体育教学还体现了人类挑战自我的精神之美,也就是内在美。在运动中克服身体和精神的障碍,达到运动学习的目标;运动实践中体现谦虚、谦让、尊重等良好的道德风范,这些也都是美的表达。

除了体育运动的外在美和内在美外,体育教学活动还体现出了教学内容的审美性。每一个运动项目都彰显出不同的审美特征与美学符号,如球类项目,除了表现出人的运动能力和运动天赋外,还需要做到团队合作、相互协调、互帮互助等人际交往的素质;田径项目更多的是表现人类的力量与速度,同时也显现出没有永远的赢家、永不放弃、奋勇拼搏的豪迈气概;健美操项目展示的是柔韧、灵巧、艺术表现、婉约、柔和的美等。

人们在长期的发展实践过程中,各种体育方面的知识和技能通过反复积累得到了运用及发展。首先,体育教师通过长期的总结和提炼,将其准确地传授给学生,让学生去感触与体验,从中感受到美、得到美的启迪,陶冶情操、净化心灵,促使身心的和谐发展。其次,教学是一种思维创造的社会活动,师生共同创造的和谐课堂教学情境给人以意境的感悟与精神上的感化,令人感受到体育教学的美好。同时,在体育教学中教师与学生之间能够还有一种看不见、摸不着的联系,构成了教与学的统一。在教师在传授知识的过程中,也伴随着师生之间丰富的情感交流。

（五）教学过程的直观形象性

体育教学的过程中体现出了鲜明的直观形象性。具体来讲,首先是教师在讲解动作的直观形象,教师在教学讲解中的声音要洪亮、清楚,还要生动形象、通俗易懂地描述动作技术,把要传授的知识进行艺术加工,把复杂的技术动作诠释得形象、通俗,这样才能让学生加深对动作的感知与记忆。同时,体育教师采用特殊的方式进行动作演示,需要通过直观的动作形象进行示范,具体方式有教师亲自示范、优秀学生示范、学生正误对比示范、教学模具示例、人体模型实例和动作图解等,使学生通过感官形成对动作的基础意识,建立正确的、清晰的运动表象。学生通过各种渠道与媒介观看正确的动作示范,获得生动的表象,同时活跃思维,从而达到掌握体育知识、技术和技能的目的,同时,还能发展自身的观察能力和形象思维能力。

另外,体育教学的组织与管理也体现了直观形象性的特征。在体育教学中,每个学生的动作和形态都是直接显露出来的,教师能看得一清二楚;而反过来,教师在课上的一举一动,所有学生也能亲身感知。因此,体育教师对自己的言行也要自我约束,因为教师对学生的行为具有潜移默化的教育意义;而学生的课堂表现则是直接的、真切的反映,特别是在学生于教学中学习动作的过程中,所表现出来的言谈举止都是真实的情感流露,这一信息正是教师所需要注意与收集的,通过观察、反馈及指导,帮助学生不断进步。直观形象性是体育教学的重要原则,只有坚持直观性和形象性才能够使学生更好地理解和学习。

（六）客观外界条件的制约性

体育教学还有一个与众不同的特征,那就是体育课的教学效果更容易受到外界各个方面的影响,更容易遭到客观实际情况的制约,如学生的体育基础素质、体质水平,学生的性别、年龄、生理和心理特点,外界气候条件、运动场地、器材设备等,这些因素都从不同层面对体育教学的质量有着不同程度的影响。

从体育教学的角度来说,体育教学的实施要体现出教育的全面性,不仅要根据学生的运动基础进行区别对待,还必须对学生的年龄、性别、生理和心理特点等进行全面考虑。因为男生和女生在身体形态、运动素质、机能水平、运动功能等方面差异巨大,所以教师在教学设计、教学要求、教学组织等方面根据学生的性别不同要有所区分。而如果忽略了学生的差异,在组织、方法和内容上盲目地选择,不仅达不到增强体质、培养身心的目标,还有可能增加学生的运动负担,发生运动疲劳情况。

从体育教学的环境角度来看,体育课大多数情况下都在室外进行,而在室外就会有各种客观影响因素,如天气、气温、气候、噪声等。同时,学生在外面更加有新奇感,心理上更不受拘束,这种环境会使学生的注意力不集中。还有一些不可控的因素,如学校的各种活动、节假日放假等,都会对体育教学产生大大小小的影响。同时,体育教学对场地、器材设备条件的要求也是体育课比较独特的一个方面。因此,在教学计划中,从教材内容选择到教学组织方法实施,从一学期的教学计划到每一课时的具体计划,每一位教师都必须考虑到这些客观实际与影响因素,排除各个因素的干扰,提高体育教学质量与效果,同时还要克服严寒酷暑、风雾雨雪等不利条件,培养学生坚持不懈、战胜自我的精神。

第二节 体育教学的性质与功能

一、体育教学的性质

(一)体育教学的基本性质

事物具有的性质决定了事物与其他事物最直接、最根本的区别,具有独特性质的事物无论是在表象上还是在内涵中均有一定的特性。体育教学和其他学科教学最根本的区别就在于它本身所具有的体育教学本质。体育教学与其他教学相比具有以下性质。

(1)体育教学的场所一般是在室外,随着学校的条件越来越好,各高校和中小学开始有能力建造体育室内馆进行现代体育教学,如篮球、羽毛球教学基本上就在室内,所以体育教学在室内进行也是不奇怪的,但田径、足球等项目还是必须在室外进行的。

(2)在体育教学过程中,教师和学生都要承受一定的运动负荷与心理负荷,每次下课后,学生都会感到身体有一定程度的劳累,这是其他学科下课后并不常见的情况。

(3)体育教学的过程是身体活动与思维活动的结合,包括广泛的人际交往过程,尤其在一些集体项目中表现得尤为明显。

(4)体育教学中更加关注学生的自我感受与情感体验等。

(5)体育教学侧重于发展学生身体时空感觉以及运动智力。

(二)体育教学的根本性质

体育教学最重要的教学形式是运动技能的教学,它是体育育人功能的实现方式。而对于运动技能的传授也是体育教学与其他学科教学的主要区别之一。在体育教学中,学生从完全不会到全面掌握动作技能需要经过几个教学阶段,分别是认知阶段、练习阶段与完善阶段。只有经历了不同阶段,才能实现教学目标。具体来说,在体育运动技能的认知阶段中,学生与体育运动技能之间有着比较密切的联系,该阶段教学的主要目的就是让学生对所学技能的结构、关系、力量、速度等要素进行表象认识。从这个角度来看,体育运动技能仅仅是学生提高身体素质、完成技术动作的一种方法,因此可以认为运动技术是一种"操作性知识"。

综上所述可以得出,体育教学的根本性质就是"一种针对运动技术和知识的教学",学生通过体育教学实践,掌握了运动知识并将之转化为运动技能,也就体现出了体育教学的性质。

二、体育教学的功能

(一)影响学生身体的功能

由于在体育课教学活动中,学生必须进行身体的活动,通过身体体验动作和技能,这样必然会有一定的运动负荷,这种运动负荷会对学生的机体会产生不同程度的刺激与影响,其影响的程度要视运动项目的内容、运动持续时间、运动间歇时间、学生身体素质、营养补充等情况而定。运动项目在内容上的不同,对人体的作用程度也不同,例如,田径中的短跑主要锻炼学生的肌肉和速度能力,1500米跑能锻炼学生的心肺功能等,但如果运动持续时间过长、运动量过大、运动负荷过重,那么不仅不会促进身心的发展,反而会影响到身体的发展,甚至会产生运动损伤。学生的体质与体育教学也有一定关联,如身体素质非常好的学生,运动强度可以往上提,进一步发展和提高运动水平;而那些身体素质不太好的学生,若与身体好的学生采取同样的运动量和运动强度恐怕会吃不消,对身体素质不但没有提高反而会有不良影响。因此,从体育教学影响身体功能的角度而言,想要有效发挥出体育运动的健身作用就必须遵循体育教学的规律,运用科学的教法与组织形式达到效果、实现目标。

(二)影响学生心理的功能

在人体发展规律中,身与心是合一的。体育教学在对学生身体产生影响的同时,也会对学生的心理、思想、意识与观念产生不同程度的影响,这方面的影响与其他学科有共性也有差异。体育教学与其他学科的教学都有育人的功能,教学是教育的一个主要组成部分,同样也能育人,这种功能主要通过教师的言传身教来实现,因为教师的举止无时无刻不影响着学生的思想,因此教师必须为人师表,为学生作表率。教学更重要的是传授各种人类社会的道德、规范与理念,这是学生在走向社会前必须接触的内容。除了上述共性外,体育教学还有着与其他学科不同的特性。体育教学在特殊的场合传授体育运动过程中具有人类外显的行为规范和准则,而这些规范和准则与社会的道德规范是一致的,正因为它们之间具有高度的一致性,体育教学对学生心理的培养才具有重要的意义及价值。

体育教学对学生心理的影响主要包括两个方面,分别是个人心理与团体心理。从个人心理角度看,体育教学和体育课能让学生的压力得到缓解;另外,体育的成功及失败是相对的,没有永恒的胜者,而失败却是大多数人都要去面对的。作为胜利者,必须保持清醒头脑,不骄傲自满;作为失败者,不沮丧气馁,要不甘落后,奋起直追。只有具备了这样的素质,才有机会成为出类拔萃的强者,这就是体育活动对每一个学生在道德和心理上的意义。对于团体心理而言,道理和个人心理是共通的,作为团队的一个成员,需要处理好个人利益与集体利益的关系,以大局为重,抛开个人私心杂念,发扬集体主义精神,成就团队荣誉。

(三)影响学生社会交往的功能

体育教学中影响团体心理的功能也可以说是体育教学影响学生社会交往的功能。在体育教学中,同学之间的沟通、交流与合作是必不可少的,学生之间的交往具有特殊性、外显性与频繁性特点,这与其他任何一种教学活动或社会活动都有明显差别。在体育活动中,学生的身体交流、动作交流和语言交流非常多,交流的同时也会使对体育竞赛规则加以传播与体现。可以说,体育教学具有社会的属性,这个社会赋予了学生之间需要遵循的各种规则与准则。若不遵循,就会受到惩罚和制裁;若表现优异,则会得到表扬和奖励。规则及准则的执行者自然是体育教师,要求教师必须做到公平公正、不偏不倚,这样才能对学生产生良好的影响,培养学生形成良好的体育道德规范,进而培养学生适应未来社会的各种道德规范与理念。

(四)传授运动技术的功能

从体育教学的微观结构分析,体育教学的最小单位是每一节体育课程,而体育课的主要性质是以教学内容为中介的教师与学生的双边活动,因此,体育教学主要是实现运动技术的传授与学习,即体育教师把运动形成以来不断发展的技术和技能传授给学生,这体现了传承的精神。在传授运动技术的过程中体现出了体育学科的独特性,学生必须亲自进行身体活动和体验,才能学会并掌握各种运动技能。要没有这个实践环节,而仅有理论知识的教学是远远不够的。

在体育课中,教师的教学内容通常是具体的技术和技能,它可以小到某项运动的一个单元,甚至可以小到某单元教学中的单个动作环节,如教学内容可以是球类项目中的足球,也可以是足球中的足弓传球练习,还可以是绕杆带球练习等,其他运动项目以此类推。也就是说,从小的、简单的技术动作学起,才能积少成多,掌握整个运动项目的技术。

(五)传承体育文化的功能

从体育教学的系统结构来看,把体育课的内容累加起来就构成了单元教学计划;把各个项目的单元教学累加起来就构成了学期教学计划;而把上、下两个学期的教学内容累加起来就构成了学年教学计划;通过这种方式往更大层次进行累加,就构成了学段的教学计划。从体育教学微观内容分析,把体育教学过程中各种小的运动技术累加起来就能学到某项完整的运动技术,继续往大累加就会学到各种运动技能。结合以上两个视角,通过不同阶段的体育教学,学生可以接触、学习并掌握较为完整的运动知识、运动文化,习得各种运动技能,从而实现体育教学传承体育文化的功能。

第三节 体育教学的基本规律与原则

一、体育教学的基本规律

（一）人体机能适应性规律

1. 体育教学中学生人体生理机能活动变化规律

人的机体进行身体练习时有一个过程，在这个过程中其机能呈现出了不同特点。在开始练习时，机体要从静止状态克服生理机能的惰性，体内各器官系统的机能从相对较低的水平逐渐上升。随着运动的持续，机体的机能活动能力稳定在较高的波浪式范围，且波动不大；在运动持续一段时间后，人体会感到疲劳，机体机能活动能力开始下降，随后恢复到安静时的机能状态。在运动的整个过程中，人体的机能活动能力从上升阶段到稳定阶段，再到恢复阶段。体育教学中安排的运动量和负荷强度要符合人体生理机能活动能力变化规律，因此，体育教学中应根据人体生理的变化规律合理安排教学内容、教学方法及运动负荷等。

2. 体育教学与学生身体发展非线性关系的规律

学生处于生长发育阶段，身体发展具有一定规律，这是由学生的先天遗传因素所导致的。因此，可以做个假设，即使学生不参加体育活动，不进行运动锻炼，按照人体生理规律身体也会成长发育，运动锻炼的因素只是影响学生身体发展的外界因素之一。积极参加，认真锻炼，身体的发育和发展就会得到促进；而不经常参加体育活动，不爱锻炼，则容易对身体产生不好的影响。运动对学生的身体会产生影响，这是千真万确的事实，但是从相关检测结果来看，身体形态的发展到底是由运动锻炼造成的还是学生个人生长发育所形成的还没有具体的结论。因此，可以认为运动过程中对学生施加的运动负荷与学生身体的变化不是相对应的关系，即非线性关系，而只有指向性关系，即给予学生适当的运动负荷，对学生的身体发展有一定的促进作用，但并不是运动负荷越大学生的身体变化就越大，其不是对应的关系。

3. 体育教学内容对不同学生具有不同的身体刺激规律

体育教学内容与运动负荷有内在的本质联系。运动负荷是指人在运动锻炼时所承受的生理负荷，包括运动量和运动强度两个方面。在教学过程中，只有给学生一定量的运动负荷，学生的身体才会有积极的反应，教学才会收到好的效果。教学内容的不同，其运动负荷也不同，不同的运动负荷对学生的影响也不一样。比如，教学内容是打太极拳，那么运动时心率达不到180次/分钟；如果教学内容是100米快速跑，学生跑完后即刻心率可达到160次/分钟以上；准备活动慢跑400米，心率一般会在130次/分钟左右。很显然，教学内容与运动负荷是直接相关的，教学内容与运动负荷的相关性规律是体育教学所特有的规律。

在体育教学过程中，运动负荷较大的教学内容有跑步、跳远等，而掷实心球、体操等运动的负荷则相对较小。所以，在体育教学过程中要高度重视教学内容与运动负荷的联系，在教学内容的安排上，可以交替安排大负荷和小负荷练习，这样可以使运动锻炼更有效果，而不至于产生疲劳。通常，学生取得最佳健身效果的心率区间是120次/分钟至140次/分钟，而在体育课中,可将此心率保持的时间控制在10分钟以上,并以中等强度和中等量结合的运动负荷为主,在运动之后也要照顾到学生的机体恢复情况。因此,应根据不同教学内容的特点科学地安排教学内容,以更好地促进学生身体的发展。

(二)动作技能形成规律

1. 粗略学习运动技术阶段

首先,从生理学、心理学两个视角分别概括地去研究学习运动技术阶段的基本特征。从生理学视角来看,此阶段学习新的技术动作所引起的内外刺激对学生机体来说都是新异刺激,并通过各种感受器传到大脑,引起大脑皮层的中枢神经细胞强烈兴奋,但因大脑皮层内抑制过程还没有建立与形成,大脑皮层的兴奋与抑制过程都依照大脑皮层本身的运动规律趋于扩散,导致形成的反射还很不稳定,出现泛化的现象。表现在外在动作上,就是僵硬、不协调、不到位,时常发生错误动作和多余动作,动作时机把握得不准确、不到位,节奏散乱。从心理学角度而言,在这一阶段中,学生的视觉起到了主导作用,学生主要通过观察教师、优秀学生、教学媒体的各种运动技术演示,在头脑中逐渐形成相对准确的运动表象。但由于学生在这个阶段缺少直观的体验和感性认识,因此,虽然注意力高度集中,但人的内心实际上是非常紧张的,心理能量消耗大,在大脑中建立的运动表象时隐时现,直接表现为动作呆板、不协调,有待于进一步提高。

因此,该阶段教学的主要任务是使学生建立动作的正确表象和概念,排除杂念,避免误导,防止并排除多余、错误的动作。学生要多加练习,以建立大脑皮层与肌肉系统的联系,形成更加稳定的条件反射。根据这一阶段的特点和教学任务,教师要充分了解学生的性格和运动水平,运用更加直观的教学手段,进行简短而又生动的讲解,做出正确示范,保证学生形成准确的动作表象,引导学生把思维集中在如何更好地完成动作上来,准确把握动作的意义、技术结构、要领和完成的方法;同时,要给学生充分的练习时间,帮助学生建立神经系统与肌肉系统的暂时联系。

2. 掌握分解动作,改进与提高完整运动技术阶段

从生理学角度来看,随着学生学习的深入,学生大脑皮层运动区的兴奋与抑制过程在时空上的分化开始发展,大脑皮层运动中枢的兴奋及抑制过程逐渐集中,抑制过程明显增强,尤其是分化抑制得到发展,由泛化进入分化。第一、第二信号系统的相互作用开始得到加强,具体表现为慢慢掌握各个分解动作,多余动作的情况越来越少,动作的时机与节奏更加靠近动作要求。从心理学的观点来看,学生注意力的分配能力开始加强,整体感知开始分化,视觉、听觉、动觉共同发挥作用。但此时条件反射依旧不稳定,容易受到外界强烈刺激的干扰和影响,精神还是有些紧张,注意力范围还是较小,动作虽然有改观但显得慌乱,动作衔接还不连贯,容易出错等。因此,这一阶段的教学任务是在粗略学习运动技术的基础上,进一步缓解学生的紧张情绪,深化对各个分解动作的理解和掌握,并让学生加深理解各个动作结构的内在联系,在掌握各个分解动作的同时,于脑海中建立起完整衔接动作的概念及意识。根据该阶段的特征与要求,教师应运用多种教法,重复长时间地练习;在不切割完整动作的基础上,把所有相近的分解动作进行对比,帮助学生纠正各种错误动作,把握技术动作

的重点和难点;根据完整动作的要求,对各个分解动作进行有节奏的组合练习,从分解动作逐渐过渡到完整动作。

3. 掌握完整运动技能阶段

从生理学角度来看,通过对整个运动技术的反复练习,逐渐形成稳定的运动技能记忆和表象,逐渐形成稳定的动力定型,使大脑皮层运动区内兴奋与抑制过程在时空上更加集中,有时在脱离意识控制下也能完整地完成动作。在不利的环境和条件下运动,运动形式牢固,不会遭到破坏,植物性神经功能与躯体性神经功能开始协调配合。从心理学角度来看,学生在这个阶段的精神紧张程度逐渐降低,语言的作用开始加强,注意力范围不断扩大,其具体表现为:完整动作完成情况较好,动作协调、灵巧,不出现明显的动作失误,动作的矛盾与干扰越来越少,完整动作更加连贯,节奏性较好。

这一过程运动动力定型虽已基本巩固,但也要持续进行练习,否则来之不易的动力定型还会消退。对于步骤多、难度大的运动技术,如果不坚持练习,动作定型不仅不会得到进一步巩固,而且已形成的动作表象还会逐渐消退。因此,此阶段的任务是要求学生在各种条件、环境下继续坚持练习;关注运动技术的每一处细节,加深动作技术的理论及原理的理解与消化;结合运动实践,促进完整运动技能达到自动化的程度。

4. 运动技能自动化阶段

从生理学角度来看,运动技能不断巩固与发展之后,学生掌握的运动技能最终会出现自动化现象。所谓自动化,就是指在练习某套动作时可以在下意识的情况下自动完成。所谓下意识完成动作不是真正意义上的不采取任何意识去完成动作,只是指在大脑皮层兴奋性很低的情况下依旧可以把动作完成。例如,在骑车过程中,人完全不需要意识控制,如车把的稳定、重心的移动、踏车的动作等都能用下意识去调整,注意力可以转移到观看周围的情况。从心理学角度来看,这一阶段学生完全没有精神情绪的紧张,注意力范围扩散到最大限度,运动的感知对动作的控制调节占据主导地位等。其具体表现为:毫不费力地完成完整的技术动作,动作熟练、准确、飘逸、灵巧,并能体现运动技能的特征。而继续往前发展,则可以表现为运动技巧和运动能力,并能灵活自如、随机应变地加以运用。但是运动技能的自动化是在下意识情况下完成的,如果出现微小的动作误差往往不会被轻易察觉和发现,如果重复多次而被巩固下来,就有可能使动力定型变质。

因此,这一阶段的教学任务主要是巩固发展已形成的动力定型,让学生轻松、熟练、灵活地完成动作,并能够在各种变化的条件下使动作运用自如。根据这一阶段的特点和任务,教师应继续要求学生进行强化练习,并注意整个技术动作的细节内容,使学生参与各种条件、环境下的练习,特别是运动比赛,不断地巩固已形成的动力定型。

(三)体验运动乐趣规律

在体育教学中有很多教学目的,其中之一就是要注重培养学生的兴趣爱好与专项能力。教师在教学中要想方设法使学生在体育运动中体验到乐趣,这样才能激发学生的兴趣。体育运动乐趣的体验能够使学生对运动技能进行积极的学习与掌握,从而提高自己的体育技能。因此,体育教学过程要遵循体验乐趣的相关规律。

学生以学习与掌握运动技能的过程中体验乐趣的规律一般是如下几个过程。

(1)学生以自身固有的技能水平为基础进行新技能的学习,在学习新技能中体验新的乐趣。

(2)学生为掌握新的运动技能需要付出努力和汗水,需要不断挑战自我,在挑战自我中能够体验到乐趣与成就感。

(3)学生掌握新的运动技能后,需要充分发挥自身的聪明才智与主观能动性来对新技能进行创新,在创新中体验探索与新鲜的乐趣。

二、体育教学的原则

(一)身心发展原则

身心发展的教学原则指的是在体育教学中不光要让学生的身体素质得到发展,而且使学生的心理品质和社会适应能力也得到相应培养。体育教学活动对学生的心理往往会产生深刻影响,具体包括两个方面:一方面是对学生的个体心理产生影响,包括兴趣、爱好、创造等;另一方面是对学生的团体心理产生影响,包括集体意识、团结协作、合作沟通等。

人是一个完整的有机体,其不仅具有生物属性,本身还具有社会属性。只有身心协调发展,人才能体现出自身的价值。身心发展教学原则的基本要求包括以下几个方面。

(1)在学段、水平、全年、学期等方面的体育教学计划的制订中,要根据青少年的发育特点,注意各类教材的选择与合理搭配,做到在不同学段与水平上有所侧重。因此,在体育教学实践过程中要注重教材对学生身心发展的作用。如果运动负荷过大,那么就可以针对各年龄层的学生进行适量安排;但如果运动负荷过小,那么可以在体育课教学中搭配一些其他身体素质的练习,锻炼学生的体能。

(2)体育教师在教学实践过程中要加强对学生有关身体健康知识、科学锻炼身体知识的灌输教育,引导学生正确认识身体健康知识,意识到身体健康的重要性,形成主动参加体育锻炼的好习惯,并促使学生在学习广泛的运动技术基础上不断形成某些运动特长,进而形成终身体育的意识。

(3)体育教师在选择和设计教学任务或者方法时,要体现出教学的育人作用,不放过每一个运动技术、竞赛过程的教育机会,从而发挥这些活动隐藏着的体育道德规范与精神内涵。体育教学要把培养身体健壮与培养心理健康相结合,把体育教学的教育功能发挥到极限,这样才能使体育教学产生出最大的功效。

(4)在体育教学过程中,教师要注意并关注学生的心理,促使学生形成主动锻炼的意愿,在教学方法上体现出灵活多变的风格,使学生在体育课中产生足够的精神和兴趣。因此,对于体育教师来说,不仅要仔细研究教材内容,还有关注学生的身心发展。在体育课上,教师只有充分了解学生的身心特征,做好充足准备,教学方法和内容才对路子,教学才会有效果,才能促进学生身心的和谐发展。

(5)在体育教学评价过程中,要注意学生身心发展的全面性,不仅要研究学生身体健康和运动技能方面的评价指标,而且还要注意研究学习态度、人格素质等方面的评价指标。片面地看学生的课堂表现和运动成绩,最终给出的评价结论也是片面的;只有把教学预设与结果评价合理结合,才能确保体育教学真正能够促进学生的身心和谐、全面发展。

(二)直观启发原则

教师通过具有启发价值、多样化的直观手段,使学生产生清晰的运动表象,从而提高学生分析、概括等方面的综合思维能力水平,这就是直观启发原则。体育教学中有很多直观的教学手段和方法,如教师及优秀生的动作示范、人体模型、教具、幻灯片、视频等,这些手段能够促进学生形成视觉、听觉等多器官共同感觉的作用。虽然在其他学科中也体现出了各种直观的教学手段,但在体育教学中的直观教学手段却有着格外的意义。体育教师除了要把体育运动的知识教给学生外,还要让学生身体力行、亲自实践。学生只有在进行身体操作与练习后才能掌握运动技能。直观启发教学原则的基本要求包括以下几个方面。

(1)体育教师自己对动作要掌握得炉火纯青,同时还要知道如何进行动作技术的示范,不能会做但不会教。运动技术的示范技能不同于运动技能,它是在运动技能的基础上发展起来的一种较为成熟的教学行为方式。

(2)优秀学生对全班整体运动技能的掌握具有示范带头作用,因此要大力培养优秀生。在体育教学过程中,由于很多行为与动作是在观察、模仿的过程中逐渐感触、理解和掌握的,同学之间相互的交流、观察及学习现象非常普遍,相比之下教师只有一人,不能在课堂上对每个人都进行完全细致的一对一教导。因此,只有发挥优秀生的示范带头作用,才能实现直观教学的效果。

(3)直观启发的教学手段要多样化。直观教学手段包括各类器械、标志线、标志物、保护与帮助等,这些直观教学的手段需要广大的体育教师根据教学目标和学生的学习情况不断实践、探索,在不同的动作、不同教学阶段灵活运用,并尝试开发新的直观教学手段。需要注意的是,直观教学的目的在于通过这些直观手段更好地完成教学目标,并不是为了直观而直观。

(4)直观教学要注重启发性。直观教学的最终的目标是让学生掌握运动技能,但掌握运动技能的过程不是一蹴而就的,需要激发学生的主观能动性,引导他们反复努力练习。因此,体育教师在直观教学时要联系生活经验,引导学生正确理解所学的运动技能,有的放矢地进行指导,使学生知其所以然。

(5)要处理好直观、思维与练习的关系。直观、思维与练习是紧密联系的,直观是动作练习的基础,也是教学的前提。没有直观教学,学生就无法快速理解运动操作知识和技术;思维是学会动作技术的核心要素,也是学习效果的关键,只有教学的直观而没有启发性,那么直观教学就毫无意义,因此,思维是把教师有效指导与学生积极参与连接起来的桥梁;练习是必须进行的过程,因为仅有直观的教学、敏锐的思维与理解而不去活动身体,只停留在理论思维的层面上,也不能够实现直观教学的目的。

(三)循序渐进原则

循序渐进原则是指在体育教学过程中有关教学目标、教学内容、教学方法、教学手段等的安排应系统、整体、连贯,符合学生年龄、基础能力等方面的特征,显示出学生的差异,使教学目标更好地实现。在体育教学中,必须遵循从简单到复杂、从容易到困难、从浅显到深入的原则,这样才能使学生的知识、技术、技能等方面得到稳步发展。循序渐进教学原则的基本要求包括以下几个方面。

(1)深入了解学生身心发展的规律和特点。学生是教学的实施对象,学生的个人特点是开展教学的基础。因此,对于体育教师来说,需要分析学生各个阶段的身心发展特点,这些特点为教师采取循序渐进原则进行体育教学各环节的设计提供了依据和条件。

(2)认真钻研教材,了解教材的内外部系统性。教材相当于教师与学生间的中介,身为体育教师要认真钻研教材。教师要把书本上的内容和实际教学情况进行联系与对比,分析它们的相通与不同之处,进而在安排教学计划时关注教材之间的搭配。教师还要善于分析教材内部的特点,包括教材单元的课次、重难点等问题。

(3)教学设计中要有层次性和连贯性。教师在教学预设过程中要根据学生的特点与教材内外部特点去设计教学。教学设计不仅包括教学方案的设计,也指包含教案在内的单元教学计划、学期教学计划、学年教学计划等。因此,体育教师要关注各类教学计划之间的关联性,关注某项教学计划的层次性,保证各类教学文件的连贯性与层次性,使运动项目的教学安排遵循循序渐进的原则,符合教学的客观规律及要求,使教学设计做到首尾衔接、层层递进。

(4)安排运动负荷与运动量时要控制节奏。学生的体能发展和身心发展的特点并不呈直线形发展,而是呈波浪形发展态势,因此,体育教师在安排课堂的运动负荷与运动量时一定要控制好节奏。节奏的合理安排,一方面使学生的机体得到足够的刺激量,而另一方面又要防止过度疲劳对学生的身体造成伤害。

(四)精讲多练原则

精讲多练是体育教学的基本原则之一,也是相对特殊的一个原则。所谓"精讲",就是体育教师在了解学生、摸透教材的基础上,用精练的语言和较短的时间把体育教学的主要内容、特点、动作技术要领和技能向学生清晰完整地诠释出来。"多练"是指学生在体育教师的指导下,充分利用时间,争取更多机会参与身体运动。

精讲多练要求重讲的作用,也要保证充足的练习,讲练结合要使师生都有积极性。"精讲"是教学的基础和前提,只有"精讲"才能使学生在最短的时间内理解所学的内容与方法,才能有更多的时间"多练"。精讲多练教学原则的基本要求包括以下几个方面。

(1)"精讲"要求教学内容精要。在体育教学中需要教师的讲解,但在讲解过程中要注意把握好语言,语言必须紧扣教学目的及要求,突出教学的重点与难点,做到少而精,不能与教学目标背道而驰。

(2)"精讲"的方法要恰当。教师的讲解要做到既能体现教学要求,又符合学生的实际水平。教师的讲解首先要根据教材内容进行讲解,根据教学内容的难易程度进行把控。其次,教师要针对学生的特点选择不同的教学方法。

(3)"精讲"的语言要精练。教师的讲解语言要生动、易于理解,激发学生的思维与想象力。对于体育教学来说,体育教师往往比其他学科的教师更难以控制语言的精妙性。因此,体育教师要特别注意运用各种语言技巧实现教学的目标。体育教师在做到语言精练的同时,还要注意其他语言技巧,如在语调、语气、语速等因素上也要合理把握,这些内容对课堂气氛有着重要作用,能够决定中学生的上课态度和情绪,对教学效果有着很大影响。

(4)"多练"方式的多样化。"多样化"的关键是体育教师要通过在教学过程中多样化的练习方式,让学生有更多机会掌握运动技能,实现运动目标。多样化的练习方式包括重复练习法、间隙练习法、变换练习法、游戏练习法、改变条件练习法、循环练习法、帮助练习法等。但是这些练习方法并不一定适合所有学生,因此要做到区别对待。

(5)"多练"与动脑相结合。在练习过程中,学生每一次练习中的条件、时机、方式等都有可能发生变化,所以需要学生提高适应能力,分析每次练习的情况,及时思考与总结,通过这种方式来增强每一次练习的效果。

(6)在教师指导下进行"多练"。学生要养成主动思考的好习惯,另外还需要教师的点拨与指导。在体育教学中,教师的点拨可以帮助学生更快找到方法和方向,进而更快地掌握技术动作,达到很好的效果。因此,学生要在"多练"环节积极动脑,进行反思性思维,增强每一次锻炼效果;作为教师,要发挥指导点拨的作用,及时给予学生反馈。通过教师与学生之间的互动,让学生的"多练"产生更好的效果。

(五)区别对待原则

区别对待教学原则是指体育教学要根据学生的不同特征去实施不同的教学,从而使每个学生都能找到合适的发展道路,得到相应的进步与提高。由于学生在性别、年龄、生理特点、心理素质、运动能力等方面都存在差异,因此在体育教学中要遵循区别对待的原则。区别对待教学原则的基本要求包括以下几个方面。

(1)了解每个学生的身心特点。学生的身心特点主要是指同龄学生的身心特点,同龄学生的身体状态和心理特点是完全不同的。此外,男生和女生的身体特点也完全不同,不同学生的身体基础和运动技术基础需要教师进行区别对待。

(2)深入了解班级课堂教学氛围。班级的课堂氛围对教学效果有着很大影响。如果是刚刚开学,教师才接手新的教学班级时,要多与班主任沟通交流,了解班内学生的个人情况,在教学之初仔细观察学生的语言与行为等反应,这些对于形成班级良好的集体气氛具有很大作用。而对于进行了一段时间体育教学的班级来说,班级的氛围已相对固定,这时教师就要收集学生对教师、对教学的各种反馈意见,及时改进自己的教学计划,为人处世应光明磊落,让学生信服。只有这样,才能改善原有的课堂气氛,让体育教学产生更好的教学效果。

(3)根据学生的个性特点进行差异性教学。学生都有差异,虽然事实上做不到针对每一个学生进行单独教学,但是对于体育教师来说,则要善于分析学生的共性,并在此基础上分别对待处于"两个极端"的学生,做到使优秀的学生继续拔高、中等学生保持进步、较差的学生迎头赶上,所有学生都能体验到运动的快乐。

(4)对特殊学生给予特殊指导。教师在教学过程中对于基础条件比较差的学生要采取特殊的教学内容,对这类学生进行个别指导,做出有限度的要求,使他们尽可能地提升自我。由于教学对象是面向全体学生的,没有高低贵贱之分,所以做到对特殊学生的特殊指导才真正符合教学的科学理念。

(5)根据教材的性质、具体教学条件、季节气候等特点安排适合的教学内容。对于相同的教学内容来说,教师可根据不同的教授对象运用不同的方法与教学要求,如在跳箱、跳高教学中采用不同的高度等。对于场地、器材、器械等教学条件的不同,教学目标、方法与手段也应各有不同。除此以外,体育教师还要考虑地区、季节气候的不同特点,如高温酷暑不要安排太大的运动负荷,以防止学生中暑。

(六)负荷适量原则

负荷适量教学原则是指在体育教学过程中,根据学生的自身特点合理安排生理和心理负荷,并合理把握练习与休息的交替尺度,从而达到增进身心健康的目的。运动负荷是把握运动效果的常见指标,由于学生在生长发育的每个阶段自身的生理机能都有一定极限,因此学生在练习中如果其生理负荷和心理负荷超越了极限,就会造成肌体的伤害。如果练习时负荷刺激量不足,身体机能不会出现反应和变化,则不能达到发展体能的效果。学生在负荷的过程中,还要适当有所间歇。间歇也是体育教学的必要因素,它对于调节课的节奏、消除疲劳、提高学习效率等具有重要作用。因此,负荷与休息是体育教学的两个基本方面,两者安排得越合理就越有利于提高教学的效果。负荷适宜教学原则的基本要求包括以下几个方面。

(1)研究并掌握运动负荷与身心发展的原理。体育教师首先应在接受职前教育过程中认真学习有关体育生理学、心理学的基本理论知识与原理,并在进行教学实践时深刻体会及运用,从而更好地促进学生身心的健康发展。

(2)合理地安排各类教学计划中的运动负荷。教师在制定各种学习计划时,要对运动负荷与量的安排进行通盘考虑。教师在教学过程中要考虑到不同年龄学生的身体特点,对教材与运动负荷进行合理安排;同时要注意教学的季节性特点,合理安排教材与运动负荷;教师在制定学期的教学计划时,应根据教材单元教学的特点,对各单元教材的运动负荷进行合理安排;教师在安排教案时,要合理搭配多种教材,使运动负荷与休息进行合理交替,同时也应考虑季节、场地、器材、教材等因素。

(3)依照适应性规律调整运动负荷。运动负荷不能持续停留于某个水平上,就体能发展的规律而言,运动负荷的需求应该是不断提高的。因此,体育教师在进行各类教学计划安排时既要注意合理的运动负荷,同时也要关注运动负荷在各个时期的节奏,只有对学生的肌体产生足够的刺激,才能实现逐渐发展体能的目标。

(4)合理安排积极性休息的方式。学生体能的发展取决于运动负荷的量和强度以及合理的间歇时间、休息方式等。合理休息的时间、方式与次数要根据学生肌体的状况而定,同时还要考虑学生的心理和生理因素。

(5)根据课型、教材、学生的不同合理安排运动负荷。由于学生的身体机能各不相同,同样的负荷不同的学生可能会产生不同的效果。因此,在体育教学中不能只根据某些表面数据来衡量运动负荷的大小,教师应根据学生肌体内部的变化情况对运动负荷进行相应调整。

（七）安全卫生原则

安全卫生的教学原则，要求教学工作者在体育教学设计与实践过程中时刻关注学生的运动安全与卫生问题。体育教学过程中有很多安全及卫生隐患，要做好各种预防措施，减少不必要的身体伤害，保证学生在安全卫生的条件下进行各种体育活动。安全卫生教学原则的基本要求包括以下几个方面。

(1) 学生要有"健康第一""安全第一"的理念。体育课的安全始终都是学校、教师、家长注意和担心的一个大问题，安全问题虽然近年来受到了政府、学校领导、教师、家长的高度重视，但在体育教学中依然有事故发生，做不到完全杜绝。因此，教师在进行体育教学时一定要做好各种安全预防工作，贯彻"安全第一"的教学理念，把学生的安全问题、健康问题充分重视起来。

(2) 体育教学做好各种安全防范措施。首先，体育教师在课前要提前10～15分钟来到教学场地，把课堂需用到的器材提前放置好，体现体育教师负责的态度。其次，体育教师要根据上课内容认真检查体育器材，特别是双杠、单杠等容易对学生造成伤害的器材。再次，体育课前学生应做好准备活动，体育教师要教会学生养成在课前认真充分做好准备活动的好习惯。在做好准备活动的基础上，强调能够结合主教材内容的专项准备活动，使学生身体各关节、肌肉等充分伸展，为之后的教学活动做好准备。最后，体育教师要在体育课中安排并教会学生各种体育运动技术的保护、自我保护与帮助方法，指导学生根据自己的水平与能力参加适合的体育运动。学生要量力而行，千万不要因为争高低而逞能好强，超越身体极限，把自己的身体弄伤。体育教学的安全，关键在于教师是否有责任心，能否为学生着想。

(3) 不违背体育教学的规律。在体育教学中，由于学校的导向、学生家长的要求等各种压力导致体育教师只能降低教学内容的难度，从而导致一些强度合适、富有挑战性的运动项目不受重视。体育教学中动作难度较小或较大都是很正常的情况，如果只选择难度很小的教材进行体育教学，那么学生就体验不到挑战性运动项目所带来的快乐。因此，体育教师要摆脱"安全第一"观念的负面影响，在体育教学中选择运动项目时避免弃难求易。

(4) 关注体育教学过程中的运动卫生。由于社会的进步与发展、人民生活水平的提高，除了在少数偏远的贫困山区学校还存在着运动场地简陋、资源短缺的情况外，现在大多数学校的运动场所设施已经非常健全，有着足够的体育运动资源设施。但在这种环境下参与体育活动，如果不注意运动的时间、强度、衣服的增减等问题，同样也会对学生的肌体造成伤害。其次，在运动建筑设备等方面也有相关的卫生问题，如运动环境的通风、采暖、降温、采光、照明等设施，以及游泳池池水的卫生问题，这些都会直接影响学生的健康。此外，学生在运动过程中也要注意运动卫生，如上体育课之前要补充营养但不能吃得太饱，吃完饭半小时内不能进行剧烈活动，运动后不要喝太多水等，这些问题都是关乎青少年的卫生健康问题，应当在体育教学过程中格外注意。

第二章　高校体育教学内容及教学研究

第一节　高校体育教学内容

一、体育教学内容概述

体育教学内容是体育教学工作者在进行体育教学时的主要参考,因此体育教学内容在体育教学中占据非常重要的地位。再加上体育教学内容所涉及的知识点较为繁杂、宽泛,因此,对于任何一名体育教学工作者而言,体育教学工作必须建立在对体育教学内容充分了解的基础上。

（一）高校体育教学内容的概念

高校体育教学内容是依据当前国家总的教育方针和社会对体育教学的需求选择出来的,根据对大学生身体条件和高校教学条件的深入分析和研究,在体育教学环境下传授给大学生的一种体育锻炼活动。

高校体育教学内容是根据体育教学的目标进行选择的,是根据大学生在成长过程中的发展需要以及体育教学过程中必备的教学条件最终整理而成的,并且是根据社会需求的发展而不断变化的。高校体育教学内容主要是针对教学对象的大肌肉群的运动进行的,其具有很强的实践性,主要包括身体的锻炼、运动型教学的比赛、运动技能的获取等。

（二）高校体育教学内容与体育运动内容的区别

高校体育教学内容是保证体育教学正常进行的有力保障,但是其与体育运动内容之间却也有着非常细微的差别。作为一名体育教育者或是研究者,清楚地掌握它们之间的差别,有助于其不断深入地了解高校体育教学内容。经过深入的分析和研究,对高校体育教学内容和体育运动内容之间的区别介绍如下。

1. 服务的目的不同

高校体育教学内容是以教育为主的,其服务的目的是促进大学生身心健康的发展,其内容偏于理论性,对教学活动具有指导意义。体育运动内容是以提高竞技运动水平、夺取胜利为主的,其服务的目的较偏重于教学内容的娱乐性和竞技性,对教学活动而言具有很强的实践性。

2. 内容的改造要求不同

随着时代的不断进步,高校体育教学内容需要根据时代的变化和社会的需求不断改变,以保证高校体育教学内容能够满足社会培养人才的需要。因此需要对高校体育教学内容进行必要的改造、组织和加工,而体育运动内容不必进行这种改造。

(三)高校体育教学内容的发展

高校体育教学内容和其他教学内容一样,也是随着社会和教育事业的不断发展而发展的。但是,与其他教学内容相比,高校体育教学内容的形成和完善还处于发展的阶段。高校体育教学内容的发展主要来源于以下几个方面。

1. 体操和兵式体操

古代体育的主要形式是兵式体操,由国家的专门机构指导参加训练的士兵进行列队、射击、剑术等战术问题的操练。后来,随着兵式体操训练的不断改进和制度的不断优化,体操最终成为今天高校体育教学中的内容之一。

2. 竞技类体育运动

我国早期出现的竞技类体育运动有骑技比赛、蹴鞠等,后来,随着人们对这类竞技类体育运动的兴趣不断激增,这类体育运动的发展日趋完善,最终成为一种正规的体育运动。工业革命以后,随着人们生活水平的不断提高,英美的体育游戏迅速地发展成为一种近代的体育运动,如足球、篮球、棒球等。而后随着不断的殖民扩张,这些体育运动最终传到世界各地并流行起来,迅速地在各国的高校教育中开展。再加上这些体育运动具有很高的娱乐性,因此深受广大大学生的喜爱,最终演变成体育教学活动中的重要内容。

3. 武术和武道

在古代的体育教育中,体育教学多是以武术教育的形式体现的,体育教学内容也大都是一些具有军事针对性的武术内容,这种运动不仅可以强身健体,而且能防身,因此迅速成为当下流行的一种高校体育教学内容,在社会上展现出独特的魅力,这也构成了"武术"和"武道"的基础。再加上这些运动在对人的精神和意志方面的培养有其他理论知识和教育学科所达不到的作用,因此,这种类型的体育活动深受人们的关注和喜爱。鉴于这种原因,由"武术"和"武道"原型构成的运动项目成为体育教学中的一种正式的教学项目,受到很多国家的关注。

4. 舞蹈与韵律性体操

舞蹈是人类最古老的艺术形式之一,是从古至今人们最喜爱的一种活动。在社会发展的历程中,随处可以见到舞蹈的影子,研究各国文化发展的历史可以发现,舞蹈是世界上很多国家民族文化的重要组成部分,在民族文化的形成、民族之间的交流中占据举足轻重的地位。除了舞蹈之外,韵律性体操也因为很多体育爱好者追求美感和锻炼效果,逐渐登上体育锻炼的舞台。在韵律性体操的基础上又出现了艺术体操、健美操等。传统舞蹈经过不断改进和提升,形成了多样的民族舞蹈、体育舞蹈等。舞蹈和韵律性体操能够陶冶身心,并且在培养机体的美感和节奏感等方面也具有非常重要的作用。因此,舞蹈和韵律性体操逐渐成为高校体育教学内容的重要组成部分。

研究表明,以上几类体育教学中所涉及的内容在体育教学中所占有的比例不同,并且每个国家在进行体育教学的过程中对其重视的程度也有所不同。

(四)高校体育教学内容的特点

1. 高校体育教学内容的功能具有多样性

高校体育教学内容起源不同,又受到所处文化形态的影响,这就决定了高校体育教学内容具有不同的功能,人们对高校体育教学内容的判断也必然会受到其传统起源的影响。因此在进行体育教学的时候,要遵循因材施教的原则,这样才能保证体育教学的顺利进行。

2. 高校体育教学内容的更新速度较快

体育教学本身对实践性要求较高,体育教学中所涉及的因素也非常多,受当前有关体育教学方针的影响,再加上体育教学本身受到地域、经济、政治、文化的影响较大,因此体育教学工作者在进行体育教学时的工作难度较大。要想与时俱进地开展体育教学,就要根据社会的需求不断地更新教学内容。

3. 高校体育教学内容之间是一种平行的关系

体育教学虽然涉及的内容较多,但是各内容之间并没有太多的联系和牵制,各内容之间是一种平行的关系。如跑步和跳远之间,就是相对平行的两种内容,在教学过程中,两者之间没有太大的联系。

4. 每一种高校体育教学内容被赋予的教学任务不同

高校体育教学内容具有很强的时代性,不同时代的人对于体育教学的要求不同,因此,每一种教学内容所承担的教学目标和任务也就不同,如在体育教学中开展各种体育锻炼是为了提升大学生的体育素质,进行比赛是为了培养大学生的团队精神、合作意识等综合素质。因此在进行体育教学或是选择教学内容时,应该仔细地分析教学目标,以便对教学内容进行梳理和选择。

(五)高校体育教学内容与教育内容的共性

高校体育教学内容是教育内容的一个组成部分,它与教育内容具有一些共性,这些共性主要表现在以下几个方面。

1. 教育性

高校体育教学内容是对受教育者进行身体健康教育和心理陶冶教育的参考,当体育教学研究者和教学内容组织者将众多的运动项目选为高校体育教学内容的时候,首先想到的就是这些运动项目本身所具有的教育性。高校体育教学内容的教育性主要体现在以下几个方面。

(1)有利于大学生身心健康

体育教学是通过指导大学生身体的运动和一些竞技性的小组活动,以促进大学生的身心健康发展而进行的一种教学。体育运动本身就是一种肌肉群的活动,它能够通过身体的锻炼来增强大学生的体质,通过各种小组教学活动和竞技类活动的开展来培养大学生的综合素质。

(2)对大学生成长具有积极的影响

高校体育教学内容主要是一些具有深刻影响意义的内容,能矫正大学生的心态,培养大学生坚强的意志,影响大学生价值观的形成,对大学生的成长具有积极的影响。

(3)内容的设计具有普遍性

高校体育教学内容所面对的是教学活动中的全体大学生,因此所选择的教学内容具有普遍性。所谓普遍性就是指教学内容要保证适应大多数人群,这样才能达到教学的统一,有利于教学的开展和进行。

2.科学性

由于高校体育教学本身就是一种以高校教育为主要形式进行的有计划、有组织、有目的的教育活动,是以教育和培养大学生的健康发展为主要目的的,因此高校体育教学内容也应该与高校教育范畴中的其他教学内容一样,保证其具有很强的科学性。高校体育教学内容的科学性表现可以划分为以下几点。

(1)高校体育教学具有很强的针对性

体育教学的对象是广大大学生,其目标就是培养社会所需要的身心健康全面发展的人才。再加上高校体育教学内容是对人类文明的反映和表现,同时体育锻炼的实践性也使得人们不得不重视这一过程,因此体育教学具有很强的针对性。

(2)教学内容符合大学生的需求

在对高校体育教学内容进行筛选的时候,为了保证高校体育教学内容能够更好地为大学生服务,体育教学研究者要对教学内容进行反复筛选,使其能够符合大学生的身体发展需求和社会需求,同时高校体育教学内容具有很强的指导性,为教学过程提供参考和依据。

(3)遵循高校体育教学的规律和原则

任何一门学科的教学都要遵循其特定的规律和原则,这是保证教学目标顺利实现的基本条件之一。高校体育教学牵涉的内容较多,较为复杂,为了保证教学过程能够按照目标的方向进行,在选择教学内容时应该遵循体育教学中特定的科学规律和原则,保证体育教学的科学性。

3.系统性

体育教学是一门繁杂的学科,不仅所涉及的内容较为繁杂,范围较为宽泛,而且对教学目标的要求也较高。因此,在进行教学内容的梳理时,应该根据知识之间的系统性进行组织和安排。通过对高校体育教学内容的研究可以发现,高校体育教学内容的系统性主要表现在以下几个方面。

(1)教学内容本身的系统性

高校体育教学内容具有很强的复杂性,每一个知识内容之间又表现出一定的联系性和逻辑性。如安排低年级的大学生学习体育的时候,首先应该培养大学生的方向意识,先通过"向左转、向右转、立定、向后转"等一些简单指令培养大学生的方向意识,然后对大学生进行各种高校体育教学内容的训练。由此可知,高校体育教学内容本身就具有系统性。

(2)体育教学目标的系统性

在体育教学的过程中,需要根据体育教学的特点、大学生的成长特点和教学环境等,深刻地认识体育教学过程和教学内容之间的规律性。必须根据大学生的成长过程,系统地、有逻辑地安排各个高校、各个年级的高校体育教学内容,并处理好它们之间的相互关系,将体育教学贯穿于教学的始终,这就是体育教学目标的系统性。

（六）高校体育教学内容的特性

高校体育教学内容除了具有与教育内容的共性之外,还具有很多专属于体育教学的特性,这些特性在体育教学过程中发挥着非常重要的作用,主要表现在以下几个方面。

1. 实践性

众所周知,高校体育教学内容主要是一些具有教育意义的运动项目,并且需要大学生肢体和大肌肉群的共同作用才能完成,因此,运动实践是体育教学中的一个较为突出的特点。一般学科都是通过教师的课堂讲授,加上听、说、读、写等一系列训练完成教学任务的,而体育教学内容仅仅依靠听、说、读、写这种相对静态的方式是无法保证完成的,需要在特定的场地通过一定的体育运动才能完成。虽然国家规定的体育教学目标中包括对大学生的心理健康的教育,但是这种教育也是通过某种体育活动的开展让大学生体会到的。由此可见,体育教学内容具有实践性的特点。

2. 娱乐性

高校体育教学内容主要来源于生活、军事和艺术等方面,如武术来源于古代军营;体操、健美操、舞蹈来源于艺术行业;跑步来源于我们的日常生活,等等。适当的运动或者竞赛活动会让参与者获得身心上的放松或者是身体上的改变,如篮球、足球、乒乓球运动能够丰富大学生的业余生活,促进大学生之间的交流,使大学生在运动中获得快乐,这就是高校体育教学内容娱乐性的表现。

3. 健身性

体育教学的目的之一就是增强大学生的体质,保证每一位大学生都能拥有健康的体魄。因为高校体育教学内容有很大一部分是以大肌肉群运动为形式的技能传授与练习,因此,很多能为身体带来动能的体育运动都会增加大学生身体中的运动负荷。再加上大学生正处于身体发育的关键时期,适当的体育运动能够促进他们的身体成长,提高他们的肺活量和身体承重力,不断地激发他们身体内部的潜能,从而达到强身健体的目的。

4. 开放性

高校体育教学内容和其他学科教学最大的区别就是高校体育教学内容具有很强的集体性,注重对大学生的人际交流能力、团队合作能力等社会性能力的培养和提升。再加上体育教学内容中所涉及的很多运动项目都是需要小组或者是集体共同完成的,并且需要全体成员充分地发挥自己的作用才能更好地完成,从这一方面来看,教学内容具有很强的人际交流开放性,有利于大学生人际关系的培养。

二、高校体育教学内容的目标与要求

体育教学的内容来源于人类发展的各个时期,其教学内容的目标和要求都具有很强的时代性。这主要是因为高校体育教学内容由当地民众的文化水平、地域气候条件、社会政治经济发展状况、生产力水平、科学技术水平等因素决定。

（一）传统性高校体育教学内容的目标和要求

传统性高校体育教学内容主要是指运用传统的教育方法对大学生进行体育运动技能培训的一种形式，是高校体育教学内容中一直存在的锻炼项目。虽然高校体育教学内容随着时代的不断更迭而持续变化，但是传统性高校体育教学内容因其积极的教育作用仍然在教育界中占据很重要的地位。下面将对一部分传统性高校体育教学内容的目标和要求进行简单的叙述。

1. 体育保健

体育保健教学内容的目标：通过体育保健基本知识和原理的传授，让大学生深刻地认识到体育教学在人的成长过程中的重要作用，学习体育运动对国家、社会的重要作用，从而激发大学生对体育锻炼的使命感，使他们自觉地参加体育锻炼。除此之外，通过体育保健基本知识和原理的学习，大学生能够了解一些体育学习的必要知识，形成对体育教学的正确认识。体育保健教学内容的要求：体育保健教学内容的编写应该结合当前社会的状况、大学生的实际需求等方面进行，并且精选一些对大学生的实际生活和成长有较重要影响作用的体育运动项目，保证内容的真实性和目的性。同时在对这类内容进行教学的过程中，要结合实际操作进行演示，这样有益于大学生掌握和接受。

2. 田径运动

田径运动是常见的运动项目，其主要包括跑步、跳高、跳远、投掷等内容。田径运动教学内容的目标：通过这项运动，大学生能够了解田径运动的一般规律和基本知识，清楚地认识到田径运动对他们成长过程中身体素质培养的重要意义，掌握一些田径运动相关的基本原理和方法，掌握一些基本的田径运动技能，通过生活中的不断练习，达到增强大学生体质的目的。田径运动教学内容的要求：在设计田径运动教学内容的时候，不应该单单从竞技类运动的角度划分、分析田径运动的教学内容和作用，应该从文化、运动特点、技能作用等多方面进行教学内容的设计和组织，这样才能让大学生更科学地掌握田径运动的基本知识，并且将获得的田径运动知识和技能正确地应用到健身实践中去。由于田径运动会使肌体产生一定的负荷，负荷强度太高会对肌体造成一定的损害，强度太低则达不到运动的效果，所以在教学过程中，应该根据大学生的身体特点灵活地教学。

3. 体操运动

体操运动是体育教学中的重要组成部分，由于其对人体的平衡和形体的训练有着非常积极的作用，体操这一运动颇受广大大学生的喜爱。高校体操运动教学内容的目标：第一，在教师的指导下，让大学生充分地了解体操运动文化，了解体操运动对人体健康的作用；第二，让大学生掌握一些基本的体操运动技能和方法，使大学生能够在日常生活中使用体操来锻炼身体；第三，让大学生能够安全地从事体操运动，并且掌握一些体操比赛的基本常识和技巧。体操运动教学内容的要求：体操不仅能锻炼人体的平衡性、协调性和灵活性，而且能对大学生进行心理方面的积极引导和教育。因此，要从竞技、心理和生理等多视角来对体操教学内容进行分析。在教学内容的编排上要保证一定的层次性，不能总是停留在低水平的层次上。在教学过程中，要根据大学生的身体特点，开展合理的训练，如有些平衡能力较差的大学生,应该对其进行更多有关平衡能力的练习,做到因材施教,这样才能保证教学质量的提高。

4. 球类运动

球类运动是一种常见运动,其主要包括足球、篮球、乒乓球等运动。由于球类运动是一项充满活力和竞技趣味的运动,因此很受当今的大学生喜爱。球类运动教学内容的目标:第一,让大学生充分地了解球类运动的基本概念和球类运动中的一些比赛规则;第二,使大学生能够掌握一些球类运动的技能和技巧,以及参加球类运动比赛的基本技能和常识性知识。球类运动教学内容的要求:球类运动虽然是一项群众性的运动,但其技巧和方法较为复杂,因此在筛选教学内容的时候不能只对球类的单个技能进行教学,而忽视其与比赛之间的联系,否则就会失去球类运动的基本特性,同时还要注意教学内容选择的顺序性与实战性之间的联系。在教学过程中,要注重对技能的训练和对大学生团队合作精神的培养。

5. 韵律运动

韵律运动其实就是一些类似于舞蹈、健美操、体操等的运动项目,韵律运动与其他运动最大的区别就是,在音乐节奏的作用下,实现了舞蹈与运动的完美结合,因此,韵律运动是当今女性尤其喜爱的一种运动。韵律运动教学内容的目标:使大学生了解韵律运动的基本特征,了解从事这一项运动所应该遵循的基本原则和规律,掌握一些基本的技巧和套路。除此之外,通过此课程的学习,还可以塑造大学生优美的形体。

韵律运动教学内容的要求:因为韵律运动是一项表现运动,同时又是一项塑造形体的运动,不仅涉及音乐、艺术方面的因素,还涉及美学方面的知识,因此,韵律运动教学内容应该从大学生审美观的培养、舞蹈音乐的了解和掌握等方面全面地、多角度地加以考虑。韵律运动教学内容还强调对大学生创新能力的培养。

6. 民族传统体育

民族传统体育反映一个民族发展的历史,代表着这个民族的精神和文化。通过对民族传统体育的了解和研究,将其教学内容的目标确定如下:第一,借助这些民族传统体育的讲授,让大学生对民族文化有更深的了解;第二,使大学生学到一些民族传统体育的技能,既可以防身又可以继承和弘扬民族文化,如中国武术。

民族传统高校体育教学内容的要求:在编排内容时,不仅要结合大学生的特点以及现代人的生活方式,而且要强调内容的文化性和实用性,特别是对民族传统体育文化背景和意义的介绍和揣摩。在教学过程中,要注意对大学生兴趣的培养。

(二)新兴高校体育教学内容的目标和要求

随着社会的不断发展,人们生活水平日益提升,科技不断进步,促进了各国政治、经济、文化的迅速创新和发展。在这种社会背景下,新的体育运动项目也逐渐兴起。研究新兴的高校体育教学内容有助于优化体育教学的结构。通过对高校体育教学内容的不断研究和分析,将新兴高校体育教学内容总结如下。

1. 乡土体育

近年来,随着教育改革的不断深入,创新教育内容、不断地对课程资源进行开发引起了广大体育教学研究者的重视,一些具有积极锻炼意义、散发着浓烈的乡土气息的运动项目重新登上体育教育的舞台。这类乡土体育运动的教学目标是:让大学生对民间体育和民俗风情有更深的了解,使大学生掌握一些具有地区特色的民俗体育知识和技能,促进当地传统文化的继承和传播。

乡土体育教学内容的要求:由于这类体育项目来自民间,具有民俗文化的传播作用,因此,要注重其内容的文化性、安全性、锻炼性和规范性,同时剔除一些不利于文化传播或是正能量传播的因素,摒除一些错误的实践。

2. 体适能与身体锻炼

随着社会对大学生的身心健康全面发展要求的不断提高,一些针对性较强的体育锻炼作为培养大学生身体健康的运动被正式带进课堂。这些内容与教师对此运动的实践技能的传授相结合,共同发挥着提高大学生的身体素质和运动素质的作用。体适能与身体锻炼教学内容的目标:体育教师应该通过这一部分教学内容有效地锻炼大学生的身体,让大学生掌握更多实践锻炼和运动的原则和方法,帮助他们更好地提升运动技能。

体适能与身体锻炼教学内容的要求:由于这是对大学生体适能的锻炼,因此要结合大学生身体素质的状况,遵循体育锻炼时的基本规律,要注意锻炼的针对性、科学性和时效性,同时注意内容应该符合国家规定的关于大学生体质健康的标准。

3. 新兴体育运动

由于新兴体育运动教学的内容具有时代性,因此教师在教学时要注意对体育教学目标的掌握,现经过分析和研究,将新兴高校体育教学内容的教育目标总结如下:使大学生掌握一些比较流行的体育运动文化,提高大学生对新兴体育运动教学内容的兴趣,同时提高体育教学在终身教育方面的实用性,从而提高体育教学的质量。

新兴体育运动教学内容的要求:由于是一种新兴的高校体育教学内容,所以在选用这种教学内容时,首先要保证其符合教学条件的基本要求,其次要注意高校体育教学内容的文化性、教育性、安全性和实践性,同时注意对教育内容的筛选,杜绝不利于大学生成长的体育内容。

4. 巩固和应用类课程

巩固和应用类课程的基本教学内容是新课标要求下的一种教学内容,而且是随着活动课程的发展而不断形成的,其教学内容的目标是:通过此类教学内容的学习,巩固大学生有关体育教学的基本知识和技能,并能够将其与运动实践相结合,借此提高大学生的体育锻炼技能以及在参加体育活动方面的常识和能力。

巩固和应用类课程的基本教学内容的要求:在选用教学内容时,应该注意将其与学科内容和高校体育教学内容完美地融合,同时注意对内容的延展性和应用性的掌握,注意对大学生在体育教学活动中的创新能力和创新意识的培养,使大学生能够进一步拓展所学习到的知识和技术。

(三)我国高校体育教学内容的发展和改革

1.高校体育教学内容的发展趋势

高校体育教学内容都是从人们传统的生活方式和生活习惯中演变而来的,但是由于时代的不同,高校体育教学内容也产生了不同程度的变化。

(1)正规的体育运动项目迅速兴起

人们对体育教学的认识以及对体育教学的重视程度逐渐提高,随着现代竞技体育运动的不断兴起和普及,其逐渐取代了乡土高校体育教学内容。

(2)对体育教师的要求较高

虽然随着新课标的推行,高校体育教学内容的数量正在不断减少,但是随着体育大纲教学目标的强度不断加大,高校体育教学内容的难度也有所增加。这就要求承担高校体育教学工作的教师必须由受过专门体育训练的人员担任。

(3)体育教学的娱乐性因素在减少

随着教育事业的不断创新和发展,体育教学也在素质教育的推动下逐渐发挥了其重要作用。目前,体育教学成为社会培养全面发展人才、培养健康体魄大学生的重要途径。在这一背景下,体育教学逐渐淡去了其本身具有的娱乐性,加大了对锻炼性的要求。

(4)运动器材的正规化

体育运动已经作为一种正规的体育教学手段被推上了教育的舞台,并且得到了足够的重视。随着科学技术的不断发展,一些新兴的具有锻炼意义的正规体育器材,也被应用于教学情境中。

2.高校体育教学内容的改革

高校体育教学内容虽然日益正规,却很单调,技术难度在不断加大,但是娱乐性在不断减少,长此以往,大学生对体育运动的兴趣会逐渐地降低,针对这种情况,必须进行以下体育教学内容的改革。

(1)改变高校体育教学内容中的生硬化

高校体育教学内容的生硬化将会使体育教学变得枯燥无味,并降低大学生对体育运动的兴趣,不利于教学效果的加强和教学质量的提高。因此,当前应该改变高校体育教学内容生硬化这一现象,使大学生重新燃起对体育运动的兴趣。

(2)解决高校体育教学内容与大学生社会体育活动之间的差异

高校体育教学内容的原型来源于人们的日常生活,也正因如此,使高校体育教学内容与大学生社会体育活动联系起来,有利于大学生掌握和巩固体育知识和技能。因此,应该改变体育教学内容与大学生社会体育活动之间的差异,推进体育教学的群众性和实践性。

(3)提高大学生的体育兴趣

兴趣是促进大学生更好学习的催化剂,但是随着近几年来高校体育教学内容去娱乐性的特点,很多大学生觉得目前较为正规的体育教学变得枯燥无味,逐渐对体育学习失去了兴趣。这对于体育教学而言是非常不利的,因此,教学内容应该重视其娱乐性,提高大学生对体育学习的兴趣。

(4)多增加一些具有民族性的体育内容

高校体育教学内容中应该多增加一些具有民族性的高校体育教学内容,提高大学生对民族文化的认识,促进民族体育文化的传播。

三、高校体育教学内容的分类和层次

(一)高校体育教学内容分类的重要性

对内容进行层次和分类研究的主要目的是对这些内容进行整合和归类,据此加深人们对此内容的认识。对高校体育教学内容的层次和分类进行研究的目的,也是为了在体育教学的过程中,便于体育教师对教学内容的梳理和讲授,建立更加清晰的高校体育教学内容体系,保证高校体育教学内容与体育目标之间的联系更加紧密,也便于体育教学工作者对体育教学过程进行合理安排。

但是,由于高校体育教学内容较其他学科的教学内容而言具有很大的特殊性,再加上体育教学内容所涉及的知识较为复杂,因此,高校体育教学内容的分类一直是困扰体育教学工作者和研究者的主要问题。自从体育教学逐渐成为高校教学内容之一并受到普遍关注以来,体育教学研究者就对高校体育教学内容进行了很多不同的划分和研究。因此,高校体育教学内容的划分是一个多角度、较为复杂的工作,这主要还是由高校体育教学内容的复杂性所决定的,也是由体育教学内容的多功能性、多价值性所决定的。

我国在进行体育课程和教材建设的过程中,很多体育教学研究者遇到了高校体育教学内容分类上的难题,虽然这是体育教学研究者一直致力研究和解决的问题,但是从目前来看,其结果不容乐观。这也直接影响了我国体育教学的发展和进步。

(二)高校体育教学内容分类的方法和层次

1.高校体育教学内容的分类方法具有多样性

高校体育教学内容的分类具有多样性,这种多样性主要取决于高校体育教学内容研究者观察审视高校体育教学内容的角度和方向。因为高校体育教学内容较为繁多复杂,因此在对其进行分类的时候,要多角度地、全面地对内容进行分类和整理,保证其内容的合理性和科学性。

2.注意高校体育教学内容的层次性

为了避免高校体育教学内容的分类较为繁多,可以先根据其层次的不同进行层次性的分类,然后在此基础上对其进行系统的分类,这样的分类方法较为清晰明了,而且便于教学的开展。例如在进行篮球教学的时候,首先进行运球技术的教授和训练,然后进行传球技术、投球技术的训练,这样有层次的教授和练习有助于大学生对知识和技能的掌握。

(三)我国高校体育教学内容的分类

对于我国高校体育教学内容的分类,一直以来都是体育教学中的主要难题,分类的科学性与否直接关系到体育教学活动能否顺利开展,关系到体育教学质量的高低。因此,对体育教学内容的分类是体育教学研究中的重点工作。但是,我国高校体育教学内容的分类还缺乏对理论知识的理解,我国之前对高校体育教学内容的分类并没有具体指明所建立的层次。

1. 交叉综合分类法

我国推行的高校体育教学内容的分类方法是"交叉综合分类法",这种分类方法能够使教育工作者多角度、全面地进行体育教学。根据《体育教学大纲》编写者的说明,所谓的"交叉综合分类法",实际上就是将高校体育教学内容所涉及的运动实践部分的内容按照运动项目和身体素质两个方面进行分类,将"提高身体素质练习"和"各项运动教学内容"放到一起进行教学。但是,在"交叉综合分类法"中,将"提高身体素质练习"和"各项运动教学内容"放到一起教学,首先就是违反了"同一划分的根据必须统一"的原则,即在对高校体育教学内容进行同一划分时必须以统一的标准为依据,而且要保证在此分类基础上所进行的子项分类不相互排斥,而是相互包容,因此,"交叉综合分类法"对于高校体育教学内容的划分是存在缺陷的。

2. 根据教学目的进行分类的方法

如果利用"根据教学目的进行分类"的方法,首先应该确定体育教学内容分类的上位——以"教学目的进行分类的方法",在此基础上,再将下位的分类的内容进行稍微改动,就能实现对高校体育教学内容的科学、正确分类,这样不仅不会造成高校体育教学内容在分类上的混乱,而且能促进大学生对体育运动技能方法的学习。通过对高校体育教学内容的掌握和研究以及对大学生特点、教学特点的研究,将体育教学内容分类的优点总结为以下几个方面。

(1)明确教学的方法和目的

以"教学目的进行教学内容的分类"的方法,结合大学生特点和教学特点进行科学的规定,能够使教学的目的性和教学方法的应用更加明确,为体育教学的开展指明了科学的道路。

(2)保证竞技运动知识和技能的学习

受传统教学模式的影响,即使在对大学生进行体育教学的时候,教师也难以避免地对大学生进行"体育技能竞赛为目的的教学内容的编排",这样就难以发挥高校体育教学内容的全面性,难以保证体育教学目标的顺利实现。以"教学目的进行分类"的方法,能够按照大纲要求的目的进行高校体育教学内容的编排,打破以"竞赛为目的的教材编排体系",从而使竞技运动知识和技能得到保障。

(3)能够避免内容上的重叠

高校体育教学内容繁多复杂,在对其进行分类的时候,按照传统的分类方法进行分类,难以避免地会造成内容的重叠或是遗漏。采用以"教学目的进行教学内容分类"的方式,首先对教学内容进行简单的层次分类,然后再根据每个层次内容属性的不同进行具体的分类,这样一方面便于内容的整理,另一方面也利于教学工作的进行。

(4)对体育教学的指导性增强

高校体育教学内容是进行教学实践的指导和基础。"教学的指导性"同时也是进行教学内容编写的要求。如何对体育教材进行分类并不是简单的教学问题,它是以科学的理论为依据,需要对教学过程提供指导的。因此,对教学内容的合理分类能使教学目标与内容之间形成良好的对接,从而增强体育教学的指导性。

(四)高校体育教学内容分类的注意事项

对体育进行教学内容分类的目的就是对内容进行科学整理,使内容与教学目标之间形成无缝对接,完成教学目标、方法等的相互贯通,向体育教师更清晰地传达体育教学课程和教学内容,从而指导体育教学的进行。由此可见,高校体育教学内容的分类和整理在教学过程中占据着非常重要的作用。

1. 教学内容的分类要服从教学目标

高校体育教学内容的分类并不是一成不变的,而是要根据社会和国家的教育方针和教育目标的要求不断变化,而教学目标是随着时代的变化和人们需求的不同而逐渐变化的,所以固定的高校体育教学内容的分类也是不存在的。因此,高校体育教学内容的研究者和教材的编写者在对高校体育教学内容进行分类的时候,要不断地更新自己的时代观念,关注社会体育教学目标的变化,使教学内容的分类更好地服从教学目标。

2. 教学内容的分类要具有科学性

高校体育教学内容的分类是体育教学过程的指导依据,是实现体育教学目标的根本保障。因此对高校体育教学内容进行分类的时候,要保证其符合教学大纲的根本要求和原则,同时要有科学的观念,这样才能保证高校体育教学内容的分类能够更好地指导体育教学过程的顺利进行。

3. 教学内容的分类要具有阶段性

体育教学贯穿高校教育的始终,但是个体的成长具有阶段性,不同年龄段的大学生对知识和技能的接受能力不同,加之体育教学大纲对各个年龄段大学生的教学要求和目标是不同的,所以在对高校体育教学内容进行分类的时候,应当具有阶段性,结合大学生身体发育的阶段进行教学内容的编排。

4. 教学内容的分类应为教学实践服务

体育教学对实践性要求较高,实践性是体育教学的一个显著性特征。在进行体育教材分类的时候,首先应该对教材的内容按照其实践性的强弱进行适当的划分。对实践性要求较强的高校体育教学内容,多安排其实践环节;对实践性要求较弱的内容,根据其性质多安排其理论课程的讲授,这样才能全面掌握教学内容的重难点。

5. 要明确教学内容的选编原则

随着社会对体育教学要求的不断提高,需要通过体育教学研究对高校体育教学内容进行调整和优化,而为了保证高校体育教学内容更有利于大学生的成长和发展,首先应该保证体育教学内容的科学性。因此,体育教学研究者首先应该明确高校体育教学内容的选编原则,这也是进行体育教学研究的必备条件。

6. 掌握和了解体育校本教材

体育校本教材是体育教师在指导大学生进行体育活动时的参考基础,也是教学内容的载体,无论是哪一个层次的体育教学研究,其条件都是建立在对校本教材加以了解的基础上,掌握当前情况下体育教学的基本内容以及编写方案,为研究提供更多的理论基础和现实依据。

7. 研究和了解体育教案

体育教案是体育教师在进行体育教学时的方案和步骤,是体育教学能够顺利进行的前提条件。开展体育教学研究的最终目的就是提高体育教学的质量,其中包括教师的教学方法和策略。对体育教案的研究和了解,能够帮助体育教师认识到高校体育教学内容研究层次的划分方法和要求。

8. 了解和掌握体育教学条件

体育教学的实践性极强,为了保证体育教学的顺利完成,首先应该保证良好的物质条件和适宜的教学环境。良好的物质条件为体育教学提供了基础,例如,我们在开展体育教学的时候,高校需要提供诸如单杠、双杠、铅球、跳绳等一些能够保证体育运动项目顺利完成的物质条件。如果没有这些物质条件的依托,体育教学就会成为一纸空谈,无法落到实处,无法发挥其重要作用。适宜的教学环境同样也是体育教学的必备条件,大学生只有在适合开展体育教学活动的环境中,才能真正融入体育教学活动;并且适宜的教学环境能够确保大学生在体育教学活动之中的安全,避免不利于大学生安全的事件发生;与此同时,适宜的教学环境能够促进师生之间的交流和互动,促进体育教学质量的提高。因此,在从事体育教学研究的时候,首先应该清楚地了解体育教学条件,只有清楚地掌握体育教学条件,才能在此基础上对所得的教学方案进行可行性研究和分析。

四、高校体育教材化及其内容

任何一个学科都有其教材化的划分,这是高校学科教学的根本特点之一,为了保证体育教学的正常开展,体育教学工作者应该重视对体育教材化的研究,为体育教学过程提供良好的教学素材,保证教学工作的正常进行。

(一)体育教材化的概念

体育教材化是依据体育教学的目的和大学生发展的需要,针对体育教学的条件将体育的素材加工成高校体育教学内容的过程。体育教材化的概念包括以下几层含义。第一,体育教材化实际上就是将体育教学过程中的素材进行筛选、加工、编排,最终使其成为教学内容的过程,这是体育教材化最本质、最基础的含义。第二,体育教材化侧重于对高校体育教学内容的加工和整理,体育教材也是加工的成果。第三,体育教材化是依据大学生的学习目标,结合大学生的身体发育的特点和认知规律,以为大学生创造有利的教学条件作为前提而加工完成的。

(二)体育教材化的意义

纵观我国体育教学的现状以及特点,其涉及的内容非常广泛,人们的日常生活、传统的习俗、军队活动,都是高校体育教学内容的良好素材。但是这种素材绝不能被简单地认为是高校体育教学内容。如果我们将体育教材等同于高校体育教学内容,那么就无法保证教学过程的目标一致性,因为体育教材只是高校体育教学内容的参考,在教学的过程中,教师还应该根据体育教学的目标以及教学环境进行教学内容的筛选。

体育教材化的意义分为以下几点。

第一,体育教材化是选择高校体育教学内容的依据和前提条件。在教学内容的选择过程中,可以选择一些与教学目标和大学生的发展需要联系较为密切的知识作为教学内容,这样就可以避免教学内容的繁杂,避免教学内容选择过程中目的性不强等问题。

第二,体育教材化是对较为宽泛的高校体育教学内容的加工,这样可以使高校体育教学内容的选择素材更趋近于教学目标和教学实际,消除体育教学素材与高校体育教学内容之间的差异,使体育教学内容的选择更具有目标针对性。

第三,体育教材化是对高校体育教学内容进行不断编排、整理、选择的过程,因此通过体育教材化对教学内容的加工,可以使得所选择的高校体育教学内容具有整体性和系统性,体育教学工作者在教学过程中也能更好地发挥教学内容的教育作用。

第四,体育教材化能够通过将高校体育教学内容进行加工和整理,使得原本抽象的教学内容具体化,更容易融入教学活动之中,更容易被大学生接受,从而使得高校体育教学内容成为教学活动的依据,保证教学能够有条不紊地进行。

(三)体育教材化的层次

体育教材化有以下两个基本的层次。

第一,编写体育课程标准和教科书的工作。体育教科书是体育教学过程的参考依据,任何一门学科的教学都需要教科书的指导。这个层次的工作一般是由国家和地方的教育行政部门完成的,因为这是整个国家和地区的体育教学过程的参照。编写体育课程标准和教科书的工作,主要是根据教学目标和当今环境,进行教材的分类和加工,然后将所得的成果作为体育教学的教科书,供体育教学使用。

第二,依据课程标准和教学大纲以及教学目标,将体育教材变成大学生学习的内容,这个层次的工作一般由高校的体育教研小组担任。体育教材中的有些教学内容只要求大学生了解,有些教学内容需要大学生掌握。因此,高校的体育教研小组需要结合体育教学目标以及不同年级大学生的身心发展的规律和特点,把高校体育教学内容进行细分和细化,使其在体育教学目标的大前提下,更加符合某一个班级或是某一层次大学生的学习需求。

(四)体育教材化的内容

1. 高校体育教学内容的选择

体育教材化实际上就是对体育教材的整理和加工。所谓的整理和加工就是从宽泛的体育教学素材中选择较符合教学目标、大学生身心发展需要和高校基本条件的内容。由于体育教学内容涉及的范围非常广,因此在进行教学内容的选择时,应该遵守高校体育教学内容选择的原则和程序。

(1)选择高校体育教学内容的原则

要选择符合教学发展需要、目标针对性较强的高校体育教学内容,首先应该清楚选择体育教学内容的原则。选择高校体育教学内容的原则有以下五条。

①统一性原则

高校体育教学内容最终的服务对象是体育教学目标,因此教学内容与教学目标要统一,实际上就是指所选择的高校体育教学内容要有其相对应的体育教学目标,如在体育课上,要求大学生进行一些诸如跑步、跳远等体育运动项目,实际上是为了增强大学生的体能;让大学生练习单脚站立,是为了提升大学生的身体平衡能力;要求大学生进行小组赛,是为了培养大学生的团队合作能力等。在选择高校体育教学内容时,坚持教学内容与教学目标统一性的原则,一方面能够保证所选择的教学内容的科学性、安全性;另一方面,对大学生而言,还具有很强的身体锻炼价值。

②科学性原则

高校体育教学内容选择的科学性原则,实际上就是指所选择的高校体育教学内容要有利于大学生的身体发展,能够促进大学生身体素质和运动技能的提高,同时所安排教学的内容要在大学生的身体承受范围之内。在进行体育锻炼的过程中,不能出现有损大学生健康的行为,如不根据大学生身体发展的特点而对其实施超负荷的教学任务,导致大学生身体的某项机能受到损害。所以,在对高校体育教学内容进行选择时,坚持科学性的原则,这主要包括两个方面:第一,能够促进大学生身心健康的发展,有助于增强大学生的身体运动能力;第二,保证教学环境和教学实施条件的安全性。

③可行性原则

可行性原则是教学内容选择的基础,是教学过程的基本要求,如果选择的教学内容不具有可行性,那么教学内容的选择就失去了意义。如一个没有足球场地的高校,要加强大学生的足球运动技能的培养,这种教学内容是不具备可行性的,因为场地限制了这项教学内容的顺利开展。可以看出,可行性原则是指所选择的教学内容能够符合地区大部分高校的物质条件和教学能力以及大学生实际情况的需要。再完善的教学内容,如果没有教学场地和各种器材的支持,也不具备任何实用性的意义,都不应该被选中。

④趣味性原则

趣味性原则是指选择的教学内容要能激发大学生的兴趣,能使更多的大学生参与其中。

例如,很多大学生喜欢上篮球课,这是因为篮球运动是当下最为流行的运动之一,大学生可以借助这项运动充分地展示自己的活力,并能在运动中感受到乐趣。从大学生的角度而言,体育运动带来的乐趣是大学生参加体育教学活动的动机和目的,只有保证教学内容的趣味性,才能提高大学生的参与热情,使大学生能够积极主动地参与到体育教学过程之中,进而提高体育教学的质量。

⑤特色性原则

很多体育教学研究资料显示,将地域特色融入体育教学之中,不仅能够促进体育走进日常生活,同时还能不断开发体育教学的特色,充分地发挥体育教学的创新性,提高人们对体育学习的热情。例如,因为舞龙文化而出名的奉化地区,在进行高校体育教学内容的选择时,就将舞龙作为教学内容之一,这就大幅提升了体育教学的地域特色,以较为贴近大学生生活的教学内容,提升了大学生对体育教学的参与热情。换言之,高校开展体育教学的目的就是提升大学生的体能,因此,在选择教学内容时,也要尽可能地与地域特色相结合,以增加体育教学的实效性。

(2)选择高校体育教学内容的程序

选择高校体育教学内容并不是盲目进行,而是依据一定的程序,这样才能保证所选择体育教学内容的清晰性。在选择高校体育教学内容时,需要一个可以操作的、优化的操作程序。

①确立教学目标

教学目标在教学内容的选择过程中占据着非常重要的地位。在选择高校体育教学内容时,应该坚持教学内容与教学目标相统一的原则,如果某些教学内容与教学目标不相统一,那么就应该删除,例如拳击,因为其对大学生会造成一定的身体伤害,所以不应该置于教学内容之中。

②确保健身性和安全性

为了保证体育教学目标的顺利实现,根据教学的目标和需求选择了一些高校体育教学内容,但是有时这些高校体育教学内容并不能成为教学的最终内容,因为教学内容除了要符合目标性的原则之外,还要能够符合健身性和安全性的原则,这也是教学内容科学性的基本要求。例如前空翻,虽然这一教学内容符合体育教学目标的要求,但是因为其在教学的过程中存在安全隐患,所以应该删除。

③判断教学实践的可行性

对高校体育教学内容的选择经过以上两个程序之后,接下来就应该判断这一教学内容是否具有实践的可行性。因为如果一种教学内容不具有可行性,那么即使再好也没有任何的意义,如保龄球运动,虽然符合教学目标的健身性和安全性这两个要求,但是几乎所有的高校都不具备开设保龄球教学的条件,所以这一教学内容不具有可行性,不应该出现在课堂教学之中。因此,判断教学内容的可行性与否,是教学内容选择的第三个基本程序。

④判断教学内容的趣味性

如果一项高校体育教学内容不具有趣味性,那么将很难被大学生接受,即使其满足以上三个程序的要求,但是最终也不能保证教学能够顺利开展以及教学目标的实现。如铅球运动,虽然这一教学内容满足以上每一教学程序的要求,但是这一教学过程枯燥无比,无法提升大学生的参与热情。

⑤符合终身体育教学观念

体育教学是终身体育教学和社会体育教学的基础,因此,在体育教学的开展过程中,要重视高校体育教学内容与社会和地区运动文化之间的关系,尽可能地把高校体育教学内容与社会和地区体育教学文化相结合,这是高校体育教学内容选择的第五个程序。如在艳阳高照、气温居高不下的南方开展滑冰运动,一方面不利于教学的开展,另一方面也不利于教学的基本操作,不应该置于教学内容之中。

为了保证高校体育教学内容的科学性和可操作性,应该按照以上五个程序进行教学内容的选择。

2.高校体育教学内容的编辑

高校体育教学内容的编辑也是高校体育教学内容选择的环节之一,人们通过对体育教材的研究和分析,将高校体育教学内容编辑的相关内容整理如下。

(1)高校体育教学内容的分类

因为体育教学涉及的内容较为宽泛,为了保证教学过程的系统性和整体性,在对体育教学内容进行编辑的时候,应该按照其特点和性质,进行简单分类。

(2)高校体育教学内容的编辑原则

高校体育教学内容大多源于人们的日常生活,涉及的内容也较多,因此,高校体育教学内容的编辑一直都是体育课程和教学理论与实践的难题。通过对体育过程和教学内容的分析,认为高校体育教学内容的编辑一般应该遵循以下三种原则:一是以学科体系为依据,按照由易到难的层次进行编辑;二是以大学生身心发展的规律为依据进行编辑;三是根据教学的目的进行编辑。

(3)高校体育教学内容的排列方法

高校体育教学内容的排列实际上就是按照其编辑的逻辑顺序进行的,因此在内容排列的过程中,所有的内容都应该遵循学科知识特点和大学生的学习逻辑,同时根据每个教学内容的特点,合理安排课时,并按照内容之间的递进关系,安排每一节课的教学内容。

3.高校体育教学内容的改造和加工

经过选择和编辑两个步骤后得到的与体育运动有关的知识和内容,都是体育教学的素材,但是要将这些素材直接运用到课堂之中,还需要一个环节的支持,那就是对体育教学内容的加工和改造,这一过程也是体育教材化的过程,最终将体育教学素材转化为体育教材,融入体育课堂之中。

从我国目前的体育教学现状来看,我国在体育教材化方面已经取得了初步的成就。我国体育教材化的方法,主要有以下几种。

(1)动作教育的教材化方法

动作教育是国外的一种体育教育思想和体育教材化的方法论,其特点就是将一些体育竞技类运动按照人体运动所应遵循的原理加以归类,提出针对学生进行的教材设计,如"体操""舞蹈"等。这种教材的趣味性较大,操作较为简单,因此适用于低年级大学生的学习。

(2)游戏化的教材化方法

游戏化的教材化方法,主要用以提升大学生的学习热情,其主要适用于一些比较枯燥和单一的运动,这种运动较难引起大学生的学习兴趣。为了最大限度地激发大学生的学习热情,可以将这些枯燥和单一的运动通过一些游戏情境串联成游戏,从而激发参加者的兴趣。

(3)理性化的教材化方法

理性化的教材化方法,主要是为了帮助大学生理解一些运动的原理,在教学过程中将"懂与会进行结合"。其主要特点就是挖掘体育运动背后的原理和方法,以探究式和启发式的教学为依据,引导大学生进行教学知识的学习。

除了以上三种常用的教材化方法外,我国还有生活化和实用化的教材化方法、简化的教材化方法和变形的教材化方法等。

4.高校体育教学内容的媒介化

因为高校体育教学内容较注重实践性和科学性,因此高校体育教学内容的媒介化是体育教材化的最后一项工作。实际上就是将体育教学素材进行选择、编辑、加工之后,最终将其变成嵌入在某种教学媒体之上的教学内容,在教师和大学生之间建立一个知识传播的媒介。高校体育教学内容媒介化的载体一般为教科书、多媒体音像教材、多媒体课件、挂图、黑板板书和学习卡片等,通过它们能够直观地将体育教学中相关的知识展现在大学生的面前。

第二节 高校体育教学研究

一、体育教学研究的意义

从培养大学生的角度来看,体育教育是不容忽视的,在体育课上,教师可以采用形式多样的教学方式,借助各种有利于大学生成长的体育活动,加强大学生的身体锻炼,在活动中潜移默化地培养大学生的心理素质、团队意识、沟通交际能力等,这有利于大学生的身心成长和发展。

(一)体育教学研究可以促进体育教学理论的发展

体育教育正式进入我国教育行业成为一门独立学科的时间还比较短,较其他学科而言,体育教育无论是在教学理论还是在教学实践方面,都有待进一步的研究和发展。在当今体育教学的发展过程中,人们对体育教学的研究主要是进行一些运动、锻炼等活动。但是体育作为一门独立的学科,与运动、锻炼等活动在目的、内容、性质、意义等方面都存在很大的差别。因此,为了更好地保证体育教学的实施,提升体育教学质量,我们应该从当前体育教学的实际情况出发,从体育教学的特殊性出发,结合大学生成长的特点对体育教学进行深入的研究和分析,制定出一套符合体育教学的理论和方法,降低体育教师进行体育教学时的盲目性,让其更好地为体育教学服务。

(二)体育教学研究有利于体育教学的改革和发展

近年来,改革成为我国教育事业所面临的一个重要课题,在教育改革政策和方针的约束和指引下,各个学段、各个学科的教学改革正在紧张地进行,体育教学改革也正如火如荼地进行着。但是,我国体育教学的改革一直面临以下几个方面的问题:第一,目前关于体育教学的理论研究不充分,因此,无法把握体育教学改革的方向;第二,缺乏对体育教学方法的研究,无法寻找有利于提高体育教学质量的教学手段和方法,无法保证体育教学改革的进一步实施;第三,缺乏对当前情况下的体育教学改革过程中涉及的新理论和教学方法的可行性分析,无法衡量体育教学改革政策的适合与否。以上三个问题均严重制约了我国体育教学和教学课程改革的提高和发展。因此,科学的体育教学研究有利于正确地把握我国体育教学事业的发展方向,有利于科学的体育教学方法的发现和实施,有利于可行性体育教学模式的发掘。因此,体育教学研究有利于我国体育教学的改革和发展。

(三)体育教学研究有助于体育教师能力的提高

随着社会的发展进步,信息更新速度的不断加快,教学质量也在进一步提高,社会对教师的教学能力和知识储备的要求也在不断提高,因此,教学与研究互相渗透已经成为提高教学质量、完善教师自身素质的必经之路。体育教学研究能够直接提高体育教师的教学能力,可从以下几个方面进行分析:第一,能够提高体育教师的教学设计能力。体育教师在研究体育教学的过程中,会增强问题意识,更加清晰明了地拓宽体育教学设计的思路,完善体育教学的方法。第二,能够不断地激发体育教师的创造性。体育教师在进行体育教学研究的时候,其所接触到的体育教学方面的知识也更加直观、全面,认识到的教学实践也更加客观和深入。第三,能够帮助体育教师获得更多的新知识,不断地拓宽其知识面。第四,能够促进教师之间的交流和合作,更好地促进体育教学知识和教学实践经验的增长。因此,体育教学研究有助于体育教师教学能力的提高。

二、体育教学层次的研究

从当前体育教学的特点以及体育教学研究的成果来看,体育教学研究并不是单一的研究层次。按照体育教学研究的不同内容进行层次的划分,不仅有利于教学研究的有效进行,而且有利于开展全面、深入的研究。

(一)描述现象层次的研究

描述现象层次的研究虽然是体育教学研究中最基础的工作,但也是最重要的工作。因此,在进行这一层次的研究时,首先应该保证研究的客观、准确、全面性,这样才能获取体育教学各个层次的可靠信息,才能为体育教学的继续研究提供充足的信息。

(二)对描述现象进行解释和归因层次的研究

所谓对描述现象进行解释和归因层次的研究,其实就是在描述现象层次研究的基础上,对所描述的现象结合体育教学的特点进行综合分析,研究出阻碍体育教学质量提高的原因。解释的主要意义在于帮助人们理解体育教学现象之间存在的联系,归因的主要任务就是阐述这种现象发生的实际原因。这一研究属于体育教学研究的中级层次,但是,目前我国很多体育教学研究者对这一现象的研究不深入、不全面,这主要是因为在进行这一层次的研究时,对产生现象的分析角度不够全面、深入,分析问题的方法不科学。对于体育教学研究而言,要想不断地提高体育教学质量,就应该对目前体育教学中存在的现象进行正确、深刻的分析和归纳,这样才能正确地揭示体育教学中一些阻碍教学实施的现象,从中得到正确的因果关系。

(三)实证层次的研究

通过对体育教学研究层次中的第二层次的研究,可以清楚地把握目前体育教学现象的因果关系,因此,实证层次的研究实际上就是对第二层次所获得的因果关系进行实证研究,其主要目的就是验证第二层次中所研究的因果关系能否在真实的体育教学环境中发生。因此,实证层次的研究是体育教学研究中的中心环节,这个环节可以获得最可信的研究结果。实证层次研究的主要方法是实验法,通过实验让假设的命题在一次次的实验中获得永恒的规律。但是由于体育教学研究面临很多不确定的因素,具有很强的社会性,在研究的过程中不可能像一般的实验研究那样拥有很多的可控因素,因此,在进行实证研究的过程中,应该精心地进行命题的假设和推理,全面地设计实验,在对实验结果进行仔细分析的基础上,对实验所得出的结论进行恰当的总结和分析。

(四)理论和外推层次的研究

对于体育教学研究而言,在对所研究的体育教学规律进行实证之后,就应该将其概括总结为理论知识,因此,理论研究的主要目的就是说明体育实证层次研究中所得到的因果关系或体育教学规律的发生条件和原则。再加上目前我国体育教学中缺乏理论方面的创新,因此,这一环节对于体育教学质量的提高很重要。外推的本质意义就是将所得的理论知识应用于实践教学之中,所以在进行理论和外推层次的研究中,最重要的是对理论知识进行高度概括,并找出合适的外推手段。

三、体育教学研究的特点

众所周知,体育教学与其他的学科教学有着很大的区别,因此,体育教学研究也不等同于其他学科的科学研究和教育理论研究。根据体育教学的特点可知,体育教学研究的主要特点是学理性、实践性和复杂性。

（一）体育教学研究的学理性

体育教学本身就是以传递体育教学相关的知识和技能为过程的教学,所以其方方面面都是围绕着教与学进行的,无论是教师教授的过程还是大学生接受学习的过程,都必须遵守教学的规律。因此,对体育教学的研究和其他学科的教学研究一样,归根到底都是学理性的研究,如果体育教学不具有这一特点,那么教学就无法科学、有效地进行。

（二）体育教学研究的实践性

体育教学的很多理论知识都是在实践的基础上产生的,并且在实践中得到验证,这使得教学理论能够在不断的实践中得到检验、修正、丰富和发展。因此,教学研究也应该围绕着教学实践进行,这样才能使体育教学研究成为真正有意义的研究。换言之,如果体育教学研究脱离了教学实践,那么将失去研究的意义。

（三）体育教学研究的复杂性

体育教学活动是由多种因素和变量组成的,但是这些变量之间并不是孤立存在的,每一个变量都与其他的变量相互约束、相互制约。开展教学研究的根本目的,就是将这些变量之间相互作用的复杂关系展现出来。人们通过对体育教学的研究,提出体育教学变量主要由三类变量组成:一是环境变量,主要表现在课堂环境和状态对学习效果的影响;二是过程变量,是指师生的课堂行为、知识特点等对学习成果的影响;三是结果变量,是指教师所期望的以及教师拟订教学活动计划所依据的、可用有效的教学目标和标准加以衡量的教育成果。

四、体育教学研究的目的

开展体育教学研究成为提高我国体育教学质量的唯一出路。体育教学研究的目的主要表现在以下几个方面。

1. 提高我国体育教学理论水平

虽然体育教学在我国已经有一百多年的历史,但是相对于其他学科而言,其起步的时间较晚,再加上受到传统教育观念的影响,许多高校忽略体育教学,导致我国体育教学在理论知识上存在很大的不足。我国的体育教学理论一方面沿袭了传统的体育教学理论,另一方面来自对其他国家的有关体育教学理论的借鉴。但是,随着时代的发展,沿袭而来的体育教学理论已经不适应现在对大学生的体育教学要求;由于所适用的大学生群体不同,借鉴其他国家的体育理论与实际教学存在很大的矛盾。开展体育教学研究,能够在充分了解当前体育教学存在的不足的基础上,对当前体育教学中存在的问题和不足进行深入分析和研究,找出传统体育教学理论需要补充和修改的理论内容。再根据我国大学生成长的特点,将由国外借鉴而来的体育教学理论与传统体育教学理论进行科学融合,这样才能完善我国的体育教学理论,提高我国体育教学理论水平。

2. 对体育教学进行改革

随着素质教育的不断推行,各类学科都在根据社会的需求进行教学改革,体育教学改革也受到了更多的关注,但是体育教学改革一直面临着理论研究不充分的问题。因此体育教学无法探明改革的方向,也无法把握改革的方法和手段,即使在借鉴外国的改革经验进行改革的时候,也缺乏对中国体育实际教学的可行性研究。由于对体育教学的研究不足,因此体育教学改革无法为体育教学活动带去更多有利的因素,也无法提高体育教学的质量。体育教学研究应结合大学生的特点、社会的需求、社会的发展趋势等进行,确定体育教学的改革方向,不断优化体育教学方法,并运用假设和实验的方法对所获得的新教学方法进行可行性分析和研究。

3. 提高体育教师能力

随着社会的不断进步,任何学科对教师的能力要求都在不断提高。从教师的职业发展来看,教师是一个需要终身学习的职业,要随着社会的变化不断更新自己的专业知识和技能。目前,教学与研究相结合成为教师提高自身知识水平和教学能力,提高教学质量的必经之路。对于体育教师而言,他们在对体育教学问题的研究过程中,能够发现和学到更多有关体育教学的知识;在不断发现问题和解决问题的过程中,获得有关体育教学的新知识,对体育教学实践的认识也更加全面、深入、客观;在不断研究过程中,还能对所研究的问题进行总结,从而激发其在体育教学方面的创造性。同时体育教学研究能够促进体育教师之间的交流和互动,从而提升体育教师团队的整体水平。

4. 规范体育教学流程

体育教学研究,实际上就是对体育教学过程中涉及的各种教学因素以及教学规律进行的研究。任何一种教学都是从初步走向成熟,从适应走向规范的,再加上体育教学本身相对于其他学科的教学活动而言具有很多不确定的因素,教学过程难免会受到不确定因素的影响,最终导致教学过程的失败。教学实践和教学过程的规范实际上是相辅相成的关系,教学流程在教学过程中起到指导性的作用,同时教学过程也在实际中影响着教学流程,使其不断完善和规范。开展体育教学研究的根本目的之一,就是通过对教学过程的监督和分析,找出教学流程中导致教学效果不理想的原因,然后对其进行改正和优化,不断地规范体育教学流程。

5. 提升我国体育教学研究团队的整体水平

优秀的体育教学研究团队,需要在不断研究、突破、创新中得到提高,如果一个团队缺少对本职业的研究队伍,那么不仅这一团队的整体水平会下降,同时还会使体育教学研究失去了竞争力。在改革开放的今天,各国之间的教育、经济等都趋于透明的状态,即使是同一个地区或是同一高校的体育教学之间也存在竞争的关系,在这种市场竞争逐渐激烈的环境中,如何不断地突破自己,提升整个团队的科研水平,提升体育教学研究者的专业能力,这不仅是每一位体育教学工作者应该面对的问题,也是市场竞争的必然趋势。教育工作者从事体育教学研究,可以在不断的研究过程中,提升自己的专业知识,优化自己的专业技能,同时增强自己在体育教学方面的能力,从而提高我国体育教学研究团队的整体水平,提升我国的体育教学质量。

通过上述对体育教学目的及其研究目的的介绍，可以看出，随着体育教学地位的逐渐提高，教学研究已经成为当前体育教学过程中的新课题，也是体育教学工作者必须面对和探讨的课题，无论处在何种地位的体育教学工作者，都应该积极地参与到体育教学研究的工作中去，不断地发现体育教学过程中的问题，创新自己的思路，以保证体育教学质量的不断提高。

五、体育教学研究的条件

体育教学研究是一个多因素的、复杂的教育活动，其中有待解决的问题还有很多。由此可以看出，体育教学研究所需要的条件也有很多，体育教学研究所需要的条件主要有以下几个方面。

（一）对教学主体的了解和掌握

大学生是体育教学的参与者，也是教学任务的接受者，没有大学生，体育教学就失去了意义，因此在对教学进行研究的过程中，必不可少的条件之一就是了解大学生。但是，在体育教学研究过程中，除了大学生这一学习主体之外，教师也起到非常重要的作用，因此，除了要充分了解大学生外，还要了解体育教师在教学过程中存在的不足以及需要改善的地方，为体育教学研究提供研究基础和材料。对大学生和体育教师的了解和分析是体育教学研究的对象之一，也是进行体育教学研究过程中其他方面研究必备的条件。体育教学研究过程中对于教学主体的了解和掌握具体包括以下几个方面。

1. 各个年龄阶段大学生的身体发展状况

体育教学同其他学科的教学一样，是一个循序渐进的过程，具有阶段性。因此，在进行体育教学和研究的过程中，首先应该清楚各个阶段大学生的身体和心理的发展状况，这样有助于体育教学研究者制定针对性的研究计划和体育教学改革的策略。

2. 大学生对体育课的兴趣

对任何一门学科而言，兴趣都是提高这门学科教学质量的催化剂。调查大学生对体育课的兴趣也是体育教学研究的关键一环，这样能从大学生的角度出发，了解大学生对体育教学的需求，有助于体育教学研究的不断深入。

3. 体育教师的职业特点和能力结构

了解体育教师的职业特点和能力结构，能够掌握我国体育教学过程中对教师能力以及综合素质的要求，明确现实与要求之间的差距。这样才能明确体育教学研究中教师能力提高的方向，优化教师队伍。

4. 体育教师所具备的基本条件

随着新课改要求的不断深入，体育教学逐渐在高校教育中占据越来越重要的地位，也逐渐发挥其自身的重要作用。体育教学是一项较为复杂的实践性教学，因此要求体育教师必须具备专业的体育教学知识和较高的教学能力等。研究体育教师所应具备的基本条件，有助于明确体育教师能力研究的范围。

(二)明确体育教学研究的思想和目标

体育教学研究是一项有意识、有计划、有组织的研究性活动,一切的体育教学类的研究活动都离不开对体育教学价值的判断和思考。明确体育教学研究的思想和目标,从研究意义上说,实际上就是把握体育教学研究的方向,在研究的过程中极力地发掘任何有利于体育教学发展的体育教学理论和教育方法。体育教学研究的思想是指导体育教学研究者行动的主要依据,缺少体育教学研究的思想就无法顺利实现体育教学研究的目标。特别是在我国激励倡导教学改革的时期,体育教学受传统教学观念的影响,很难突破传统教学模式和教学方法的局限,在这种格局中,只有明确研究目标、坚定研究思想,才能将体育教学研究的目的落到实处,才能不断提高我国体育教学的质量。要明确体育教学研究的思想和目标,需要清楚如下内容。

1.体育学科的功能与价值

体育学科的功能和价值是确定体育研究目标的前提条件,也是从事体育研究所必须掌握的条件,两者缺一不可。体育学科的功能与价值明确了体育教学在高校教育中的重要作用,为体育教学研究提供目标的参考和研究方向的借鉴。

2.体育教学研究的指导思想

体育教学之所以能够上升到一门研究性学科的重要地位,主要是因为我国已经认识到体育教学在大学生成长和发展中的重要作用。体育教学研究的指导思想是保证体育教学研究顺利进行的前提条件,因此,只有明确体育教学研究的指导思想,才能保证体育教学研究有条不紊地进行。

3.体育教学研究的目标

体育教学研究目标是体育教学研究的指导,它为体育教学研究指明了方向,奠定了坚实的基础。只有明确体育教学研究的目标,才能更加清楚体育教学研究的方向,明确体育教学研究的意义,因此,明确体育教学研究的目标是体育教学研究的前提条件之一。

4.当前体育教学改革的方向

随着素质教育的全面推行,体育教学也被正式纳入新课改的范畴,新课改也因此成为体育教学研究的必经之路。与此同时,在从事体育教学研究的时候,也应该清楚体育教学改革的方向,这也是体育教学研究的方向。因此,明确体育教学改革的方向是开展体育教学研究必备的条件之一。

5.世界各国体育教学研究的状况

改革开放在促进各国经济交流的同时也促进了各国教育事业的交流,体育教学作为一门学科被正式应用到教学过程之中,最根本的原因就是借鉴其他高校教育的模式。关注世界各国体育教学研究的状况,能为我国的体育教学研究提供更多的方法和内容,这对于体育教学研究是有利而无害的。

(三)明确体育教学的过程

体育教学是体育教育活动的主要表达形式,体育教学也是保证大学生健康成长的主要方法。但是,体育教学与其他学科的教学又有着很大的不同,因此明确体育教学的过程是体育教学研究的重要内容。明确体育教学的过程既是体育教学研究需要掌握的基本理论问题,也是体育教学研究活动顺利进行的前提条件。详细地了解和掌握体育教学的过程,明确体育教学过程中所涉及的一些基本步骤和内容,是正确认识体育教学的本质、特点和教学中所涉及的一系列教学规律的基础。体育教学过程对教育本身而言,是教育目标实现的根本途径,而教育研究的根本目的就是提高教学质量,教学质量的提高体现在教育过程中的每一步。因此,体育教学研究者必须明确体育教学的过程,这样才能保证体育教学研究具有教学针对性,起到实现体育教学质量提升的重要作用。

作为体育教学研究的前提条件之一,对体育教学过程的了解和掌握主要包括以下几个方面。

1.体育教学过程的特点

体育教学过程的特点是体育教学区别于其他教学的明显特征,也是了解体育教学过程所必须掌握的关键因素。体育教学过程是一个特殊的教学过程,也是一个十分强调实践性的教学过程,并且教学过程中会受到很多不确定因素的干扰。因此,对每一位体育教学研究者而言,要十分明确体育教学过程的特点,这样才能帮助他们更清楚地掌握体育教学的过程。

2.体育教学设计

体育教学的过程实际上就是体育教师对体育教学进行教学设计的过程,体育教学设计要体现不同阶段大学生的特点,所设计的教学活动也要有利于大学生的成长和发展。因此,体育教学设计是体育教学过程中的重要环节,是体育教学过程不断优化的有力保障。体育教学研究者应该具备体育教学设计的能力,清楚教学设计的功能和作用,这样才能促进体育教学研究的不断深入。

3.体育教学过程"三段式"

体育教学"三段式"是一种新的体育教学形式,也是保证体育教学过程顺利进行、保证体育教学质量的主要形式。"三段式"教学过程是指将体育教学过程分为开始、准备和结束三个部分,体育教学研究中对体育教学过程的研究也要依照这三个部分进行,因此,体育教学研究者应该具备对教学过程中"三段式"的理解和运用能力。

4.体育教学方法

体育教学方法是体育教学过程的重要组成部分,它是衡量体育教学过程是否有利于大学生成长和发展的主要依据。在进行体育教学过程的研究时,应该清楚每一种教学方法,详细地了解每一种教学方法适用的大学生群体以及它们的功能和价值,这样才能对教学方法进行可行性研究。

(四)了解体育教学的内容

体育教学是通过教师向大学生传授体育运动这一技术载体而实现的。对于体育教学而言,体育教学活动的运动技术较为丰富多彩,而且每一种体育教学活动均有其特定的功能和作用。因此,高校体育教学内容也是体育教学研究的方向之一,同时也是体育教学活动的载体,是体育教学能够顺利进行的保证。对体育教学研究而言,只有充分地了解体育教学的内容,才能更清楚地确定体育教学研究的方向。因此,了解体育教学的内容是体育教学研究尤为重要的前提条件之一。

高校体育教学内容包括很多方面,对于高校体育教学内容的了解主要包括对体育与健康知识的了解、体育运动文化知识研究、高校体育教学内容的选择依据研究、体育教科书研究、体育教学计划研究等诸多方面。

1. 高校体育教学内容的逻辑

高校体育教学内容较为复杂,这就需要体育教学工作者厘清各教学内容之间的特点和关系,这样才能明确各内容之间的逻辑,便于研究过程中的分类与整合,保证教学研究正常进行。

2. 高校体育教学内容的选择标准和程序

高校体育教学内容的选择标准和程序,是体育教学研究中必须明确的问题之一,是进行体育教学内容研究和教学过程研究的前提。如果高校体育教学内容的选择标准和程序不明确,那么就无法保证体育教学研究的科学性。

3. 对民族传统体育活动的了解

体育来源于生活,每一个地区的传统运动项目都有其背景和意义,但是随着社会的不断发展,一些具有地方特色的传统运动项目逐渐走向消亡。为了培养大学生对地域传统运动项目的继承和发扬,保证该地区的体育教学项目能够凸显地域特色,新课标强调体育教学必须具有当地民族传统特色,这是体育教学研究的任务之一。

(五)考量体育教学条件

体育教学具有很强的实践性,因此体育教学离不开良好物质条件的支持,同时对教学环境也有很高的要求,否则就不可能有高质量的体育教学。在进行体育教学研究的过程中,研究者需要对教学条件进行充分的考量,主要包括了解体育教学的环境和内容,掌握教学场地和器材的现状,清楚体育教学中所需场地和器材的标准,掌握新型运动器材和运动器具的用法和作用等,只有这样,才能保证体育教学研究过程的全面性和科学性。

1. 掌握教学场地和器材的现状

体育教学研究也是对体育教学过程的研究,其根本目的就是不断优化体育教学过程,提高体育教学质量。因此,在对体育教学进行研究的时候,首先要对体育教学的场地和器材现状进行调查,以便更好地掌握体育教学的动态,从而对体育教学开展更为细致的研究。

2. 清楚体育教学中所需场地和器材的标准

每一个阶段的体育教学,其对场地和器材都会有着不同的要求,这是保证体育教学过程正常进行的基础。在体育教学研究过程中,应该清楚体育教学场地和器材的标准,以便研究者根据此标准进行合理的研究,在研究中保证对教学场地和器材的进一步优化。

3. 掌握新型运动器材和运动器具的用法和作用

随着科学技术的不断发展,新型运动器材和运动器具的用法和作用逐渐成为体育教学研究中的重要内容之一,这也是体育教学研究的条件之一。每一种运动器材和运动器具相对应的教学作用和功能以及适用的人群有所不同,为了保证体育教学研究的有效性,并且能够让新型运动器材和运动器具在教学过程中的作用得到充分的发挥,体育教学工作者需要清楚新型运动器材和运动器具的用法和作用。

第三章 高校体育教学理念与创新

第一节 "以人为本"教学理念

一、"以人为本"教学理念

(一)"以人为本"的内涵

"以人为本"思想在古今中外均有所提及,只是一直到近现代才发展成为一个系统的思想,在教育教学领域成为一个固定的名词。

1. 我国古代"以人为本"思想

在我国古代有着最早的学校和体育教育,一些思想家所提出的教学思想与现代"以人为本"教学理念有着相通的思想内涵,只是,当时的各种教育教学思想并没有形成一个系统化的理论体系。

早在商周时期,先人就提出了"民本"思想,指出人民是国家的基础,这是我国古代教育家和思想家重视"人"的重要体现。

春秋时期,儒家倡导"仁者爱人""以民为国家之本"等思想,都与"以人为本"教学理念有着密切联系,只是,当时对人的关注更多的是政治意义的体现,在教育方面并没有系统地显现出来。

2. 现代"以人为本"思想内涵解析

在我国体育教育教学领域,"以人为本"教学理念指出,教育应落实到"育人"和"促进人发展"上面,这对我国传统体育过度重视竞技体育成绩取得、用体能训练和技能训练代替体育教学、体育教学重视竞技体育人才培养和为竞技体育运动发展服务等错误的教学思想进行了否定。

新时期的体育教育坚持"以人为本"教学理念,教育的出发点、中心以及最终归宿都是"人",教育的目的是"人的发展",教育是以人为基础和根本的。"以人为本"的发展观要求在教育过程中重视人的自由、幸福、和谐全面发展以及终极价值实现,要求体育教育突破机器的教育模式,真正转变为人的教育。教育是人的自我实现、自我理解以及自我确认的过程,而不是用金钱标准衡量现代人的自我价值和自我尊严。新时期,将"以人为本"的基本发展理念融入体育教育,这是人类社会协调和可持续发展的基本要求和重要内容。21世纪的竞争,其根本是"人才"之间的竞争,而人才的培养是依靠教育来实现的,新时期,各级学校贯彻落实科学发展观,坚持"以人为本",是学校体育教学发展的必然趋势与必然要求。

（二）"以人为本"的理论

"以人为本"教学理念的提出是在现代人本主义教育思想的基础上发展起来的。人本主义教育思想的产生,源于现代科学发展中人对科学产品的使用和在智能化时代发展过程中的人的价值丧失的思考。

进入20世纪后,随着科学技术的快速发展,科学主义成为教育发展的主流。在20世纪50年代的教育改革中,各种教学思想、教学观点层出不穷,其中,认知心理学和行为主义中对人性的认识分析存在困惑,教育工具化,接受教育、获取知识的兴趣的快乐体验无法得到重视,教育单纯成为人们获得更高技能与认可的一个途径。

也正是在科学技术不断发展的影响下,人类社会的生产生活方式和模式发生了很大的变化,科学改变生活,对人们启发很大,人们依赖科技,也会越来越受制于科技,因此在教育层面,人们也越来越强调"人本主义",旨在将人从"器物"中解放出来。现代人本主义强调,应将人类从依赖科技中解放出来,恢复人在世界中的本体地位,而非依附于科技发展。

从社会发展中人的主体地位的体现到教育领域中对作为学习者、施教者的教学活动参与主体的"人"的重视,"以人为本"思想在包括教育在内的各个领域得到重视。教育教学中的"以人为本"教学理念旨在将教学活动参与者从传统教学中的非人性化的状态中解脱出来,恢复人的教学主体地位,强调了"人"的重要性,在教学中,真正关注教师、学生的自我的健康、可持续发展。

"人本主义"理论具有几个基本观点。①学习者是学习的主体,应受到尊重。②学习是丰满人性的过程,根本目的是人的"自我实现"。强调教育应促进教学参与者（尤其是学生）人格的完整,促进人的认知与情感的丰富、提高。③人际关系是最有效的学习条件。④"意义学习"是最有效的学习。

（三）"以人为本"的教学分析

在"以人为本"教学理念中,广义的"人"是指学生、教师和教育管理者,狭义的"人"是指学生,教育是"培养人"的一种活动,"以人为本"中的"人"的最大内涵是"学生",教育应以学生的身心健康、全面发展为"本"。

（四）"以人为本"的教学观点

"以人为本"肯定了人在教育中的重要作用,在教育教学实践的广泛应用过程中,体育教育工作者和许多学者逐渐总结概括出了以下几个观点。

1.教育的目的是促进师生自我实现

第一,在体育教学中,学生的自我实现是要促进学生的身体、心理、智能、社会性等全面的自我发展,让每一个学生都能通过体育教学有所进步,体育具有多元教育价值,通过体育教学能促进学生的各种素质的综合发展。在"以人为本"的基础性理论——人本理论的支持下,体育教育强调了在体育教学中不仅要重视健康知识和运动技能的学习,还要通过科学的体育教学环境创设和教学过程安排来促进学生的心理、情感、智慧、社会性发展,使学生情感和智力有机结合。教育学家罗杰斯认为,体育教育的一个重要教学任务就是在体育教学中促进学生的认知与情感的共同进步与发展,通过体育教学,发掘和发挥每一个学生的学习潜能,培养学生在各个方面的创造性,最终所培养出来的学生应具有创新、创造意识与能力,这样的人才才是社会真正所需要的人才。

第二,在体育教学中,教师的自我实现最基本就是能创造性地完成体育教学任务,在教学中实现作为教师的这一角色的价值,通过体育教学培养出适合社会发展的合格人才,促进学生的发展与进步。同时,在体育教学中,教师通过对体育教学的科学设计与各种丰富多彩的体育教学活动的开展和教学媒体媒介的应用来提高自己的教学能力、组织能力、社交能力、科研能力、创造力等,促进自我综合教学能力和体育素养的不断提高,实现自我职业生涯的不断发展,并能在日常工作和生活中身体力行地从事体育健身锻炼,不断提高自身的身体健康水平,并能对学生和周围的人形成一种潜移默化的影响。

2. 课程安排应尊重学生的自由发展

在人本教育理念产生之前,传统的教育侧重社会价值和工具价值,人本位的思想和观念使得人们认识到了传统工具化教育是对其本质属性的违背,必须认识到,人是教育的出发点,人本教育将教育的重点落实到人身上,关注人的健康成长。在人本教育基础上我国所提出的素质教育也正是关注人的、以学生为本的一种教育,我国国务院曾指出,素质教育的实施方针是"坚持实现自身价值与服务祖国人民的统一",学生是教育活动的主体,素质教育背景下的教育应关注学生的个性发展,独立人格发展,在体育教学中,教学应关注学生群体与个体的统一性、个性化发展,通过体育教学,调动每一个学生的积极性,促进每一个学生的自我进步。

体育教学所面对的教学对象是人,每一个人都与其他人存在个体差异,教育不是为了"批量生产人才",而是旨在促进每一个人健康全面发展的基础上的个性化发展,因此,体育教学应在统一要求的基础上做到因材施教,教师必须尽可能实现多种多样、侧重点不同的教学课程设计,使每一个学生都能在体育教学中有所进步与成长,通过科学体育教学活动组织与引导学生的正确、充分参与,培养个性化的人才。

3. 教学方法选用应重视学生情感体验

人本主义教学理论强调"以人为本",主张教学以学生为中心,实现个性化发展,而学生的这种发展都是从学习经验中体悟和实现的,因此,这就要求体育教学中应重视科学化体育教学方法的选择,激发学生的体育学习兴趣,为学生创造良好的学习体验。

在"弘扬人的个性,强调以人为中心,尊重人的情感体验"的现代体育教学中,体育教师应全面了解学生、充分尊重学生、真正理解和信任学生,在此基础上,才有助于教师与学生构建和谐的师生关系。而良好的师生关系的建立对于体育教学活动的顺利开展具有非常重要的意义。可以说,学生对体育学习的态度受个人爱好、个人运动能力的影响,教师的个人魅力也对其有重要影响。此外,师生的和谐关系建立也有助于教学活动中师生能够更好地配合,从而提高体育教学的质量。

二、"以人为本"教学理念的高校体育教学指导

（一）重新定位体育教育价值

长期以来，人们总是在理解体育科学化的基础上，常常采用生物学的观点来对学校体育的价值做出判断，并且过多地关注学校体育"增强体质"的功能。此外，在对体育运动的本质理解上，一些教师存在一定的偏差，以足球运动教学为例，我国体育教材普遍将体育运动确定为"是以脚支配球为主，两个队在同一场地内进行攻守的体育运动项目"，针对此概念，有教师认为，"球"是活动争夺的目标，自然应该处于主体地位，因此也就忽视了"球"要受制于人，"人"才是整个体育活动中的活动主体。

在全球化的发展背景下，各种思想文化处在不断的发展和融合之中，教育思想也呈现出这一发展趋势，人本理论和"以人为本"教育理念的提出体现了当代社会对人的发展的重视。在体育教育教学领域，当前的学校体育更加强调人性的回归，学校体育的根本出发点和落脚点应是"育人"。

现代高校体育教学中，"以人为本"教学理念是符合当前时代的发展要求的，当前社会，人的发展在社会的各个领域受到了重视，即使是在智能时代，很多机器生产代替了人工生产，但是发明机器、操控机器的还是人，人在人类社会的发展中是起到关键作用的，任何时候都不能忽视人的作用。

人本主义教学理念与思想指导下的体育教学，就是要求教育者在体育教学活动开展过程中关注作为教学对象的学生这一因素，教师的教学活动开展需要学生的参与、配合，如果没有学生的参与，教学活动就没有开展的意义了。

必须提出的是，教师也是教学活动中非常重要的参与一方，也是应该受到关注的要素。体育教师在教学活动中所发挥的作用也不容忽视。现阶段，我国的体育教学思想呈现出多元化的发展趋势，诸多教学思想都围绕"人"的教育展开论述，讨论了体育教学中如何更好地促进和实现"人"的发展。

（二）体育教学目标重构

在我国，传统的学校体育教学目标为增强学生体质、掌握"三基"和德育，体育教学过于功利化，过于追求竞技成绩和金牌数量，这些都严重忽视了学生的健康发展，不利于学生的健康可持续发展的同时也不利于整个教学的可持续发展。

随着体育教学的不断发展，新的科学化的教学理论、教学理念给了体育教育工作者更多的教育启发与指导，体育教学的育人作用被不断丰富和发展，多元化的学校体育价值体系对体育教学目标重构提出了要求。

新时期，"以人为本"教育理念在学校不同学科的教学中广泛应用并渗透，越来越多的学者认识到传统的体育教育体制不再适合当前的体育教育教学，不能单纯地追求学生的外在技能水平，而应该重视学生的全面、健康、可持续发展。新时期的体育教学的重点转移到"以人为主"上，在体育教学中，教师必须认识到，人是运动的参与者、是运动的主体，体育运动的教学和训练也必须以促进人的全面发展为根本目标。

(三)学生教学主体观的建立

现阶段,"以人为本"教学理念成为我国体育教学的重要教学理念,我国的体育教学实践活动开展过程中,越来越多的教师开始关注学生,从学生的特点、条件、基础和学习需要出发来选择教学内容、选择教学方法、选择教学组织形式与教学模式。高校体育更多以选修课形式设置,不同教师之间也正是通过个人教学能力、对学生的"因材施教"、关心关爱学生、研究学生获得学生喜欢,以此来促进更多的学生来选修自己的体育课程。总之,学生是教学的主体,没有学生,教学也就不复存在。

(四)体育课程内容的优选

传统体育教学对学生的全面健康发展关注不够,体育教学课程内容主要是竞技体育运动技能,体育教学课通常被体能训练课、技能训练课代替,新时期的"以人为本"教学理念重视学生的全面、健康、个性化发展,在体育教学内容选择上,也更加科学。

在"以人为本"教学理念指导下,我国的体育教学有了很大的进步与发展,为了进一步促进我国体育教学的改革,教育部门先后修订各级学校体育教学大纲,强调在体育教学中要不断丰富体育教学内容,通过多样化教学内容旨在促进学生的身心健康与全面发展。高校体育教学中,教学活动开展也建立在落实"健康第一"的教学理念的基础上,通过丰富的体育教学内容来吸引学生参与体育锻炼,通过体育教学促进学生身心健康发展,而传统体育教学中只关注竞技能力提高,有时为达到这"竞技力提高的目的"甚至安排不合理教学内容,超负荷的拔苗助长,可能对学生身心健康造成损害,这种行为是"健康第一"教学理念坚决禁止的。

此外,在丰富高校体育教学内容的同时,"以人为本"教学理念还强调体育教学内容与不同大学生的发展需求的相适应,在体育教学内容优选中应注意以下几点要求。

一是突出体育教学内容的趣味性,在课程改革过程中,激发学生学习的兴趣。

二是强调体育教学内容的健身性,对过度强调竞技技术提高的体育教学内容予以摒弃或改编,使之能更好地为促进高校大学生的身体健康服务。

三是重视体育教学内容的适用性,体育教学内容的教学实施应有利于学生的当前身体健康发展,并能为高校大学生的终身体育意识和体育能力的培养奠定基础。

四是关注体育教学内容的创新性,高校体育教学内容还应适应现代化社会发展潮流,应具有启发性、创新性,促进高校大学生的创新意识和能力培养。

第二节 "健康第一"教学理念

一、"健康第一"教学理念分析

(一)"健康第一"的理论依据

从世界范围来看,"健康第一"教学理念的提出是符合世界教育发展趋势和社会对人才的发展要求的。

1. 世界范围内对人类健康发展的重视

在人类社会的发展历程中,健康始终是一个备受关注的课题。人类健康是推动人类社会发展的一个必要条件。

世界范围内各国开始普遍性地关注社会健康、大众健康是在20世纪50年代以后,各国社会经济逐渐恢复,各方面的发展促进了各个国家和地区对本国家和地区的人们健康的重视,大众健康逐渐走入公众视野,同时,教育领域关注学生健康也成为国际体育教育的发展潮流。

20世纪40年代末,公众健康问题在世界范围内广受重视,世界卫生组织提出健康现代健康新理念,为适应世界发展趋势,我国也开始关注社会大众健康教育、学校体育教育,提出"健康第一"的探讨教育教学指导思想。

随着国际大众健康交流日益增多,各国和地区都非常重视本国和地区的大众健康发展,整个社会已对体育的功能、价值等方面形成了全新的认识,在教育领域,重视学生的健康发展,成为各个国家和地区重视本国体育事业和教育事业发展的重中之重,体育健康教育对增强青少年体质健康水平和通过青少年群体影响周围群众健康,实现青少年进入社会成为社会体育人口,间接增进社会大众健康具有重要而深远的影响。

2. 社会发展对人才健康发展的客观要求

随着科学科技的不断进步,经济的发展迅速、社会生活节奏的日益加快,人类的体力劳动越来越少了,长时间伏案工作所造成的"运动不足""肌肉饥饿"严重影响了人们的身体健康。基于社会压力所产生的各种心理疾病严重影响了人们的心理健康;社会功利化发展,过多的利益争夺对人们的社会性发展也产生了不良影响。诸多健康问题困扰着个人的发展和整个社会的健康发展。

进入21世纪以后,"全民健身"和"青少年体质健康"问题更大范围地走进我国国民的生活视野,大众体育健身参与、体育健康教育成为我国重要良方和强大武器。

在当前和未来社会的发展过程中,健康问题将始终是影响个人和社会发展的一个首要问题,社会的快速发展与激烈竞争要求现代人才不仅要有正确的政治思想,具备扎实的科学知识和能力,还必须具备强健的体魄,"身体健康是其他一切健康的基础""身体是革命的本钱",身体健康是个体生活、学习、工作的基础,如果没有健康的身体,则还难在社会劳动力竞争中占据优势,社会竞争对劳动力的基本要求就是身体健康。要想在这个竞争中立于不败之地,必须首先拥有健康的体魄。

教育的最终目的是促进个人的健康发展、培养符合社会发展的合格人才,对学生群体的身体健康教育是体育健康教育的重中之重。

(二)"健康第一"的教育特点

"健康第一"教育理念内涵丰富,其在体育教学实践中表现出以下特点。

1. 强调身体健康是健康的基础

"健康第一",其中所提到的"健康"是全面的健康,是包括身体健康、心理健康、社会健康、生殖健康等在内的多维健康,健康的基础是身体健康。健康的体魄是人类发展的基本标志。教育应首先关注健康教育。

2. 强调多元健康发展的素质教育

"健康第一"作为一个现阶段的重要的先进教育理念的提出,强调体育教育应重视学生的健康发展,指出学校教育教学的首要目标是促进学生的健康成长,学生的身心健康比"卷面分数""升学率"更为重要。

3. 强调健康教育的全面性

第一,学生身体健康教育,在"健康第一"思想指导下,高校体育教学应时刻关注学生的各方面健康的综合发展,通过体育教学,关注和促进学生的身体健康发展,也促进学生的心理和社会性的发展,为学生奠定良好的身体基础、心理基础,使其能在走出校园、走进社会之后能有良好的身心健康状态和水平应对生活、工作、再教育中的各种挑战。

第二,学生心理健康教育。现代社会竞争日益加剧,各种社会竞争要求社会生活中的每一个成员都应具备良好的心理素质,如此才能正确地看待、应对学习、生活、升学、就业、婚姻等过程中的各种问题。当前,就我国高校大学生群体而言,许多大学生都深受学业、就业、生活中的各种问题的困扰,都存在不同程度的心理问题。因此,教育关注学生心理健康非常必要。体育具有促进运动者健康心理形成和发展的重要作用,现代大学生压力大,也容易受不良因素影响,高校体育教育应关注大学生的心理健康发展,通过体育教学活动开展,促进大学生心理健康发展。

第三,学生社会性发展教育。体育是一种独特的教育形式,学校体育教育可促进学生的社会性良好发展,应该在教学中有意识地培养学生的人际关系能力、竞争与合作能力。

因此,在高校体育教学活动开展中,深入挖掘体育的教育价值,在体育教学实践中充分贯彻"健康第一"的教育理念,切实促进学生身心健康、全面发展。

二、"健康第一"教学理念的高校体育教学指导

(一)树立体育教育新观念

"健康第一"教学理念对我国的体育教育的最重要的影响就是教育重点和方向的转变,新时期,贯彻"健康第一"教学理念,就必须转变体育教育观念,改变竞技化体育教育,关注学生身心健康发展。应该把教育的重心从单纯地追求学生的外在技能水平向追求学生的全面协调发展转移。

新时期,不断强化高校体育教育教学改革,必须落实健康教育,每一所高校、每一个高校体育教育工作者,都应该形成正确的体育价值观,培养良好的意志品质,不断完善性格特征。总之,现代科学化的体育教育应该将体育教育工作理念从以往单纯的"增强体质"为主转移为"健康第一"的新型教育观、发展观。

现阶段,社会发展对人才的要求是全面的,一名合格的社会人才应该是健康发展的人才,身体健康、心理健康、社会性健康缺一不可。

(二)明确体育健康教学目标

在当前的体育教育教学实践中,"育人"是学校体育教学工作的最根本目标,技术教育和

体制教育并不能完全作为学校体育实践的重心,"健康第一"的教育理念为促进我国高校体育目标多样性、多层次的建构提出了新的要求。具体如下分析。

第一,高校体育教育应重视加强学生的体育文化知识教育,提高学生体育文化素养。

第二,高校体育教育应充分融合健康、卫生、保健、美育等多种教育内容,通过内容全面的体育教育来培养学生健康的体育意识、健康的娱乐休闲习惯,远离可能影响个人身体健康的一切不健康因素和事件的影响。

第三,高校体育教育工作的开展应紧密结合学生生长发育与生活实际,使学生会自我保护,预防疾病发生。

第四,高校体育教育应重视大学生青春期教育和心理健康教育,将其作为健康教育的重要内容来抓,为学生在特殊时期的健康成长提供科学指导。

(三)完善体育教学课程体系

深化高校体育教学课程体系改革是促进高校体育教学发展的一个重要和有效途径,新时期,要贯彻落实"健康第一"体育教学理念,就必须在体育教学课程体系建设方面做好工作,不断丰富体育教学课程体系内容,以更好地满足当前高校大学生的多元化、个性化的体育健康发展需求。

在"健康第一"教育理念影响下,我国的高校体育教学课程现状发生了很大的改变,如体育课程内容的增加,教学方法的不断丰富、学校体育课内与课外活动的有机结合,体育选修课越来越考虑大学生的学习爱好与需要,体育课程与内容设置针对不同专业学生凸显出了专业特点等。

现阶段,要继续贯穿"健康第一"教学理念,建设更加完善的体育教学课程体系,应持续做好以下工作。

第一,在高校体育教学中,应始终坚持以学生为主体,将学生的身心健康发展放在首位,所有教学活动的开展都应围绕促进学生的健康发展服务。

第二,调整体育教学内容,充分了解学生的特点和需求,对体育教学大纲所规定的教学内容进行科学选择,对与本校实际教学情况和本校学生不适合的教学内容进行调整,使体育教学内容能更好地从理论落实到教学活动实践中。

第三,丰富体育教学内容。通过丰富的体育教学内容吸引高校大学生的体育学习与体育参与兴趣,通过丰富的体育教学内容满足大学生的不同体育学习需求。

第四,重视教学内容的因地制宜,根据本地区气候、资源以及学校自身教学特点来进行特色化的体育教学课程设置,并研究推出更能反映本校学生健康发展的健康检测内容与标准。

第五,重视高校大学生课内体育教育与课外体育活动的有机结合,加强体育课对学生的教育意义并提高学生对体育课的兴趣,使学生养成科学合理的作息习惯、健身习惯,使其在课余时间也能科学健身,保持健康的生活方式。

(四)重视体育教学方法优化

良好的体育教学效果的开展受到体育教学方法是否正确的影响,在高校体育教学中,有很多体育教学方法可以供教师选择,不同的体育教学方法有不同的特点,同一种体育教学内容可通过多种教学方法来展现给学生,体育教师应该判断出哪一种教学方法是最合适的,这样可以促进教学方法应用的最优化,进而促进体育教学效果的最优化。重视体育教学方法优化,要求体育教师具有良好的体育教学能力,有能科学选择各种教学方法、有效应用各种教学方法的能力。

(五)教学评价体系的完善

在"健康第一"思想的影响下,体育教学的评价应以学生的体质增强、身心健康发展为重要评价指标,完善体育教学评价体系。

"健康第一"教学理念指导下的高校体育教学评价体系的科学化构建与完善,具体要求如下。

第一,对学生的全面评价中,要重视对多方面的教学效果进行量化分析,并且将定性评价和定量评价相结合,提高教学评价的科学性,促进学生能更好地认识自身的不足以及获得学习的动力。

第二,对学生的全面评价中,要做到评价内容的全面、评价指标的全面、评价方法的全面,还有尽量做到邀请不同的评价主体进行评价。

第三,体育教学不仅注重对学生进行全面的评价,还注重对教师教学方面的评价。

第三节 "终身体育"教学理念

一、"终身体育"教学理念分析

"终身体育"教育思想的形成是人类自身和社会发展的必然。终身体育包括两个方面的内容:一是终身教育贯彻人的一生,从出生开始一直延续到生命的结束,在人的一生中,都应养成参加体育锻炼的习惯,体育是日常生活的重要组成部分;二是终身体育是科学的体育教育,在人的一生的不同阶段,都有正确的价值观念来指导和引导个体参加体育活动,并通过体育活动的参加实现个体身体的健康发展。

具体可以从几方面来理解终身体育。①时间方面,贯穿于人的一生。②内容方面,项目丰富多样,选择性强。③人员方面,面向社会全体公民。④教育方面,旨在提高全民体质健康水平。

学校"终身体育"教学思想的树立和形成能有效促进我国体育教学的发展,是所有运动项目的体育教学都应该树立的一个正确教学思想和观念。

要切实推动终身体育教育理念在高校的贯彻落实,教师在推动"终身体育"教育思想的落实方面具有非常重要的责任与作用,调查发现,在学生对于体育运动的参与方面,有很多学生受到教师的影响,特别是教师业务水平的影响,教师应在教学中和课堂外都提倡学生积极参与体育锻炼。

在体育课堂教学中,教师应关注学生终身体育意识和能力培养,不能只关注和过于重视技术、技能教学。

在体育课堂外,教师可以组织学生开展各种体育活动、体育游戏,对高校大学生体育俱乐部活动的开展,教师应鼓励,并给出指导性意见和建议。

(一)"终身体育"的思想特征

1.体育锻炼时间的终身性

"终身体育"是一种先进的教育理念,其最为重要的一点就是它可以令个体一生受益。

从教育功能作用于个体的影响来看,"终身体育"突破了传统的学校体育目标过分强调学习和掌握运动技能的观念,打破了传统的体育教学把人接受体育教育的时间仅仅局限于在校学习期间,而是将体育教育时间大大延长,囊括了人的一生。

"终身体育"教育理念强调体育教学应符合学生生长发育、心理健康发育的客观规律,以及健身的长久性,注重培养学生对体育的爱好、兴趣,养成锻炼的习惯和能力,强调体育参与的终身参与、终身受益。

2.体育锻炼群体的全民性

"终身体育"的体育对象指接受终身体育的所有人,每一个社会成员都应该积极参与,"终身体育"是面向全体社会成员的,从学生在学校体育教学中逐渐培养起体育锻炼意识到走出校门走进社会之后能持续参与体育锻炼,为以后的整个人生参与体育锻炼奠定良好的基础。因此,终身体育教育的主体并不局限于在校学生,而是面向所有民众,应做到全民积极、主动参与。

从一种体育发展理念演变为一种体育教育理念,"终身体育"教育理念的教育对象是面向整个人类社会的成员的,"终身体育"教育不仅仅局限于学生,包括社会大众。

体育教育是一个需要长期坚持的系统工程,生存、健康是社会和时代发展主流,健康是人们生存生活的重要基础,体育健身与生活是密不可分的。因此,无论个体的年龄、社会身份发生怎样的变化,都应该成为"终身体育"的教育对象。

3.体育锻炼目的的实效性

"终身体育"是以适应个人发展和社会发展为根本着眼点的。因此,终身体育参与必须做到因地制宜,因人而异,不同的人应结合自己实际选择锻炼内容、方式、方法等,同时,应融入日常的生活、学习、工作中。

在现代社会生活中,人们为了改善自己的生活质量,可以根据自身条件合理选择适合自己的体育方式,做到有的放矢,具有较强的针对性和实效性。

在高校体育教育教学中,体育教学的内容选择、方法运用都应为提高学生的体育知识、体育技能服务,不断提高学生的终身体育意识和终身体育能力,如此,在大学生毕业进入社会后,也能持续参与体育健身锻炼。

(二)"终身体育"与体育教育

1.终身体育与学校体育的相同点

(1)共同的体育目标——育人

体育具有多元教育价值,无论是终身体育参与还是体育教育的体育活动参与,其最终目标都是为了实现体育运动者的体育、智育、德育、美育等多元教育价值,更好地促进运动参与者的健康全面发展。

健康的身体是其他健康的前提条件,学校体育教学就是要培养学生的终身体育意识与能力,更好地实现个人价值和社会价值奠定健康基础。

(2)共同的体育手段——健身

终身体育活动参与和体育教育都是通过体育运动健身参与来实现体育的教育价值的,最终的个体行为也都落实在体育健身活动上面,终身体育强调个体应养成终身参与体育锻炼的习惯,在人生的每一个阶段都积极参与体育健身锻炼。体育教学以学生的身体练习为主要教学手段,通过身体活动促进身心、社会性全面发展。

(3)共同的体育任务——掌握体育知识,提高运动能力

个体的终身体育健康参与,离不开科学体育知识作指导,离不开体育健身锻炼实践活动参与,而同时,体育知识与体育技能的掌握,也是高校体育教学的重要任务,只有掌握这两方面的内容,才能更加科学地去从事体育健身实践活动,才能通过身体力行的体育活动参与,实现运动者的身心健康全面发展。

2.终身体育与学校体育的区别

(1)体育参与时限不同

终身体育贯穿人的一生,学校体育只负责学生在校期间的体育教育。

(2)体育教育对象不同

终身体育以全社会所有成员为教育对象,学校体育以在校学生为教育对象。

二、"终身体育"教学理念的高校体育教学指导

(一)转变传统体育教学思想

"终身体育"教学思想指导下的高校体育教学,应该在体育教学内容、体育教学方法、体育教学评价等各方面都要做到以培养和提高学生的体育终身意识和能力为标准,通过与学生日常生活、学习、工作关系更密切、关联程度更大的体育项目教学,培养学生的运动习惯,而不是仅仅关注学生的运动技能掌握情况。

高校体育教育教学过程中,教师应将体育教学达标的制订从单纯和过度关注技能指标的思想观念中解放出来,关注学生的体育价值观、体育态度、体育意识、体育行为习惯,如此才能真正有针对性地开展体育教学,才能真正实现终身体育教育。

"终身体育"教学理念是高校体育教学改革的指导思想,也是高校体育教学发展的落脚点。

(二)重视学生终身体育意识的培养

个体的体育活动参与行为的实现,必须建立在对"终身体育"教育理念有一个正确的认识的基础上,"终身体育"意识是高校大学生主动进行体育学习、体育参与的重要内部驱动力和动机。

当前社会,社会节奏快、生活压力大,每一个人都面临着各种各样的生理和心理负担,要

获得高质量的生活,就必须确保身心健康发展,体育运动能有效促进运动者的身心保持良好的状态,终身体育对于学生的身心素质发展促进具有重要作用,学生走进社会之后,在社会上面临的各种压力并不比学生时代少,甚至要更多,体育健身锻炼是一种身心压力释放、身心健康状态重塑的过程,对运动者保持良好身心状态迎接生活、学习、工作挑战是非常重要的,可以有效提高个人生活质量,提高学习、工作效率。

终身体育活动参与对于个人的社会性发展是具有重要的促进作用的,大学生坚持体育健身锻炼,能有效增强身心适应能力,可以在步入社会后更好地适应社会,提高自己的抗击压力的能力。

现代高校体育教学实践中,要培养学生的终身体育意识,要求教师应做好以下教育引导工作。

第一,引导学生树立正确体育价值观。

第二,端正体育学习态度。

第三,将素质、技能、知识、能力等教育内容渗透到终身体育教育中。

第四,通过体育教学丰富学生的体育知识、体育技能,提高终身体育参与能力,为终身体育锻炼奠定基础。

(三)丰富终身体育教学内容的设置

学生的个体差异性决定了学生的体育兴趣爱好不同、所适合从事的体育运动项目不同、所渴望学习的体育运动知识与技能(水平)不同,因此,在高校体育教学中,不能只追求学生某一特定的运动技能和运动的熟练程度,而是重视不同学生的不同体育发展需求,尽可能地丰富体育教学内容,使体育教学内容项目、层次多样化。

"终身体育"教学理念指导下的体育教学内容丰富化教学工作要求如下。

第一,延伸与拓展学校体育课堂教育,使学校体育向终身体育延伸。

第二,不同教学内容的课程目标设置应在充分了解与分析学生的现状的基础上进行,以体育课程终身体育教学目标为导向组织体育教学。

第三,选用体育课程内容时,应重视对休闲体育项目、时尚体育项目的引进,开展能够激发学生体育兴趣和潜能的体育活动。

(四)关注学生需求与社会需求的统一

"终身体育"旨在为学生提供一种健康的生活态度与生活方式,对于任何人来说,身体健康都是个体适应现代社会生活、工作、发展的必要条件。

高校体育教育的终身体育教育理念的贯彻,就是要在培养符合社会发展的合格人才的基础上,促进学生的个性化发展,实现学生的社会价值与个人价值的共同发展。

高校终身体育教育对学生需求与社会需求的统一性的实现,要求应做好以下工作。

第一,重视国家需要、社会需要与学生个体需要的有机结合。

第二,明确学生需要与社会需要的彼此地位。这是正确处理学校体育发展与社会需要适配性的关键问题。

第三,重视体育教育的健身价值与人文价值的实现,重视体育知识、体育技能、体育习惯的共同培养。

第四,围绕学生开展体育教学,充分满足学生的学习和发展需求。

第五,全面提高大学生的体育素养,以符合社会发展对人才的体质、体能、知识、精神、道德要求。

"终身体育"教育有四个支柱,即"学会认知、学会做事、学会生活、学会生存",但应充分考虑"终身体育"与"以人为本""健康第一"的有机结合。

第四节　坚持体育教学理念创新的注意事项

一、综合加强体育、卫生、美育、心理健康教育

体育教育是一种以体育为主的全面教育,在体育教学中,应加强体育、卫生、美育等教育的充分结合,加强学生的多元和多方面的体育教育,注意以下几点。

第一,学生参与体育活动,必须注重营养,养成讲卫生的好习惯,高校体育教育教学应将学生的多方面体育教育综合起来施教。

第二,高校体育教学中,应加强对学生的营养指导,让学生了解有关营养、卫生保健的知识。

第三,高校体育教学中,应加强对学生的美育教育。美育不仅能陶冶和提高学生的修养,而且有助于开发他们的智力。体育是健与美的有机结合,寓美育于体育之中,高校体育教学应注意提高学生对体育的兴趣,增强学生的体育学习情感体验,提高学生的审美、创造美的能力。

第四,高校体育教学中,应加强对学生的卫生保健教育,并应紧密结合学生的生长发育与生活实际来开展健康教育,使学生会自我保护,促进自我健康成长发育。

第五,高校体育教学中,应加强对学生的心理健康教育,把学生青春期教育和心理健康教育作为健康教育的重要内容来抓。

二、综合培养学生的体育健康意识、行为、能力

健康的意识、知识、方法、技能对每一个参与体育锻炼的人来说都非常重要,开展高校体育教学活动,要真正促进学生的健康,就必须将体育教学活动与学生当前和日后的日常生活与工作密切结合起来,使体育意识演变成体育习惯,并落实成体育行为,使学生在以后的发展过程中,都能通过体育运动参与来更好地促进生活和工作的开展,如此就将体育知识、技能、转化为学生自觉的行动基础。通过体育教学中对学生的体育健康知识、锻炼方法、运动技能等的传授,使学生能自主参与体育锻炼,并对自我体育锻炼效果进行正确评价,进而不断改进与完善体育锻炼。

具体来说,在体育教学中,学校和体育教师应做好以下几方面的工作。

第一,结合学生实际选择体育教材。

第二,活动适量,不应矫枉过正。
第三,加强学生体育课外活动指导。
第四,组织开展多种体育比赛。
第五,展开与体育相关的各学科的教育,如运动学、心理学、营养学、保健学等。
第六,坚持以运动技术为主,注重一专多能。
第七,体育运动项目的开展要和社会体育资源相结合,不断提高学生参与体育的运动能力。

三、实现"以人为本""健康第一""终身体育"多元教学理论的相互促进

在教育教学的发展过程中,出现了许多的先进的体育教学理论和教学思想,这些教学理论和教学思想在不同的历史时期,对教育教学实践具有重要的促进和推动作用,而且在同一时期可能会有几个教学理论和教学思想同时对教育教学实践发挥着影响,只是一些教学理论和教学思想起着主导影响,另一些则起着次要的影响。

体育方面的教学思想有很多,各种不同的体育教学理念除了具有其优点,也有不足之处,不同的体育教学理念相互影响,不同的体育教学思想相互补充,但也可能存在有冲突的地方。教师在体育教学活动开展中,应注重对具体的体育教学实际进行分析,在坚持"以人为本""健康第一""终身体育"的三个主要教学理念的指导下,对各种教学活动的安排都应该充分体现出这三个教学理念中的一个或几个,如此才能切实促进学生的身心健康全面发展。各种不同体育教学理念也可相互借鉴,丰富完善自我教育理念内涵,对不足之处予以改正,或者用其他更加与体育教学实践贴近的体育教学理论和思想予以补充,例如,有利于人性发展的观点值得吸取,但可能放任教学内容泛滥应坚决摒弃;运动技术技能教学思想的落实可有效促进学生对体育运动技能的掌握,但容易过分强调技能水平而忽视学生身心发展规律,对此教师应格外重视。

在当前体育教育教学的发展过程中,"以人为本""健康第一""终身体育"都是先进的体育教学理念,对体育教学实践具有重要的指导和发展促进作用。

现代体育教育教学实践中,新的体育教学理念要求体育教学应关注学生发展、充分重视学生的体验,让学生在愉悦的体育教学氛围中能积极主动地参与体育活动、进行体育学习,同时,新的体育教学理念还重视对学生终身锻炼的习惯进行培养,使学生在体育中养成积极健康的生活方式,进而促进学生的全面、长期、持续发展。新的教学理念中的"以人为本""健康第一""终身体育"是相互促进,互为补充的,通过这些体育教学理念对体育教学实践的共同教学指导,能真正实现体育教育对学生的全面健康发展的促进。

新时期,要实现体育的多元教育功能,促进学生、教师、体育教育的科学发展,就必须综合实现"以人为本""健康第一""终身体育"的相互促进和对体育教学实践的共同启发与指导,以不断完善体育教学,通过体育活动最终实现人的可持续发展。

四、提高高校体育教师队伍的综合素质

在体育教学实践中,体育教师发挥着重要主导作用,体育教学理念在体育教学实践中的

贯彻实施需要体育教师去执行，提高高校体育教师队伍人员的综合素质有利于更好地在体育教学中发挥先进的体育教学理念的作用。

新时期，要促进先进体育教学理念对体育教学实践的指导，提升体育教师素质，应注意做好以下工作。

第一，一名合格的体育教师应具备良好的体育文化素养，掌握丰富的体育文化知识、理论知识。教师要丰富自我文化素养，不仅要重视对体育学科知识与理论的学习，还要重视对体育相关学科的知识的学习，以不断丰富自我知识结构。

第二，重视体育教师的综合教学素质、体育素养的提高。通过培训、学术交流、体育文化活动参与等，不断促进体育教师熟知信息科学，通过对多方面的科学发展规律，如生命科学、环境科学、教育科学、传播学等的知识学习，掌握不同活动发展的规律，来为体育教学活动开展提供理论指导。

第三，加强树立终身学习意识，体育教师要落实终身体育，自己要先有足够的体育学习与参与意识，并形成体育健身习惯，教师必须为人师表，作出表率，才能为学生积极参与体育健身锻炼树立一个良好的形象与榜样。

第四，鼓励体育教师积极参与体育科研，体育教学实践活动的开展离不开具体理论的指导，体育教师提高科研能力，有利于更敏锐地在体育教学中发现问题、分析问题、解决问题，从而促进体育教学的不断完善。

第五，加强对体育教师的教学监控，督促教师不断完善自我、促进自我可持续发展。教师作为人，也有人的一般惰性缺点，因此，有必要通过客观的教学监督指导来促进体育教师对自我工作的不断改进与完善。

五、建设良好的高校体育教学条件与环境

先进体育教学理念的实施需要学校的全方位的支持，需要学校教学工作者、领导等的支持，为整个高校体育教学创造一个良好的体育教学条件、环境与氛围，提高高校的体育教学软件、硬件、文化等方面的条件与环境创设水平，为高校师生更加主动、积极、顺利地参与高校体育"教"与"学"奠定良好的基础。

第四章　高校体育教学方法的设计与革新

体育教学活动的开展需要教师在体育教学方法设计方面融入大量的教学智慧,通过科学合理的教学方法的设计与使用,更好地呈现教学内容,激发学生体育学习的积极性,以更好地实现良好的体育教学效果。随着现代体育教学的不断发展,一些新的体育教学方法被创新并应用到体育教学中,收到了不错的体育教学效果并被进一步推广。

第一节　体育教学方法概述

一、体育教学方法的概念

关于体育教学方法,国内外学者很早就开始进行研究,在研究过程中,诸多专家和学者对体育教学方法概念界定有以下共识。

(1)体育教学方法是体育教学系统的重要组成部分。

(2)体育教学方法与体育教学系统其他要素之间具有非常密切的关系。体育教学方法服务于体育教学目标和体育教学任务,能够促进体育教学目标和任务的实现。同时,体育教学方法又受体育教学内容的制约。

(3)体育教学方法是"教"与"学"的统一,可有效促进师生的双边互动。

(4)体育教学方法受到特定的教学理论的指导。

(5)与其他科目教学方法相比,体育教学方法在注重教学语言要素的同时,更加注重动作要素。

综合我国学者对体育教学方法的研究,一般认为,体育教学方法,具体指为实现体育教学目的而采用的手段、方式、措施和途径等的总和。

二、体育教学方法的分类

从体育教学活动双边关系和参与主体来看,体育教学方法可以从"教"和"学"的角度进行教法和学练法的划分,具体分析如下。

(一)教法

教法是体育教学过程中的教师层面的教学方法,也是本书所指的教学方法,可以具体理解为教师的授课方法。

1.知识技能教法

教法类教学方法包括基本知识的教法和运动技能的教法。

(1)基本知识的教法

基本知识主要是指体育运动项目的基本理论知识,基本知识教法就是针对这些理论知识展开教学所使用到的教学方法,主要涉及基础学练理论教学。

一般来说,体育基础知识的学习主要是抽象知识的学习,具有一定的难度,不像体育运动技术那样可以直观地、生动形象地展现,这就需要教师在体育教学过程中深入了解学生的知识基础、思维能力,选择相应的教学方法。教学方法应尽量具有操作性,并注意与体育运动实践的结合。

(2)运动技能的教法

运动技能的教法不难理解,是通过相应的教学方法来很好地向学生呈现技术动作,帮助学生很好地理解运动技能的概念、构成、完成全过程,这对于学生提高体育运动技能具有重要的作用,教学方法应便于运动技能规律与特点的揭示,便于具体的技术动作的形象化生动化展示。

运动技能教法应用特点如下。

①教师通过教学方法的科学选择与实施,促进学生对具体的运动技能的掌握。

②充分考虑教学体系中的其他要素,如教学内容的关系,结合教学内容分析,运用相应方法帮助教师完成教学任务。

③结合实际教学情况,充分发挥教学方法灵活多变的特点,随机应变,在体育教学活动中灵活处理各种教学要素。

2.思想教育法

思想教育法是为展现体育思想教学内容的教学方法,开展相应的思想教育时,教学方法选择应注意体育思想、体育道德内容展示的特点,促进学生的体育价值观念、体育精神、体育道德、体育意志品质等的发展与提高。

思想教育法应用应促进学生如下几方面的效果。

(1)形成良好的意志品质。

(2)发展个性。

(3)提高团队协作意识。

(4)形成正确的价值观和审美观。

(5)发展创造性。

(二)学练法

1.学法

学法,主体为学生,在体育教学中,学生的学法就是了解和掌握体育相关知识的方法,通过具体学法的选择与应用,促进学生对体育知识、技能的掌握。

体育运动教学实践中,学法应用要求如下。

(1)确保学生能掌握教学目标所要求的基本知识与技能,并结合个人情况有所发展。

(2)体育学习中,应重视体育知识、经验,自身体能与新知识、技能的有机结合,使体育技能学练符合自身身心发展规律、特点。

2. 练法

练法,具体是学生的运动训练方法,是实现体育教学目的的重要方法和途径,指导学生进行体育锻炼的方法是体育教学中最具本质特征的方法。

体育教学是一项身体实践性非常强的学科教学,各种体育知识、技能都需要学生的体育活动实践才能理解、掌握,并在之后的体育活动参与中表现出来,这就需要学生在体育学习过程中结合具体的学习任务、目标、自身实际情况科学、循序渐进地参与体育运动训练,不断提高自己的体质、体能、运动心理水平,并进一步促进自我体育运动专项体能、技能和心理能力的发展。

三、体育教学方法的特点

(一)实践操作性

与其他学科不同,体育学科的学习更多时候需要学生进行各种各样的身体练习,因此,在体育教学过程中,教师选择教学方法应充分考虑到学生的具体的身体活动开展的可操作性,同时应考虑客观的体育教学条件能否为体育教学活动组织提供必要的物质支持。

体育教学方法的实践操作性受体育身体活动的基本性质影响,同时,也受到学生的体育活动参与形式的影响,教师选择与实践教学方法,应结合具体教学实际对教学方法进行必要的修正,如果教学方法中的某一个环节和形式安排在接下来的教学活动开展中受阻,则教师应该灵活变通。不能让教学方法停留在理论层面,应落到教学实践中,符合教学实践。

(二)多感官参与性

体育活动的开展过程是师生的身体活动参与过程,教师与学生进行各种体育技术动作示范、练习,都需要充分调动身体各部分的组织和系统的功能,整个有机体各个器官和组织、系统都要充分调动起来。例如,教师通过动作示范教给学生某一项具体的体育运动项目的技术动作,学生要利用眼睛去看动作,利用耳朵去听讲解,利用肢体去感受动作感觉,因此说,体育学练的过程,也是学生有机体多感官共同参与的过程。

在体育教学中,为了获得良好的体育教学效果,体育教师在选择和运用教学方法时应注意教学方法是否能充分调动起学生的多种感官的积极参与,优化教学效果。

体育教学方法对学生的多感官的体育调动与参与主要表现如下。

(1)体育运动参与和学习中,需要学生动用思维、感知、记忆和想象,需要学生的视觉、听觉以及触觉等感受器官对运动的方向、用力的大小和动作的幅度等方面进行感知,形成正确的动作定式。

(2)在形成正确的体育动作的基础上,将所接受到的教学信息进行整理、分析,通过大脑思维活动指挥身体的各器官完成相应的动作;通过不断重复技术动作,最终实现动作技术的正确和精细。

(三)时空功效性

根据学生的学习认知规律和动作技能形成规律,体育教学方法的各教学实施阶段都表现出体育活动的时空性特点,以及教学的时空特点。

体育教学开始阶段，教师作为教学主导者，指导学生进行相应的学习活动，进行相应的分析、示范和指导。

体育教学期间，教学活动的主体发生了相应的变化，学生的主体作用也在不断增强，学生通过认知、分析和练习，掌握相应的知识和技能。

体育教学结束阶段，教师进行相应的总结和分析，对学生的学习过程、学习效具进行客观、全面评价与分析，并预告下次教学内容，实现本次课与下次课的时空有效衔接。

（四）动静交替性

体育运动教学与训练应保持动静结合，这主要是受运动者个体运动负荷承受范围的影响，是体育教学的基本规律和特点。

体育教学方法的"动"即指技能学练，体育运动技能的学习与掌握必须通过实实在在的身体练习来进行，体育教学过程中的各种体育教学方法都是为了促进学生更积极、更好地去参与各种身体活动，通过体育活动实践来掌握体育技能。

体育教学方法的"静"即指合理休息。学生的体育学习过程中，学生生理方面和心理方面都会持续地不断受到刺激，并承受一定的负荷，长时间会导致疲劳，从而影响学习效果与质量，这时需要安排学生进行合理休息，包括积极性的休息和静止休息。安排休息时，应注重积极性休息和消极性休息的结合。

（五）师生互动性

体育教学活动的开展，需要教师和师生共同参与，教学方法的选择不应该只是组织活动让学生参与，还要在体育教学活动中，教师能适时地融入学生的学练、发现、探索活动中去，及时给予学生正确的教学指导。教学方法的应用应有助于教师、学生的体育教学活动的积极参与，并促进师生互动。

（六）继承发展性

新时期，教育工作者继续发展创新，教学方法及其应用也在不断丰富与创新使用，教师和学生的师生关系、课堂体验，以及体育教学效果都在不断优化。

第二节 传统体育教学方法及应用

一、传统体育教法及应用

（一）语言教学法

语言教学法，就是教师通过语言表达来阐述体育教学知识、文化、规律、特点、技术构成、教学活动安排与过程实施的方法。学生通过教师的语言来了解教学过程、参与到学习过程中去，掌握必要的教学知识点。

常用语言教学法举例如下。

1. 讲解教学法

讲解教学法，教师通过语言讲解来开展教学。讲解法通常用于体育理论教学，讲解过程中,教师应充分考虑学生的理解能力与认知能力的特点与水平。

讲解法使用要点如下。

(1)讲解要明确,突出教学内容重点、难点、特点。在体育教学中,教师对于教学内容的讲解必须有明确的目的,不能漫无目的的讲解,这样会使学生抓不住重点,不能理解教师的用意,导致学习效率低下。

(2)讲解要正确。注重讲解内容(历史文化、动作术语、技能方法等)的准确描述。

(3)讲解要生动、简明、有重点。讲解应便于学生更好地理解教学内容,如生动形象化的讲解可加深学生的认知,教师应重视对技术动作的形象化描绘,可以适当加入肢体语言帮助学生理解。再如,关于概念、技能难点的讲解应有重点,把握关键技术讲解,更便于学生掌握动作要领。

(4)讲解要通俗易懂、深入浅出。教师要善于运用对比、类比、提问等方式进行启发性教学,这有利于学生积极思维,使学生举一反三,触类旁通,学以致用。

(5)注重教学内容讲解的时机和效果。

(6)重视讲解内容的前后关联性。

2.口头评价法

口头评价是体育教学中非常重要的教学方法,可以在课堂上及时、快速给予学生最直接的评价、提醒,也可以在教学结束之后,对学生的课堂表现进行口头点评。

根据评价性质,口头评价有如下两种。

(1)积极评价——教师对学生的评价是鼓励性的、表扬性的,肯定性的。

(2)消极评价——教师对学生的评价是负面的,以批评为主,这显然会让学生感觉到不舒服和沮丧,对此教师应掌握必要的语言沟通技巧,注意措辞,要就事论事,不能过分打击学生,更不能进行语言方面的人身攻击。

3.口令、指示法

口令、指示具有简短的高度概括性,在体育过程中,借助简短的字词给予学生必要的提示,如体育时间教学中的动作学练。

口令和指示法应用要求如下。

(1)教师应发音清晰、声音洪亮。

(2)教师对学生的口令、指示应尽量使用正面引导、积极性的词汇,并注意提示的时机。

(3)合理把握口令和指示的节奏。

在体育教学实践中,教师采用口令、指示法时,尽量做到语言精练,言简意赅。

(二)直观教学法

直观教学法,是利用学生的感官直接冲击来加深学生对体育教学内容的印象,使学生更直观、生动、形象、直接地了解教学内容。具体来说,就是通过直观刺激学生感官。

体育教学中的常见直观教学法有如下几种。

1.动作示范法

在体育教学中,教师通过对教学内容的动作示范,来使学生对所要学习的项目技术动作有一个生动形象的了解,使学生熟悉动作结构和要领。

动作示范教学法的运用应注意以下几点。

(1)明确示范目的。教师在进行动作示范之前,要指导示范的目的是什么,要展示什么。

(2)示范动作正确、流畅,教师进行教学动作示范,是为了给学生提供必要的技术动作模仿对象,教师的示范动作必须正确,避免错误引导学生。

(3)示范位置合理,体育教学中,教师的动作示范应让每一个学生都能全面、准确观察,使所有学生都能够清楚地观察到示范动作,应多角度示范。

(4)示范应与讲解结合起来,通过示范、讲解,充分发挥学生的视觉、听觉、触觉等各感官的作用,把学生的听觉和视觉器官同时利用起来,以更好地加深学生对正确技术动作方法的理解与掌握。

2. 教具与模型演示

采用图表、照片和模型等直观教具辅助教学,使学生更加易于理解相应的技术结构和动作形象。教具与模型演示教学,应注意以下几点。

(1)提前准备教具、模型。

(2)教具、模型全方位展示,如果介绍具体器材的使用方法可以让学生近距离体验。

(3)注意教具与模型的使用保护。

3. 案例教学法

案例教学法,就是在体育教学中举例子,使学生对体育教学内容的理解更加简单、直观、形象。

案例教学法应用要求如下。

(1)举例恰当,避免举无效案例。

(2)对战术配合和组织案例分析尽可能详细,并注意多角度(如攻、守)分析。

4. 多媒体教学法

多媒体教学方法是现代体育教学中被较多使用的方法,与传统的课堂板书教学不同,多媒体教学能令教学内容的展示更加生动形象,而且教师应更加准确地利用多媒体教学技术向学生分析动作的细节,通过动画和视频演示,可以将每一个动作精确到秒上,将教学内容制作成电影、幻灯、录像等,通过重放、慢放、定格等操作方法,使学生更深入、系统地学习知识,掌握技能。

多媒体教学法的使用需要必要的多媒体教学技术支持,也需要教师具备一定的多媒体技术操作能力。

(三)完整教学法

完整教学法是体育教学中广泛应用的一种教学方法,该教学方法重在完整地、不间断地演示整个技术动作过程,通常在体育教学实践课中运用。

完整教学法的体育教学应用应注意以下几点。

(1)讲解要领后直接运用。教师通过对体育运动技术动作的分解讲解,示范整个技术动作,使学生能流畅地模仿完整技术动作。

(2)强调动作练习重点。体育实践教学中,对于较为复杂的动作,教师应明确讲解、示范重点,使学生正确把握技术动作难点。

(3)降低动作练习难度。降低动作难度以便于学生完整练习,建立正确动作定型后逐渐增加难度,待学生熟练后再按标准动作进行完整动作学练。

(4)应注意仔细分析各动作要素,以使得学生能够了解用力的大小、动作的程度等方面。

(四)分解教学法

分解教学法是与完整教学法相对应的一种教学方法,适用于复杂和高难体育项目的技术动作教学。它能将复杂的动作简单化,降低技术难度。

分解教学法适用于复杂和高难体育技术动作教学,具体是指在体育教学实践中,教师分解完整的技术动作,通过各个阶段、环节的逐个教学,最终使学生掌握整个技术,分解教学应注意以下几个方面。

(1)对技术动作的分解要注意科学,不能打破各环节之间的有效衔接。

(2)分解后的技术动作依次教学,熟悉后注意组织学生对学习环节前后的衔接结合练习。

(3)技术动作分解与完整综合运用效果更佳。

(五)预防教学法

体育教学的开放性使得体育学习同样是一个开放的过程,可受到各种因素的影响与干扰,就学生的个体差异性来说,学生的认知能力、理解能力、肢体协调能力等各不相同,学生不可能做到一下子就能准确掌握知识要点、动作要领,学习过程中难免会犯各种各样的错误。针对学生的学习错误,教师应及时指导和纠正,以达到预防的目的。

预防教学法是对学生的错误认知、错误动作提前采取阻断措施的教学方法。

预防教学法应用要求如下。

(1)体育教学中,教师应在讲解过程中不断强化正确认知,避免学生错误认知。

(2)教师在备课时可结合自己的教学经验对学生可能会犯的错误做好预防预案。

(3)可结合口头评价、提示、指示帮助学生及时预防错误。

(六)纠错教学法

纠错教学方法是学生在体育教学中出现认知、动作错误后,及时予以纠正错误的教学法。

在体育教学过程中,教师应正确对待学生由于对各种动作技术理解不清或对动作掌握不标准的错误,注意进行有意识的引导和纠正。

纠错教学法应用要求如下。

(1)纠错时,应注意正确技术动作的讲解,使学生明确产生错误的原因,及时改正。

(2)结合外力帮助学生明确正确技术动作的本体感觉。

预防和纠错相辅相成,和预防相比,纠错的针对性更强,要求教师认真分析学生错误的原因,并有针对性地结合错误的源头采取相应的纠正措施,并给出改正方向与方法。

（七）游戏教学法

游戏教学法，指教师利用组织游戏的方法使学生完成预定教学任务的教学方法。这种教学法的应用比较广泛，在体育教学的初期和其他各时期都经常被使用，在调动学生的体育学习积极性与主动性方面具有良好的作用。

游戏教学法的应用应注意以下几点。

(1)所开展的各项游戏应与具体的体育教学内容相适应，应与教学内容相关。

(2)游戏内容应选择学生感兴趣的内容、方式。

(3)游戏开始前，注意游戏规则、目的的讲解。

(4)游戏过程中，强调学生的积极努力、同伴协同配合。

(5)游戏过程中，教师应监督学生在游戏中的行为，避免学生破坏规则，如有发生应实施"惩罚"。

(6)游戏结束后，教师应做客观、全面评价。

(7)注意教学安全。

（八）竞赛教学法

竞赛教学法，是通过教学竞赛的组织来开展体育教学的方法，竞赛教学法重视学生的体育运动技能的实践检验，也重视学生在运动中的角色体验以及学会如何处理与队友的关系，并促进学生的运动心理的调适与完善。竞赛教学法是体育教学不同于其他学科教学的一种重要教学方法，对于学生的身体运动素质、竞技能力、心理素质、社会性关系处理等都具有重要发展促进价值。

竞赛教学法的教学应用要求如下。

(1)明确竞赛目的。通过足球运动竞赛切实提高学生的足球运动技能水平。

(2)合理分组。各对抗队的实力应相当。

(3)客观评价。对竞赛过程中学生完成动作的质量予以客观的评价，并指出改进的方向和方法。

(4)竞赛教学法应在学生熟练掌握相应的运动技战术后使用，避免学生发生不必要的运动伤病意外。

在体育教学实践中，教师不应只专注于使用一种教学方法，也不能毫不顾忌教学实际多个教学方法交叉、叠加使用。上述各种体育教学方法的应用应结合具体的教学情况和学生情况，科学选择最佳的教学方法或者教学方法组合，进而促进良好的体育教学质量和教学效果的不断提高。

二、传统体育学法及应用

（一）自主学习法

所谓自主学习法，即学生积极主动、独立自主进行体育学习的方法，当然整个学习过程也需要教师的指导。

高校体育教学中，教师指导学生进行自主学习，应做好以下几方面的工作。

(1)教师应针对学生的水平、特点，为学生安排难度适当的体育教学内容。

(2)教师可帮助学生制订学习目标,指出学生通过自我探索应该达到什么水平,解决哪些问题,学生应根据自身的知识储备和能力水平,明确学习目标。

(3)学生应根据自身情况,对照学习目标进行积极的自我调控,并及时改进教学方法和教学策略。

(4)教师必须认识到,组织学生进行自主学习,并非意味着教师放任不管,教学中仍要间接参与学生的整个学习过程,教师应时刻关注学生的学习进度,如果学生的学习偏离预期,应及时引导。

(二)合作学习法

合作学习法,是在教师的指导下,学生进行合作互助,通过责任分工承担不同学习探索任务,并最终解决问题,达到教师所设定的学习目标,完成教师布置的学习任务。

合作学习能够提高学生的学习能力、合作能力,教学中,具体的学习操作方法如下。

(1)教师根据教学内容确定相应的教学目标。

(2)教师引导学生结成学习小组。

(3)全体学生在教师的指导下,根据教学内容确定相应的教学目标。

(4)确定各小组研究的课题,引导学生自己进行小组内的具体分工。

(5)小组成员合作完成小组学习任务与目标。

(6)不同小组进行学习和交流,分享研究成果,发现问题,取长补短。

(7)教师关注、监督学生学习,推动各小组活动顺利开展。

(8)教师评价,帮助学生总结。

三、传统体育练法及应用

(一)重复训练法

重复训练法,就是反复进行某一训练内容练习的方法。重复训练法旨在通过反复的动作不断强化运动条件反射,使机体产生较高的适应机制,促进学生掌握和巩固技术动作。

1.重复训练法类型

一般来说,可根据训练时间长短和间歇方法将充分训练法进行分类,具体见表3-1。

表3-1 重复训练法的分类

分类依据	训练方法
训练时间长短	短时间重复训练方法(不足30秒)
	中时间重复训练方法(0.5~2分钟)
	长时间重复训练方法(2~5分钟)
训练间歇方式	连续重复训练法
	间歇训练法

2.重复训练法应用要求

(1)同一动作反复练习难免枯燥乏味,训练中教师应时刻关注学生的情绪。

(2)训练中,应严格规范学生的技术练习,对学生的运动训练负荷强度应科学控制。

(3)强调技术动作的正确练习,如果学生连续出现错误动作,应停止练习,防止错误强化。

(4)训练数量、负荷、次数安排符合学生实际。

(二)持续训练法

持续训练法,是在保持一定负荷强度、运动时间的基础上无间断地连续进行练习的训练方法。

1.持续训练法类型

根据训练持续时间,持续训练法具体分类见表3-2。

表3-2 持续训练法的分类

分类	训练方法	
训练持续时间	短时间持续训练法	
	中时间持续训练法	变速持续训练
		匀速持续训练
	长时间持续训练法	

2.持续训练法应用要求

(1)持续训练法使用单个或组合技术的反复持续性练习。

(2)训练前,学生应熟悉具体的训练内容、程序。

(3)持续训练过程中,学生的训练质量应保持在一定水平,提醒学生注意训练中的动作质量。

(三)循环训练法

循环训练法,是对较多的训练内容进行分类和排序,依次完成训练内容与任务,然后再从训练最初的任务开始,不断循环重复整个训练内容的训练过程与方法。

循环训练各站点内容不同,对提高学生的训练兴趣和积极性、主动性有较大的促进作用。

1.循环训练法类型

循环训练法的实践应用类型划分如表3-3所示。

表3-3 循环训练法的分类

分类依据	训练方法	
运动负荷特征	循环重复训练法	对各训练站点之间间歇时间不做特殊安排
	循环间歇训练法	明确各训练站点的间歇时间
	循环持续训练法	各个训练站点之间不安排间歇时间
训练组织形式	流水式循环	按一定的顺序一站接一站地周而复始
	轮换式循环	各学生于同一时间在各自练习站训练
	分配式循环	先在站中练习,然后依次轮换练习站

2. 循环训练法应用要求

(1)注意各训练内容的排序应合理,符合一定规律。

(2)训练逐渐深入,不要急于求成,一般先练一个循环,过2~3周再增加一个循环。

(3)任何时候,训练参与最多不得超过5个循环。

(四)完整训练法

完整训练法,指从头到尾完整地完成一个动作、一套动作、一个技战术配合的训练,整个训练一气呵成,没有中断。

完整训练法实施应注意以下几点。

(1)完整训练法适用于单一技术训练。

(2)较复杂的技能训练,应注意学生的技能基础的良好奠定,然后再进行完整训练。

(3)完整训练中,应注意指导学生对整个战术节奏、要点、关键环节的把握。

(五)分解训练法

分解训练,与完整训练相对,是对训练内容进行阶段、环节划分,逐一攻破,逐一精细化地学习与练习的训练。

1. 分解训练法类型

分解训练法各方法应用特点见表3-4。

表3-4 分解训练法的分类

分类	训练方法特点
单纯分解训练法	把训练内容分解成若干具体部分,分别习练各部分
递进分解训练法	把训练内容分解成若干具体部分,依次有序练习各部分
顺进分解训练法	训练内容分解后,先训练第一部分,再训练第一、第二部分;再训练第一、第二、第三部分……步步为营
逆进分解训练法	与顺进分解训练相反,先训练最后一部分,再将前一个训练内容叠加训练

2. 分解训练法应用要求

(1)科学分解,不能切断不能分割的部分。

(2)注意学生对各分解部分的细节练习。

(3)分解训练各部分熟悉掌握后,应进行完整练习。

(六)间歇训练法

间歇训练,"间歇"把控是重点,具体是通过对训练时间的严格规定,通过训练内容与训练时间的有机结合与搭配,来安排各内容与阶段训练的训练方法。

1. 间歇训练法类型

间歇训练法的基本类型有三种,具体参见表3-5。

表 3-5 间歇训练法的分类

分类	训练方法特点
高强性间歇训练法	适用体能主导类速度性和耐力性运动项群的素质、技术及技能主导类对抗性运动项群中的攻防训练
强化性间歇训练法	通过强化间歇来控制训练
发展性间歇训练法	适用减少人数且比赛时间分解成阶段性的连续攻防训练

2.间歇训练法应用要求

(1)根据超量负荷的原理,训练中可提高每次练习的强度,增加练习重复次数和调整间歇时间。

(2)间歇时间科学、合理。

(3)训练负荷得当。

(4)下次训练前,应使机体完全恢复。

(七)程序训练法

程序训练法是按照一定的顺序进行的程度化、模式化的运动训练方法。

1.程序训练法类型

(1)顺序训练,按照一定规律和标准明确训练程序,依次展开训练活动。

(2)逆序训练,特定训练目的下进行,很少见。

2.程序训练法应用要求

(1)强调训练过程的时序性。

(2)训练时序性应与训练内容逻辑性融为一体,控制训练过程。

(3)训练系统化。学生的整个训练过程应是系统、完整、可控的。

(4)训练定性化。具体的训练内容、方法和步骤应体现出鲜明的定性化特点,解决重点训练任务。

(5)训练程序化。整个训练科学、有序,事先安排好,训练应在严格检查、评定、监督下进行。

(八)变换训练法

变换训练法,通过变换不同的训练要素来开展训练活动的训练方法。

1.变换训练法类型

根据可变换的内容与要素,变换训练法常见方法类型见表 3-6。

表 3-6 变换训练法的分类

分类	训练方法特点
内容变换训练法	技能训练的内容可为技术动作的变异组合,亦可为固定组合
形式变换训练法	变换训练场地、线路、落点和方位等条件或环境
负荷变换训练法	重视负荷强度或负荷量的变换,如降低负荷强度,掌握正确的排球技术动作,形成正确动作定型;提高负荷强度及密度,适应比赛要求

2．变换训练法应用要求

(1)训练通过各种条件"变换"实现,这种"变换"应使学生产生适应。

(2)初次训练和基础差的学生参与训练,一次训练中变换的要素不宜过多。

(九)比赛训练法

比赛训练法是以赛代练的训练方法。

1．比赛训练法类型

体育教学中的比赛训练方法主要有以下几种。

(1)训练性比赛。以训练条件为基础,训练与比赛交叉、同时进行。

(2)模拟性比赛。对事先所了解的各种比赛信息进行归纳总结,组织比赛模拟条件和环境,为正式参赛做准备。

(3)检查性比赛。旨在检验学生在赛前训练的训练质量,通过训练发现不足并改进。

(4)适应性比赛。比赛环境是真实的,通过真实比赛进行训练,提高学生的比赛适应能力。

2．比赛训练法应用要求

(1)确保学生具有一定运动基础。

(2)明确比赛规则,严格按照比赛规则开展。

第三节　现代教育理念的体育教学方法

在"以人为本""健康第一""终身体育"等新的教学理念指导下,填鸭式教学方法的选择和应用越来越重视体育教学中学生的体育学习体验,并越来越重视学生的学习积极性与主动性的发挥,对于学生来说,符合现代新教学理念的体育教学方法的应用,大大提高了学生的体育学习兴趣,同时,体育教学环境更加优化,学习体验更加丰富多彩与生动、形象。

一、现代创新体育教法

(一)探究教学法

探究教学法,也称指导发现教学法,是一种充分发挥学生的能动性的教学方法,体育教学中,在教师有意识的体育教学中,让学生经历教师所设计的各种教学环节,引导学生逐渐发现问题、讨论问题,并处理和解决问题。

研究表明,探究教学法符合现代教育教学理论对学生的要求,也是新体育课程强调学生主体性理念的重要表现,因此在体育教学实践中日益受到重视,该教学方法在体育运动教学中得到了尝试并获得了良好的教学效果。

探究教学法的体育教学应用有机结合了教师的"教"和学生的"学"两个方面。探究教学法主要适用于战术、攻防关系、技术要点教学,具体应用程序如下。

(1)学生预习教师所要教授的教学内容。

(2)教师以指导语的方式改造所授教学内容,并且将一些相关的观察结果和分析的直观感知材料提供给学生,使学生自行解决学习中遇到的困难和问题。

(3)体育教学中,重视对特定教学环境的建设,使学生在积极探索、研究的过程中获得知识和掌握技能。

(4)教师进行教学分析归纳总结。

(二)合作学习教学法

合作学习教学法是通过对学生进行分组,使学生以小组形式完成学习任务的教学方法。合作学习教学法有利于学生养成合作和竞争的意识,对于在足球运动中发挥集体协作作用具有重要的帮助作用。

在现代体育运动项目教学中,许多教学活动都需要学生的共同参与,即便是以个人运动技能展示为主的体育运动项目,在运动技能练习过程中,也需要其他同伴的培养,离不开各参与者的相互配合,因此,通过合作学习不仅能增加学生之间的默契配合,提高学生的合作意识和合作能力,还有助于良好的教学环境和氛围的形成。

(三)多元反馈教学法

新课程标准要求重视学生在体育教学中的地位,重视和谐师生关系的建立,多元反馈教学方法正是强调教师与学生之间在学习过程中融洽与合作关系的教学方法,该方法更加突出师生之间、学生与学生之间进行信息的交流与反馈的及时性,教学过程中,重视通过对学生的积极性、主动性和创造性的激发和调动,促使教学信息的多向传递,促进学生通过系统的知识学习实现自我发展。

多元反馈教学法在高校体育教学中是一种新的尝试,教学中科学运用反馈教学法应注意以下几点。

(1)以信息的相互反馈作为主要的线路,并在教学过程中,教师与学生间、学生之间、学生与教材、媒体之间都要做到信息的及时、有效反馈,这也是提高体育教学效果的关键所在。

(2)教师要善于及时、准确地捕捉各种反馈信息,并进行整理分析,作出准确的判断,修正教学过程。

(3)教师应对所反馈信息的正、负影响作出准确的判断,及时传达给学生,使学生更好地了解自身存在的问题和不足,有针对性地进行改正,从而有效控制教学过程与结果。

(四)多媒体技术教学法

多媒体技术,即 CAI(Computer Aided Instruction)技术,是伴随着计算机信息技术的发展而发展的,多媒体教学技术应用于教学已经有较长的一段时间,且因其具有可嵌入度以及良好的交互性能深受师生欢迎。多媒体技术的发展使得体育教学的教学手段更加丰富。多媒体技术纳入体育教学更多地应用于体育理论课教学。

相比于传统的教学手段,多媒体技术将体育运动相关录像、图片、flash 等的引入课堂教学,综合了学生视觉、听觉内容,在包括体育运动在内的体育教学中得到了广泛应用,教学效果良好。

目前,各种教学的多媒体设备、软件日益增多,手机、笔记本电脑、平板电脑的出现使得更多的课件可以以此为设备核心展开体育教学。

多媒体教学替代了传统意义的收录机、播音机、手鼓、节拍器等教学手段,体育教学更加智能,并表现出集成性、便捷、生动、立体、交互、实时、长久储存等特点。

就我国高校体育教学现状调查分析来看,多媒体技术教学在我国各级各类高校的应用机会不是很多,这与我国整个体育教学系统中多媒体课件的数量和质量不高、高校体育媒体教室资源和多媒体体育课件资源较少等问题有关。

(五)计算机网络教学法

计算机网络教学,依托于计算机技术和网络通讯技术,可以实现体育教学的更加生动、互动与高度交互。计算机网络教学改变了传统教学课堂教学的范畴,计算机网络教学大大拓展了教学的时间与空间。

现阶段,计算机网络教学在高校体育教学中的运用,主要体现为校园教学学习网络的建立。早期的网络论坛由教育机构或研究机构管理,当前许多著名高校的校园网站上都建立了自己的网络论坛系统,通过互联网介入教学。借助于校园计算机网络建设和学生的网络设备利用,可形成多元化的综合性校园体育网络课程教学体系。

和传统体育教学方法相比,在新的依托计算机网络的"教"与"学"的交互平台上,师生之间、学生之间可以利用在线交流、邮件、留言等形式实施互动,不仅有助于降低教学时间与空间限制,还能提高教学维度,优化教学效果。

和多媒体技术教学相比,计算机网络教学更加智能化,教师所使用的教学资料和教学工具都是数字化、集成化的,课程内容以电子教材的形式呈现,网络课程教学过程中,可以实现网络即时模拟讲课、批改作业,在课内教学的基础上很好地解决了教学的延续性问题,师生的交互性更强,并突出了针对性、实用性、趣味性、寓教于乐,可以促进学生体育运动学习和教师体育教学的教学相长的良性循环。

当前,我国高校体育网络课程建设尚处于起步阶段,表现出以下教学特点。

(1)网络课程设计水平普遍较低,教学功能单一。

(2)在高校体育教学网络课程建设中,突显出"重开发,轻应用,漏管理"等问题。

(3)校园网络的学校体育教学专区建设不完善,信息不全、更新不及时。

(4)高校体育网络教学课程课件数量少、质量不高,制作粗糙。

(5)网络课程教室的教学活动缺乏有序组织管理,缺乏线上活动与线下活动的有机结合,师生互动还需要更进一步落实。

二、现代创新体育练法

(一)模式训练法

模式训练法是根据规范式模型进行的训练。和其他训练方法相比,模式训练法主要有以下两个特点。

(1)信息化。必须先收集到有关该情景、环境、条件的信息,才能进行针对性的训练。

(2)定量化。训练内容、方法、步骤等应进行定量控制,以便随时调整、完善训练。

(二)动作组合训练法

动作组合训练,是对多个技术动作的综合融合训练,适用于操类运动、球类运动等基础技术动作练习。这种训练方法可令训练内容更加丰富、多变。

1. 动作递加法

递加法是通过两个和多个动作连接进行练习的方法。当教会一个动作或组合时,必须及时与前面动作或组合连接起来练习。训练操作如下。

(1)学练 A,学习 B,连接 A+B。

(2)学练 C,连接 A+B+C。

(3)学练 D,连接 A+B+C+D。

2. 过渡动作法

在新动作之前或组合与组合之间加入一个或一段简单易学的过渡动作的练习,操作示意如下。

(1)学练 A,学习 B,连接 A+B。

(2)学练 B,学习 B+N。

(3)学练 A+B+N。

(4)学练 C,连接 A+B+C+N。

(5)学练 D,连接 A+B+C+D。

3. 动作组合层层变化法

层层变化法是把原有的组合中每次按顺序只改变一个动作,使之过渡到另一个动作组合的方法。操作示意如下。

(1)学练动作 A,动作 B,动作 C。

(2)改变动作 A 后,学练动作新 A,动作 B,动作 C。

(3)改变动作 B 后,学练动作新 A,动作新 B,动作 C。

(4)改变动作 C 后,学练动作新 A,动作新 B,动作新 C。

(三)信息化虚拟训练

信息化虚拟训练,具体是指通过信息技术创新虚拟训练环境,注重运用现代生物力学技术与计算机技术模拟视觉效果,在虚拟的情境中进行体育训练活动。例如,篮球战术训练中,模拟 CBA 或国际比赛环境,运用 3D 游戏场景引导学生在 VR 眼镜下进行战术感知;蹦床训练中,在虚拟蹦床比赛场景下促进学生进行高精度的蹦床训练,实现多维判断。

第四节 高校体育教学方法的创新与发展

一、高校体育教学方法发展趋势

(一)多元化

体育教学的复杂性决定了体育教学方法的多元化发展:体育教学发展至今,已经有了许多教学方法,随着体育教学在未来的不断发展,也必然会出现更多的体育教学方法,体育理论知识体系和运动技能内容丰富、技战术复杂、体育教学系统的多元化都在客观上要求体育教学方法的多样化与多元化,单一的教学方法是无法实现教学目标的,新课程改革的开展与深化也要求必须创新教学思路与方法。体育教学方法的多元化能为体育教师的体育教学提供多种选择,进而实现体育教学更加科学地组织与开展。

现代体育教学中,随着新课程改革的开展与深化,综合考虑多方面影响因素,争取教学方法的多元化优化创新是体育教学发展的必然趋势。

(二)现代化

科学技术的发展为人们的生活提供了便利,在教育领域,新技术的应用对新的教学模式、教学方法的创新也提供了技术支持。教学设备的现代化是体育教学的重要表现之一。随着体育教学的各项技术逐渐发展,其教学方法也必然呈现出现代化的发展趋势。

传统高校体育教学理念与方式已经表现出局限性与落后性,传统课堂板书、单纯体能训练(苦练)的教学方法已经与现代社会与学生的发展需求严重不符,不能充分调动学生学习积极性,加快高校体育教学方法创新是高校体育教学改革的必然。

新时期,随着现代体育教学的发展,现代化的教学设备、技术在体育教学中得到了广泛应用。通过先进的现代化设备,教师能够对学生的身体素质进行更深刻的了解,并能够更好地制定运动训练的负荷量。在教学管理方面,能够为学生的学习和生活提供更加便捷的服务。在体育理论教学中,多媒体、计算机软件等的运用,使得体育教学更加生动形象。

在科技发展迅速的大环境下,科学技术的进步对其教学方法的影响是极其深远的。多媒体技术教学、移动通信教学、网络教学等诸多新的具有现代时代特点的体育教学方法的优化创新,充分吸收了现代的先进科技,为学生的体育学习提供了更加快捷、生动、形象和立体化的教学情境,符合当下学生的学习习惯与需要,也经过教学实践证明确实优化了教学效果。

(三)民主化

民主化教学是现代体育教学改革中所提倡的一种新的体育教学思想,民主化的体育教育有两方面的要求:其一,体育教育面向全体学生,每一个学生的体育参与都是民主的;其二,呼吁体育教学中的师生民主,体育教学的民主化是大势所趋。

随着体育教学过程中民主意识的崛起,民主化的体育教学方法也逐渐得到快速的发展。在体育教学方法的选择过程中,也应关注到体育教学中的民主化条件、氛围的创设,让学生在良好的教学环境中学习、参与体育。

(四)合作化

现代体育教学实践中,只运用一种教学方法不可能完成整个教学,这就需要对多个教学方法进行综合使用,这就是体育教学的合作化。

体育教学方法的合作化,是体育教学方法的重要创新策略。目前,自主学习、合作学习等推崇民主教学的教学方法已经在我国高校得到广泛应用,极大地促进了教学目标的完成和学生的全面发展。

一方面,注重学生合作的教学方法选择,有助于培养学生的体育合作意识,是实现对学生的体育学习的社会性能力培养与发展的科学有效途径,能更好地通过教学活动组织实现体育的社会性教育功能。

另一方面,多种各具特点的体育教学方法的综合运用,可以最大限度地发挥不同体育教学方法的优势,多种不同特点教学方法的优化合作,不仅能够有效地提高学生的技战术水平和知识,还能够促进学生品德方面的培养,更有利促进于学生技战术的学习和提高,能培养学生的合作意识和良好意志品质,是对多元体育教学方法的一种"优势放大",有利于体育教学效果的完善和教学质量的提高。

(五)个性化

体育教学中的教学方法面向的是全体学生,但不同的学生之间存在各种差异,这就需要体育教学方法在选用过程中也应突出个性化,体育教学的方法应随着学生各方面的变化(学生的时代特征、个性差异)进行适当的调整。个性化的教学方法改革和创新对于学生和社会的发展均具有重要的意义,能真正实现每一个学生都能有所发展和进步。

传统体育教学过分强调教师对教学的指导,教师的教学活动忽视了学生个体之间的差异性,学生的体育学习比较被动。

新时期,随着现代高校体育教学改革的不断深入与发展,再加上现代社会对学生个性发展的重视,同时随着新的体育教学理念的推动、新的科学技术在体育教学中的应用,现代体育教学中的体育教学方法的个性化发展成为可能,并具有了科学化的操作路径,能促进体育教学中学生个性化的教学。学生的个性发展要求教师应根据学生的具体情况,采用不同的体育教学方法。这对于提高学生的体育学习兴趣,充分调动学生的体育学习积极性与主动性具有重要的意义和作用。体育教学方法的发展也必然呈现个性化发展趋势。

(六)心理学化

体育具有多元教育功能,促进学生的心理健康发育是体育教育的重要教育功能之一,体育教学中的教学方法选择应为体育的心理教育功能的实现服务,体育教师在体育教学方法中应重视学生心理塑造,正确引导学生,培养学生体育健身意识、促进学生的良好体育道德、体育意志品质、体育精神和体育行为的养成。

实践表明,心理学理论在体育教学中的应用对于实现体育教育教学促进学生身心健康发展具有重要意义,为体育教学方法重视学生心理建设、发展提供了启示,通过科学的心理学理论指导,教学方法选用开始更多地关注学生心理,使体育教学方法更符合学生的心理发育特点和心理活动特点,这样有助于有针对性地选择合适的体育教学方法,更好地激发学生的体育学习的积极性与主动性。通过影响学生心理来组织和实施体育教学,能更好地实现体育教育教学,进一步促进学生身心健康发展。

(七)最优化

不同教学方法各有优点,针对具体教学内容、教学对象特点,教师应善于甄选出最佳的教学方法。

具体来说,教学方法的最佳选择应充分考虑两个方面:教学方法创新发展必须重视教学方法优化策略中的系统性和操作性;体育教学方法的优化发展应充分考虑教学方法的实操性和实效性。

二、高校体育教学方法的科学选择

高校体育教学方法丰富多样,不同的教学方法各有优点与特点,要真正发挥教学方法在高校体育教学中的作用就必须重视教学方法的科学选择,具体来说,高校体育教学方法的科学选择依据主要有以下几个。

(一)依据教育理念选择

教学理念对教学方法选择有重要指导作用,教学方法的选择应以最新体育教学理念为指导,具体要求如下。

(1)现代体育教学强调素质教育,强调学生的身心健康全面发展。体育教学方法选择应体现"以人为本",促进学生体育参与和学习过程中的"健康第一",并有利于提高学生的体育学习与参与积极性,促进学生的"终身体育"参与。

(2)体育教学方法的选择应体现出学生在体育教学中的主体地位,激发学生的积极性与主动性。

(3)体育教学方法的选择应重视教学活动中的对学生的体育意识、体育能力的培养,为学生走出校门、走向社会继续参与体育奠定知识与技能基础。

(二)依据教学目标选择

教学目标、任务不同,教学方法的选择不同。体育教学目标是科学选择体育教学方法的重要依据。

依据体育教学目标选择体育教学方法,要求如下。

(1)从体育教学的总体目标要求出发,保障每次课的教学目标和总体教学目标都能实现。

(2)充分考虑教学媒体的选用能否实现本次课的教学目标,结合目标应用不同教学媒体,选择不同方法。

(3)教学方法要充分考虑具体教学活动安排所要实现的每一个小的教学目标,如为让学生巩固技能,教师应多采用练习法、比赛法等;为了教会学生学习新技能,教师应多采用讲解、示范、分解、模仿练习等教学方法。

(4)现代体育教学总目标是"促进学生体魄强健、身心健康",所有教学方法的选择都应该以此为标准,不能偏离这个标准而只考虑短期的教学目标实现,短期教学目标的实现也是为长期教学目标的实现服务的。

(三)根据教学内容选择

体育教学内容丰富,向学生展示不同的教学内容,需要使用不同的教学方法才能呈现出最好的教学效果。在体育教育教学系统中,教学内容、教学方法是两个重要的系统构成要素,二者具有密切的关系。因此,教学方法选择必须充分考虑教学内容。操作要求如下。

(1)选择体育教学方法,应充分考虑体育教学内容的方便实施,如技术动作教学,应采用主观的示范法;原理教学,应采用语言讲解教学法。

(2)选择体育教学方法,应充分考虑教学内容的表现方式,通过哪种教学技术能更好将教学内容呈现给学生,最大限度激发学生的学习兴趣,就选择哪种最适宜的教学方法。如图片展示更直观便捷,还是多媒体教学展示更生动细致,这些都需要教师综合教学内容与表现形式综合考虑。

(四)依据学生特点选择

学生是体育教学的对象,教学活动开展不能离开学生,否则教学就没有任何意义。对于体育教师来说,体育教学方法的科学选用是为更好地促进学生体育学习服务的,所以在具体的教学方法选择中应重点考虑学生的特点。

在体育教学中,科学选择体育教学方法,既要考虑学生群体特点,还要考虑学生个体特点。具体来说,根据教学对象特点选择教学方法,应重点关注以下几个方面的工作。

(1)科学选择教学方法,就学生群体特点来说,要抓住某一学生群体的共性,科学选择能涵盖学生共性的、有针对性的体育教学方法。如低年级学生应多采用游戏法教学,高年级学生多采用探究、发现法教学。

(2)就学生个体特点来说,要关注不同学生的个体差异,针对不同学生采用不同的教学方法。

(五)依据教师条件选择

体育教师是体育教学组织者、指导者,是体育教学活动安排者,也是体育教学方法的选择者、实施者,因此,教学方法选择应充分考虑教师相关条件,要求如下。

(1)体育教学方法选择,应考虑该教学方法是否能使得具有一定素质水平、知识结构、教学能力与经验的教师能科学、有效实施,充分发挥出教学方法的优点。

(2)体育教学方法选择,应充分考虑是否符合教师的教学风格、性格特征。

(3)体育教学方法的选择,教师应考虑本次课的教学目的与课堂控制。

总之,体育教学方法的选择过程中,教师应认真审视自己,根据自己的实际特点来选择合适的教学方法,以便于扬长避短,使教学方法选择更具针对性。

(六)依据教学环境与条件选择

在整个体育教学活动开展过程中,体育教学方法的选择应考虑到整个教学活动所涉及的教学因素,其中,客观教学环境与条件是应重点考虑的因素,教学方法的科学选择应以必要的教学要素为依据。

具体来说,教学环境包括场地器材、班级人数、课时数等,同时,外界的社会文化环境也对教学环境具有重要的影响。体育教学条件则涉及体育教学的硬件条件、软件条件等。

在体育教学活动开展过程中,体育教学环境与条件是不以人的主观意志为转移的,对教学方法的选择具有重要影响,体育教师要选择哪一种教学方法,应关注这些客观教学环境因素的影响,充分考虑如果选择和实施某一种教学方法,有没有实施这种教学方法的必要客观环境和条件的支持。

三、高校体育教学方法的优化创新

（一）教学方法的优化策略

随着现代体育的不断发展，不断有新的体育教学方法被提出并应用到体育教学中，体育教学方法体系内容不断得到丰富。体育教学中，教师在体育教学方法优化创新应用方面的意识越来越强，但也不乏为了创新而创新的现象，这种现象违背了体育教学的客观规律，忽视了体育教学中的学生、教师、教学条件等客观实际，是一种不科学的创新。

科学的体育教学方法优化创新，应注重教学方法和教学现实的深入分析，充分了解不同教学方法各有优点，针对具体教学内容、教学对象特点，教师应善于甄选出最佳的教学方法。对教学方法的合理运用是科学组织与实施体育教学的重要前提，也是体育教学方法优化创新的前提。

体育教学方法的科学优化操作，具体要求如下。

(1)在实际的体育教学方法优化创新过程中，必须重视教学方法优化策略中的系统性和操作性。

(2)严谨的系统性能使教师对教学有着非常好的整体把握，更强的操作性则能够帮助教师更加方便地执行教学方法。

(3)将教学方法优化应用于具体教学实践，体育教师应重视对教学方法产生的效果进行跟踪了解，可通过学生的学习反馈收集、整理、分析教学方法使用效果的反馈信息，并对教学方法做出优化调整。

（二）教学方法的组合创新

教学方法的组合创新是现代体育教学方法优化组合的必然趋势和要求，具体是指以合作学习法为基础来进行教学方法的优化创新。从本质上讲，教学方法的组合也是对原有教学方法的一种优化。

随着社会的飞速发展，体育教学方法不断创新，传统教学方法不断完善、新的体育教学方法不断出现，高校体育教学中，体育教师应对教学方法当中的各优势要素进行组合创新运用，以最大限度地发挥不同体育教学方法对体育教学的促进作用。

第五章　高校体育文化理论基础

第一节　体育文化的理论基础

一、文化的含义

文化是我们日常生活中最常见的,同时也是最为复杂的一个概念。在现实生活中,每个人都生活在特定的文化背景中,并且通过直接或间接的方式与身边的各种文化接触,同时与处于不同文化背景下的人进行交往。

(一)从概念范围进行分析

广义的文化是指人类所创造的精神产品及物质产品的总和,而狭义的文化则是指人类所创造的艺术文学语言,以及包括意识形态在内的一切精神产品。在哲学卷中,与社会卷类似,也是将文化进行广义和狭义的划分,广义上除了包括精神产品和物质产品的总和之外,还包括了物质及精神生产的能力;而狭义上则是指精神产品和精神生产能力,同时包括一切社会意识。

(二)从学科角度进行分析

倘若从不同的学科来对文化的概念进行界定,则这种界定彰显着各个学科的特色。历史学家把文化看作是社会遗产的传统属性,重点突出了其累积和传承的含义,认为文化是一切人工产物的总和,包括一切人类所发明,并且传递给后代的所有器物的全部,以及他们的生活习惯等;而社会学家则重点突出了文化作为一种社会的动态演变状态所规定的认知意义,认为文化更像是一个社会历史的研究范畴,包括了人类创造社会历史的发展水平程度,以及社会历史创造的质量状态;哲学家认为,生活中所说的文化就是人类主体、存在的历史和他们在社会实践活动中,持续外化及对象化自我的本质力量,使用、改造自然社会及人的自身,同时又丰富和发展了自我的本质;传播学根据文化的传播表现为信息传递和交换的特点,认为文化就根本性而言,是生物共生行为中传达室的信息和传达室信息的方式。此外,心理学、符号学等也从各自学科的角度对文化概念进行了界定。

(三)从文化要素进行分析

文化分为三个要素:一是符号、意义和价值观;二是规范准则;三是物质文化。还有学者认为文化由七个要素组成,分别是存在形态、建构目的、思维方式、意识形态、历史时代、地理区域及品质,与此相应有七种文化类型,分别是形态型文化、目的型文化、思维方式型文化、意识形态型文化、历史时代型文化、区域型文化和品质型文化。

(四)从文化的层次性结构上进行分析

文化作为人类在长期的社会实践活动中创造的物质财富的凝结和精神财富的积累,它大致包括精神、信息、行为、制度、物质等几个层面。其中最为核心、最为稳定,并且将文化塑造成了一种特定文化的部分,往往是文化的精神层面。精神文化构成了我们日常所描述的文化的灵魂,文化灵魂的最外层一般都是文化所包含的物质层面,也是文化体系中最为不稳定的一种。精神文化,是人与自我意识关系在发展中带来的历史产物,同时也在人类社会的实践和意识活动中不断地进行发展与进化,精神文化的核心主要包括了人们的价值观念、思考方式、道德情操、审美趣味。

(五)从文化的价值功能视角进行分析

文化是人类社会所特有的一种现象。文化的本质是人的本质。本质力量的对象化,是社会实践的能力和社会实践的产物,也是人类活动的重要方式。因此,国内一些学者着重从文化对人的意义功用和价值的视角来界定各个文化的概念。著名的功能主义文化理论的代表马林诺夫斯基认为,文化是一个满足人的要求的过程。为了应付在该环境中所面临的具体问题,而将自己置于一个更好的工具型装置的位置上。

二、文化的育人功能

(一)文明的教育化

文明的教育化是文化育人的内容与实质。文明的教育化,意思是文明作为教育的质料,作为教育的内容,作为化育和形塑人性的根基,是教育得以存在和不断延续的源泉。

在一定程度上,文化的内容和实质是文明的教育。文明的教育,是把文明作为教育的物质,作为教育的一项重要内容,同时以文明的形式,塑造了人类本性的基础,人类是教育的源泉和延续。文化教育的主要目的在于让人们学会不断反思和启迪,以此来消除人性和动物的残忍,创造出文明社会,也使得文明的延续成为可能。在认识和改造自然、社会和人类自身的过程中,逐渐形成了各种形式的文化和文明,通过不同形式的文化和文明形式,规范了人类自身、人与自然、人与社会之间的关系。

人类用文学、艺术来激发对生活的激情,并理解崇高、优雅和人类的尊严。无论何种形式的文化,它都是由教育内容所代表的,它是人类生产和生活体验的再现。教育是人类体验的直接延续,也是与文化联系的有效途径。

人类文明在繁衍过程中受到不同历史条件的影响,面对不同的形式和历史,民族教育受到文明自身的影响,表现出不同的类型。

(二)教育的文明化

教育文明化是文化的形式和样态。教育文明化意味着教育必须尊重人类,并以他们的方式对待人们。要按照人对待人的方式进行教育,必须从宏观层面正确认识教育的主体,从教育体制、教育体系的中等层面改革、从微观层面去除教育的不合理部分,如粗放的方法和野蛮性的方式。

三、体育文化

体育文化是指人通过体育活动在改造客观世界、调节自身情感、协调群体关系的过程中所表现出来的时代特征、地域风格和民族样式。广义而言,体育文化是指为丰富人类生活,满足生存需求,以身体为媒介,把满足人类需求的身体活动进行加工、组织和秩序化,形成获得社会承认的、具有独立意义和价值的文化。它包括精神文化(体育观念、意识、思想、言论等)和行为文化(体育行为、技术、规范、规则等)两大部分;狭义而言,体育文化是将生产于社会生活的体育作为有价值的活动加以肯定,并赋予一定的知识文化内涵,从而使体育由自然活动变成文化活动。它包括与艺术、宗教、学术、文化娱乐以及传播媒介等有关的体育活动和体育作品,如体育舞蹈、艺术体操、武术、体育摄影、体育雕塑、体育建筑、体育音乐、体育文学、体育研究、体育大众传播等。

第二节 校园体育文化的理论

校园文化是社会主义精神文明在学校的体现,是一所学校独特的精神风貌,也是学生文明素养、道德情操的综合反映。校园文化建设反映了学校的综合办学水平,是培养具有创新精神和实践能力的高素质人才的内在要求。因此,倡导什么样的校园文化,始终是高等学校的一项重要研究课题。校园文化又是整个社会文化的一部分,是一种具有引导性的亚文化、一种特殊的社区文化、一种精神文化。从其构成上看,它是以物质条件为基础的载体文化和以人文为中心的人和社会精神文化的统一。校园文化活动的蓬勃开展,对于提高学生的人文道德素养,拓宽同学们的视野,培养一专多能的跨世纪、高层次的复合型人才具有深远意义。

一、校园体育文化的定义

(一)校园体育文化的概念

校园体育文化是校园文化和体育文化两者相互影响、融合、渗透、促进而发展起来的,是在一定社会政治、经济、文化、教育、体育等条件依托下,由学校广大师生在实践过程中共同创造的体育精神和财富的总和。校园体育文化有着深刻的内涵和丰富的外延,首先,它与校园德育、智育、美育文化等一起构成了校园文化群;其次,它又与竞技体育、群众体育等共同组成了广大的体育文化群。从广义上讲,校园体育文化是学校广大师生员工在学校现存的环境中,在学校体育教育、学习和活动等过程中创造出来的物质与精神的所有内容。从狭义上说,校园体育文化是指在学校教学环境下,以学生为主体,以教师为主导,在各种体育活动中相互作用创造出来的学校文化形态之一,包括体育精神、体育的价值观念、体育道德和体育能力,是学校这一特殊社区的体育群体意识。学校体育文化是一个内涵广泛、系统开放的文化形式。这个系统大致可以分为三个层面:第一层是精神层面,居于主导地位,其中体育健康价值观是学校体育文化的本质和核心,决定了它的目标;第二层是制度、方法层面,这个层面既是学校体育的组织形式,也是学校体育意识的体现,包括体育教学、课余体育活动、体育科学研究、体育竞赛、体育协会、体育交流等全方位制度、方法的确立;第三层是物质层面,是学校体育文化的基础,也是客观物质保障,包括校园的体育建筑、环境、场地、器材、用品和师资队伍等。以上三个层面在学校体育文化建设过程中,应当在"以人为本"的基础上获得协调发展。

(二)校园体育文化功能

1. 教育熏陶,促进身心全面发展

文化环境是一个使人不断地接受新文化滋养、熏陶、装备的园地。校园体育文化是存在于学校这一特定环境中的体育文化形态。学校的体育教师,是拥有专门体育知识的人才,人类创造的体育文化以系统的知识形态经教师的传授,给学生们以滋养,使他们掌握体育知识,认识体育的价值,逐渐地成熟起来。同时,文化是一种超个体的社会存在,它不依人的产生而产生。从个人的角度看,文化首先是作为一种生活环境而先于个人存在的,人受其影响得到发展,通过从文化环境中吸取营养,潜移默化,接受熏陶,不断地追求培养人的可能和界限,促使人从"自然"到"文化"、从"现实"到"理想"的实现。

2. 增进人们身心健康

"健康应是在精神上、身体上以及社会上保持健全的状态",这一世界卫生组织对健康的定义提出了现代健康的新概念,阐明了人的健康应包括身体和精神两个方面。身体健康包括良好的发育、正常的生理机能及承担负荷的适宜反应。校园体育文化中的行为文化即是以身体运动为基本的表现形式,由它所构成的体育锻炼过程,给予人体各器官系统以一定的强度和量的刺激,使机体在形态结构、生理机能等方面发生一系列适应性反应,从而对机体产生积极的影响,并有效地促进人们的身体健康。校园体育文化中的意识、行为、物质三个文化部分均有助于人们的心理调节,满足师生员工对精神文化生活的需要。通过各种体育手段和方法,可以锻炼意志品质,催人奋发进取,培养集体观念,加强组织纪律,协调人际关系,消除精神烦恼,给人带来欢愉,使人身心得到和谐、健康的发展。

二、发展校园体育文化的意义

校园文化是学校组织在教育管理过程中营造的具有各自特色的文化意识,包括学校的发展目标、价值观念、风格特点、传统习惯和规章制度等在内的有机整体。在校园文化建设中,从多元化入手,立足于现实建设,着眼于长远发展,开展校园体育活动,使校园文化建设活动寓乐、美、学、文于一切健康有益的社会活动之中。用现代体育思想促进校园文化建设,以健全的组织文化构建凝聚群体意志和力量的团队精神,这对组织成员的创造力、凝聚力、组织效率的提高及组织目标的实现有着广泛深刻的影响和积极作用。

(一)校园文化的特点

1. 校园文化的整体性特点

就体育文化而言,它不是对单一的文化活动的开拓和描述,而是以大学传统为底蕴,以先进的大学精神为理想,通过校风、学风等校园精神层面而弥漫在每一个学生心中的群体文化。在高校任何一种校园文化传播中,从精神理念的设计到具体部门的实施,都需要教学、科研、管理、后勤等各部门的密切配合、群体协调。

2. 校园文化的实践性特点

校园文化既是一种文化理想,又是一个实践过程。不管是从学校层面、管理层面、教师教育层面还是学生层面,都存在继承、发扬、修正、完善的过程,也称为是一个系统工程。体育文化的凝练和形成同样需要有针对的工作部署与实践活动来实践、传播、运用、灌输与推广。

3. 校园文化的主体性特点

校园文化的主体是指与客体对象相对应的校园文化建设的承担者、执行者和受益者,包括学生、教师、管理人员等全部的校园人。课堂教学、课外活动、学术论坛、社团组织的各类活动、媒介宣传引导、各类的竞赛活动等,都需要学校教师、学生的主观能动意识得以充分发挥,共同建设美好精神家园。

(二)校园体育文化在校园文化建设中的作用

体育运动是体育文化发展的载体,也是一种社会文化需要。作为文化现象,体育有很强的教育功能,在校园文化建设中具有不可替代的特殊作用。

1. 高校体育具有教育效能,在校园文化建设中育德于乐

具备思想性、学习性的体育活动是校园文化中一种无形的精神力量,能在体育活动和体育锻炼的过程中培养人、教育人、改造人,从而潜移默化地熏陶、感染每一个校园人;也加速校园人在政治素质、价值取向、知识技能、人格心理等方面的社会化进程,使学生在不同程度上产生完善自我、发展自我的心理需要,有效抑制与大学生要求不相符合的思想和行为。高校体育文化以其广泛的群众基础、突出的德育功能,提高了校园人热爱美、鉴赏美和表达美的能力,使高校形成具有鲜明特点的校园文化。

2. 高校体育具有凝聚效能,在校园文化建设中寓教于乐

青年学生是祖国的栋梁,必须引导青年学生努力拼搏、刻苦成才,发挥他们的凝聚力和战斗堡垒作用。体育活动中的竞技运动正好突显了为集体拼搏的竞争精神,是沟通感情的"桥梁",是增进友谊的"纽带",是凝聚人心、增进团结的"法宝"。实践证明,高校体育作为校园文化的一部分,激发人们产生认同感、使命感、自豪感和归属感,合成巨大的内聚力,将个体目标整合为学校的总体目标。

3. 高校体育具有激励效能,在校园文化建设中励志于乐

开展积极向上的体育活动能够强有力地调动校园人的积极性、主动性和创造性,从而产生一种巨大的鼓舞人心的精神力量,形成学校活力。校园文化工作离开了体育工作就缺乏应有的生机和活力。我们在抓好教学与科研的同时,要注重与有效的体育活动相配合,鼓舞斗志,培养集体荣誉感。

4. 高校体育具有传播导向效能,在校园文化建设中获智于乐

学生在运动场中最容易传递真情实感,最容易赢得同场竞技者的喜爱和尊重,也最容易得到战友般的信任,并在"是对手更是朋友"的轻松氛围建立新友谊。在运动中,校园人学到

如何尊重自己和他人,如何实现合作,如何把握适度忍让和情感表达,"学会做人、学会学习、学会做事",具有传播导向效能。高校体育活动能陶冶、感染、规范学生,为个体行为提供价值参考,使个体自觉地把组织目标视为自己的行为目标。

(三)发展校园体育文化的措施

1. 要树立科学的校园体育文化观

校园体育文化观是个人或社会对体育存在的意义和价值的认识或看法,可以说,校园体育文化观念的方向决定了校园体育文化的发展方向。校园体育文化的参与者应具备如下的校园体育文化观:校园体育文化是学校文化的重要组成部分,体育锻炼是科学、文明、健康的生活方式,应成为学校师生生活中不可缺少的内容。师生生活中不能缺少体育,娱乐中离不开体育,健美中更需要体育,体育是竞争、完善个性、体现人的价值的重要途径,也是强身健体、缓解学习疲劳和工作压力的重要手段。

2. 要转变教育思想观念

教育思想和教育观念的转变是校园体育文化建设的关键。教育目标、培养模式,体育课程设置,教学内容等各方面在深层次上无不受到教育思想、教育观念的支配和指导。要用新的思维、新的标准、新的目标去组建新的大学体育教育体系,塑造新的大学体育教育模式。在体育教学过程中,应强调技能与文化的自然渗透与融合,一方面,在教学中要增强对学生体育意识和健康意识的教育,培养学生自觉参与体育锻炼的兴趣和习惯;另一方面,要把当前体育教育与终身体育教育有机地联系起来,使学生树立终身体育的意识。

3. 加强校园体育文化制度建设

校园体育文化制度是学校根据自身的特点,制定包括学校颁布实施的涉及体育教学管理、运动竞赛管理、体育社团管理等各方面的规章制度。在加强校园体育文化制度建设时,要积极吸收学生的建议,使校园体育文化制度能够适合本校学生的实际状况,更大程度上激起学生共同参与建设校园体育文化的兴趣。

4. 加强课余体育俱乐部和运动队建设

课余体育俱乐部是广大学生自愿参与以健身和康乐为目的组建的体育娱乐组织。成功的俱乐部及有特色的运动队对校园体育文化建设具有举足轻重的作用,常常会对师生员工产生巨大的凝聚力。

5. 实施"主体性教育",改变以往由学校主导并控制的校园体育文化

在校园体育文化的建设中,要充分提高学生的自主性、主动性和创造性,使校园体育文化成为学生自己的体育文化。

三、高校体育教学中体育文化的传承

在素质教育发展的新阶段,我国高校均进行了独具特色的大学体育课堂教学活动,在课堂上,教师与学生之间通力合作,基本上已摆脱了传统教学模式的束缚与影响,在提高和锻炼大学生身体素质的同时,着力摆脱陈旧的教学模式对大学生身体素质的束缚,提升高校学生的体育文化素养,在体育教学中培养学生正确的情感、态度和价值观,促进身心全面、协

调、健康发展。

(一)转变教学观念,全面提高大学生的体育文化素养

体育文化素养就是指人们平时所习得的体育知识、技能,并因此而形成的正确的体育认识、价值观,以及正确的待人处事态度和方式等的复合性整体。学生体育文化素养由体育知识、体育意识、体育技能、体育个性、体育道德、体育行为六个方面的要素组成。体育知识是基础;体育意识是动力;体育技能是重点;体育个性是关键;体育品德是灵魂;体育行为是目标;高校体育要从"育体"向"育人"方向转变,从单纯追求学生的外在的技术水平和身体素质转变到追求学生的身体全面协调发展上,即打破以往的以运动技术传授为主线的教学体系,建立起以合理的运动实践为手段,全面完成增强体质,传授体育文化,培养学生终身从事体育健身的意识、能力及坚持体育锻炼的意志品质的统一协调发展的教学新体系,为学生终身从事体育健身锻炼打下良好的基础。

(二)提高学生的体育素养

从素质教育的角度来讲,体育素养就是人们在先天自然因素(生理方面)基础上,通过环境与体育教育影响所产生的后天社会因素(精神方面)及其体育能力等品质相结合而形成的人的一种体育素质。传承文化的活动是人的创造性活动,人的素质的高低直接决定着文化发展的速度和水平。当代大学生作为传承体育文化的主力军,不仅要保存、传递人类历史的一切优秀体育文化而且还要在继承、吸取的同时,通过选择、整合,实现综合创新,创造出与时俱进的先进文化。因此,要使学生能够真正承担起传承体育文化的历史责任,必须全面提高他们的体育素养,这是体育文化得以传承的保障。

(三)加强校园体育文化环境建设

学生体育意识、体育价值观的形成过程中,文化环境的影响具有极为重要的作用。学校可在运动场地、区域上树立与该运动项目相关的宣传牌,包括该运动项目的中英文名、项目的简介、技术要领、锻炼作用以及注意点等。体育馆门厅两侧可布置上制作精美的健身、宣传长廊,包括锻炼对身心的影响、合理营养、准备活动的要求和功能、各年龄段身体形态的正常值等内容,墙上还可布置上名人谈健身和体育的格言等。

(四)在体育教育模式中传承体育文化

1.改革课外体育活动

首先,必须明确课外体育活动是体育课的延续和有效补充。课外体育活动必须有明确目的,不能仅局限于发放器材或监督活动时间,而是要让学生对课堂上的理论技术得到充分实践,又使学生获得必要的运动快感,还要与学生良好的运动习惯养成联系起来。其次,课外体育活动的形式可以多种多样。它可以是俱乐部的形式,也可以是学生的体育组织,如各类体育协会和社团组织等,还可以是体育知识专题讲座等。

2.改革课堂体育教学

要提高学生的体育文化水平,必须突破传统的体育教学模式的束缚,营造轻松、活泼、欢乐的学习氛围,让学生在快乐的学习与锻炼中体验体育的乐趣,学会用运动锻炼身体增强体质。在教学组织上,以"活泼、自由、愉快"为主调,主张严密的课堂纪律与生动活泼的教学氛

围相结合,强调信息的多向交流与教学环境的优化。要克服教学组织形式竞技化的倾向。教师向学生传递的应当是体育文化,而非单纯的竞技运动训练,应向学生重点传授体育锻炼的方法和如何培养良好的运动习惯等,为学生的终身体育打好基础。因此,现代体育教学方法应当是完整系统的、理论文化、知识传授与愉悦深刻的运动体验相结合;课堂教学与课外活动相结合,显性课程与隐性教育相结合,多管齐下散发渗透深刻影响,使学生的身心内外均能得到变化与提高。

(五)举办体育文化艺术节,加强体育文化之间的相互交流

在举办体育节时,其主要内容就以体育和健康为主,并将全校的师生看作参与主体,在融入一些竞技体育、健身体育以及娱乐体育的同时,加入一些文化元素。通过这种方式不仅能够进一步拓宽学生体育锻炼的时间,而且还丰富了其相应的内容及其实现形式,进而实现让学生都能更多、更好地融入体育活动中来,真正意义上实现了集健身性以及娱乐性还有教学性等为一体的活动,并能在调动学生自身积极性的同时,培养学生的自身兴趣以及自我个性。另外,通过这种方法也能有效地增强学生的体育意识,在提高自身体育能力的同时,为学生提供了一个能够随时展现自己技艺以及才华的舞台。近些年以来,我国部分高校开展和组织了一些体育文化节,不仅加强了学生同教师的体育交流,同时还有效地传播了体育价值观念,从而有效激发了学生自身的体育兴趣。各大高校通过合理利用现阶段的体育资源,来组织以及承办各种相关的体育赛事,可以使校园里的学生焕发属于自己的那份青春,并在丰富大学校园文化生活的同时,也进一步促进和推动了体育文化的建设。

(六)成立相应的体育俱乐部,并加大宣传力度

成立体育俱乐部,能够增强和提高学生自身的组织能力、领导能力还有社交能力。此外还能在培养学生自身体育精神的同时,拓展体育教学自身的延伸性以及连续性。在成立体育俱乐部的过程中,还需要相关校领导加强重视,并倡导和调动学生们积极有效参与进来。进而在体育俱乐部开展活动过程中,能够在丰富体育文化自身内涵的同时,也能有效拓宽学生自身的认识视野以及实践范围,从而促进校园文化的整体发展。当然开展体育教学过程中,还需要我们不断加大对体育文化的宣传力度,以调动学生参加体育活动的主动性以及积极性,例如,使用一些报刊或者橱窗来多做一些宣传海报;定期或者是不定期地进行宣传,从而在校园中形成一种轻松、和谐的文化氛围;通过利用互联网络来制作一些课件,并放到校园的局域网中,以方便学生浏览。这样就能在调动学生自身积极性的同时,有效增强他们内心的体育意识。

第三节 高校校园体育文化的理论

高校校园体育文化是高校校园文化的重要组成部分,是高校师生接触最广泛的一种文化。大学生根据个人的爱好,开展以竞技体育、传统保健体育、现代健身体育和娱乐体育为内容的体育文化活动,不仅丰富了课余文化生活,而且营造了高校特有的校园体育文化氛围。加强高校校园体育文化建设,营造浓厚的校园体育文化氛围,全面提高高校的育人质量,有着深远的意义和积极的借鉴作用。

一、高校校园体育文化的定义

高校是我国文化积淀、发展和传承的主要社会载体,是知识形成、传播的主要社会场所,高校的改革与发展对我国经济、政治、文化的进步与发展有着深远的影响。高校校园体育文化以其特有的文化氛围于有形与无形中影响着广大师生:从发展的角度看,良好的校园体育文化氛围能健身、健心,培养人的社会适应能力;从教育学的角度看,良好的校园体育文化氛围能提高大学生的思想道德品质,培养良好的体育观念,提高审美情趣,完善心理特质;从教养角度看,良好的校园体育文化氛围能教给大学生体育知识技能,培养他们的体育参与态度、动机、兴趣和良好的身体锻炼习惯;从社会学角度看,良好的校园体育文化氛围能提高大学生的社会意识,促进他们的社会化,增强他们的交际能力和社会活动能力。

高校校园体育文化是校园文化与体育文化有机结合的产物,是高校师生在校园这一特定的环境中,为实现高校培养和造就合格人才的目标而实施、传播的与身心健康直接相关的以身体活动为主要载体的精神文化现象。高校校园体育文化具有较高的品位和层次,是高校特有的富有校园文化气息和健康生活气息的大众文化,它是以师生的体育价值观为核心,以实施健康第一的高校体育目标为主要目的,是以大学生群体为主体的体育行为方式、思维形式和活动方式,主要有校园体育课程、体育课外活动、体育艺术活动、校园体育竞赛活动、体育欣赏活动等具体表现方式和活动形式。一般来说,高校校园体育文化的内涵由三个部分组成,即高校体育精神文化层、高校体育制度文化层、高校体育物质文化层。精神文化层面处于主导地位,反映出高校体育文化行为准则、价值观念和意识等主要内容,体育健康价值观是其核心,持续渗透时间长,对学生影响久远,是一所高校向心力与凝聚力的象征;制度文化层面是联系两者的纽带,为物质层面更好利用开发,精神层面更好挖掘提供制度保障;物质文化层面是基础,是客观物质保障,它体现出高校体育文化的底蕴,对大学生身心健康发展起到"润物细无声"的滋润作用。高校校园体育文化的三个层面相互联系,相互促进,共同发展,缺一不可。

二、发展高校校园体育文化的意义

随着人类的进步和发展,培养具有竞争、开拓意识和全面发展的复合型人才成为高等学校教育发展的方向。体育作为高等教育的重要组成部分,更是素质教育的重要内容和手段,推进素质教育,发展学生的综合素质必须优先发展学生的体育文化素养。

(一)培养大学生体育文化素养的途径

1.借助课堂教学平台,刺激隐性因素发挥作用

没有良好的体育个性,在一定程度上阻隔了大学生对体育知识和技能的追求。因而刺激隐性因素发挥作用,关键是培养大学生的体育兴趣。俗话说,"兴趣是最好的老师"。因而教师在课堂教学中,应该打破长期以来存在的以传授运动技术为单一模式的教学体系,建立以适当的运动技能传授为手段,努力激发学生体育锻炼兴趣为动力,培养大学生终身体育锻炼意识为最终目的的教学新体系。

大学生身体素质并不是仅靠公共体育课上的身体素质训练而得以提高和发展,这种专

门传授运动技能以提高身体素质的效果往往是非常不明显的,而学生正是在平时的体育锻炼过程中不知不觉中增强了自身的体质。总而言之,刺激体育文化素养的隐形因素发挥作用是关键,教师应该责无旁贷承担着为学生的健康服务的神圣职责,充分利用好课堂教学这个平台,努力培养学生的体育兴趣,提高学生的体育文化素养。

2.营造良好的校园体育文化氛围,使学生潜移默化接受体育知识与技能

大学生接受体育知识和技能,一方面来源于体育教师的课堂教学,另一方面来源于自身对体育知识和技能的关注。因而学校应该开展丰富多彩的课外体育活动,营造良好的校园体育文化氛围,让学生在潜移默化中接受基本的体育知识和技能。比如开展课外体育俱乐部、体育运动协会、体育专题知识讲座等各种活动,让全体学生有机会选择自己喜欢的项目,体验运动带来的快乐,在良好的体育文化环境的氛围中不知不觉受到感染。体育文化素养是人的基本素质的重要组成部分,培养大学生的体育文化素养不仅仅是高校体育教学的目标之一,同时也是高校体育改革所面临的社会责任。学生体育兴趣的激发和培养在一定程度上满足了终身体育的行为需求,在此基础上,教师一定要转变教学观念,多渠道地丰富学生的体育文化知识,同时借助社会体育的力量,让学生意识到提高体育文化素养不仅是个人素质的重要方面,更是大学生步入社会必备的精神品质之一。

(二)高校践行校园体育文化的意义

高校校园体育文化是与高校师生密切相连的一种文化,是校园文化中一种特殊的文化现象,是高校校园文化的重要组成部分。高校践行校园体育文化的意义主要体现在以下三个方面。

1.丰富校园教师的体育文化生活

高校教师在教学中占有非常重要的地位,在教学中起着主导作用,教师的身心健康对于整个高校实际教学有着非常重要的影响。体育对促进身心健康有着重要而特殊的作用,有针对性地给予高校教师如何进行校园体育文化生活的合理建议,对于促进高校教师身心健康的发展具有重要的意义。

2.对大学生心理健康的积极影响

高校体育文化对大学生心理健康的积极影响主要有两条途径:第一,通过身心健康的交互作用实现。第二,高校体育文化通过精神层面上的熏陶和潜移默化实现对大学生心理的积极影响。通过在体育锻炼和竞赛中领悟体育精神,从而增强学生自我心理调节能力,培养其良好的心理品质,克服人格缺陷,不断完善自我。

(1)高校体育文化有助于缓解大学生的人际关系敏感

高校体育教学、课余体育活动、体育竞赛、体育协会组织、对外体育交流是高校体育文化的重要组织形式。大学生在参与这些体育活动和体育组织过程中既要充分发挥自身特点,又要融入集体中相互协作,共同完成既定的目标和任务。在这一过程中,他们不得不学习如何处理与他人的关系,使各项活动顺利开展。在比赛当中,他们必须不断地交流沟通,局势有利或者同伴表现出色时,他们会用各种方式表示鼓励和认可;在出现失误、局势不利的关键时刻能克制自己的不良情绪,做到相互理解和相互支持。这样,在参与运动过程中,大学生逐步形成了自信、自强、宽容、大度、尊重他人、不畏困难、敢于拼搏、遵守规则等心理品质

和行为习惯。

(2)高校体育文化有助于大学生准确评价自我,增强自我接纳和自我认同感

心理健康的大学生能应该能对自己的能力、性格做出客观评价,了解自身长处和短处,明确自身存在的价值,能扬长避短、持续健康地发展自己的内在潜力。能促进学生个体主观上对自己的身体、思想和情感整体做出正确的评价。体育锻炼对于改善人的身体表象和身体自尊至关重要。身体表象和身体自尊与整体自我概念有关,无论男生还是女生,对身体表象的不满意会使个体自尊变低(自尊指自我概念的积极程度),并产生不安全感和抑郁症状。有研究表明,肌肉力量与身体自尊、情绪稳定性、外向性格和自信心呈正相关,加强力量训练会使个体的自我概念显著增强。

(3)高校体育文化有助于大学生良好意志品质和个性心理的形成

意志品质是指一个人的自觉性、果断性、坚韧性和自制力以及勇敢顽强和独立主动的精神,是一个人行为特点的稳定因素的总和。体育锻炼不但要克服气候条件的变化、动作的难度或外部障碍等困难,还要克服如胆怯、疲劳及运动损伤等主观因素造成的困难,同时,还要遵守竞赛规则、制约和调控自己的个人行为,以有利于在竞赛中充分发挥自己的潜能。另外,通过体育文化活动还可以表达团结、友谊、和平、进步等人类先进的思想和愿望,在合理规范的竞争中锻炼自己的品行,并在成功与失败、荣誉与耻辱、竞争与退让、个人与集体之间做出选择,在选择中表达出自己的人生观、世界观和价值观。总之,体育文化崇尚"更高、更快、更强"的奥林匹克精神,以"公开、公平、公正"为基本原则,通过高校体育文化培养和塑造大学生良好的个性心理具有显著的效果。

3.促进高校校园文化的建设及发展

高校校园文化是以学生和教师为主体,以各种文化体育活动为主要内容,以校园为主要空间,以校园精神为主要特征的一种群体文化,它主要包括:以青年学生为代表的文化观念以及由此所规范的学生特有的思维特征、行为特征和方式;师生课余生活中一切以群体形式出现的文化体育活动,如诗社、棋牌俱乐部、文学社、武术、球类等社团活动,其中最能体现校园文化本质内容的是校园风气或校园精神。校园文化建设是学校育人工作的重要一环,它能促进整个学校的教育思想、教育管理、教育方法的变革,对于引导学生坚定正确的政治方向,提高思想道德素质,开发学生智力,增进学生身心健康,丰富文化生活,帮助他们树立和形成良好的审美观以及和谐的人际关系,促使学生产生积极的情感和创造意识,促进学生全面成才具有重大的意义。

第四节 高校校园体育文化的结构与内容

近年来高校校园文化研究与建设热潮日益高涨,这源于高校进入自主发展、自我发展的新阶段后,在市场经济、全球化、信息化、环境化与可持续发展的背景下,从文化发展上对学校进行自主特色定位的体现。但是,由于文化概念的广泛性,对校园体育文化存在众多不同的理解,特别是不加区分地罗列校园体育文化的层次和校园体育文化现象,这既无助于认识

深化,也给校园体育文化建设的具体实践带来操作上的困难。因为现实的校园体育文化是开放的、立体的、丰富多彩的,我们必须按照校园体育文化结构要素间的内在逻辑关系,从不同的视角加以考察,并把握校园体育文化,这样才能正确认识校园体育文化的层次结构。

一、校园体育文化主体形态的层次结构

人是校园体育文化的主体,同时也是其主要载体,是活力最强的校园体育文化的构成要素。校园体育文化的构建应首先着眼于人,它的核心问题是人力资源的开发、管理和利用,它既包括校园成员的体育文化水平、体育道德、体育观念、体育态度、语言艺术、体育教师的业务能力、科学化训练水平、学生的运动水平、运动成绩、健身水平、服饰内容和体育运动中的人际关系等素质的教育与培训、体育作风的培养、主体体育精神的树立与发挥,从整体上提高校园成员的素养与水平,也包括贯穿学校全部和制度中学校体育精神的宣传、灌输和渗透,更包括了充分发挥以名师名生为代表的群体在校园体育文化建设中的主体作用、榜样作用和示范作用,充分给予他们在教学、科研、训练、健身过程中展示个人魅力的机会和时空。校园体育文化的形成、发展和特色的定型根本上是主体的结果,是高校全体师生员工共同的主观追求、设计与创新。但是由于学校内不同群体的身份、角色不同,因此从主体方面来考察,校园体育文化客观上存在干部体育文化、教师体育文化、学生体育文化有区别的三个层次。学生体育文化是校园体育文化的最表面、最活跃的层次,教师体育文化处在稳定的中间层,是校园体育文化的主导方面,干部体育文化以学校决策管理层为代表,是校园体育文化整体自觉发展、主动创新的重要动力。

(一)干部体育文化

干部体育文化的主体主要是学校的决策层、高校二级管理单位的领导集体以及系部的领导集体。他们的办学理念和教育思想,以及能否目光敏锐地站在时代潮流的前沿,通常是加速或延缓学校发展的决定因素,对校园体育文化的形成与传播发挥着巨大的影响。学校领导集体对校园体育文化有预见的倡导和长期培育是形成特色鲜明的校园体育文化的重要源泉,他们对各种社会文化思潮的态度,会极大地左右学校跨文化交流方式与内容,影响校园体育文化在继承民族传统体育、吸收世界体育文明及创新的进程。学校领导集体尤其担负着学校政治文化、道德文化与健康文化建设重要责任,在代表先进体育文化的发展方向、管理宽度上应做出更多的努力。

(二)教师体育文化

教师体育文化的主体是高校的教师、科研人员、职工以及离退休人员。他们是一所高校社会地位和声誉的决定因素,也是教学科研、训练、健身和社会服务的主角,更是体育文化的主导力量。一方面教师的体育思想道德、体育文化修养、学术抱负及生活态度、言行举止无不对大学生产生着深远的影响;另一方面教师在教学、科研、训练、健身和社会服务中的活动,也影响着学校领导层的决策。校园体育文化活动应充分发挥教师的文化主体作用。

(三)学生体育文化

学生体育文化的主体是学校各办学层次的所有学生。学生在学校的主要任务是在教

师、科研人员、管理人员和退休人员的指导和影响下,通过学习获取知识、运动技能与健身方法,提高身心素养。在教师的指导和影响下形成、发展和传播,是学生体育文化的一个重要特点。学生体育文化是最丰富多彩和形式多样的,它表现在教学、科研、社团、文艺、俱乐部、课外活动、娱乐活动、野外活动、健身活动、社会实践活动、体育文化节、体育周、体育比赛、运动队训练、讲座、竞赛、讨论、宣传、演讲、网络、多媒体等一切方面。正因为学生体育文化的表现人多面广,因此很多人就把校园体育文化局限在学生体育文化层次。由于大学生容易接受新东西、新思维、新事物、新观念,因此他们也往往是各种文化传播的重点对象,所以学生体育文化经常是高校跨文化交流的最前沿和最活跃的部分。

二、高校校园体育文化层次结构

(一)校园体育精神文化

从生命哲学的视野看,只有精神活动才是人的生命活动的最高形式,因而也只有精神文化才真正表现出文化的生命特征。学校文化本质上是学生进行生命交流的过程,而不是孤立存在的运动过程。校园体育精神文化是在校园中由师生长期创造的特定的一种精神财富和文化氛围。它主要以体育思想观念体系和价值体系表现出来。精神文化包括身体观、健康观、运动观、体育观、审美观、道德观、人际关系、体育意识、体育思想观念、价值取向、实践能力等,从深层影响着全体师生员工的思想、理想、信仰、意志、态度、情感及行为,具有深刻的哲理内涵和浓浓的人情味。校园体育精神文化是赋予学校以生命、活力并反映学校体育历史传统、办学特色、体育精神风貌的一种学校体育精神形态,每一所学校都有自己的校园体育文化,但并不一定每一所学校都能形成或凝聚起自己独具特色的学校体育精神。学校体育精神是校园体育文化的核心和灵魂,这强大的影响力、感染力渗透在学校体育的方方面面,成为凝聚全体师生员工共同奋斗的精神动力。

(二)校园体育艺术文化

1.体育艺术文化的内涵

体育艺术文化既不同于体育物质文化,也不同于体育精神文化,它处于二者中间。在历史文化发展的长河中,体育与艺术在各自的发展中不断地靠近、接近与汇合,出现了一个体育与艺术相互渗透的广阔领域。现在体育运动和艺术文化的影响愈益广泛和多样。当然体育技术同物质生产技术一起要求当代艺术掌握它的资源,以使艺术语言尽可能与当代人的世界观相符。由此产生了这种新的、在短时间内普及的艺术品种,如艺术体操、花样滑冰、冰上芭蕾,花样游泳,群众体育检阅节。今天人们观赏不同形式的体育比赛,运动者的优美动作既可作为"流动的艺术品"供人视觉观赏,在他们的动作中表现出来的拼搏进取、公平竞争、即兴创新动作等又作为"物质中的思维"和爱国主义与个性的张扬联系起来。他们这种具有双重意义的表演难于用其他符号表达,故它应该隶属于体育艺术文化体系。

2.体育艺术文化的主要内容

校园体育艺术文化主要包括:体育绘画;体育雕塑;体育建筑艺术;体育表演艺术;⑤体育欣赏。

现代生活中体育与艺术或艺术与体育的广泛融合现象,是体育游离实用中心向着艺术逐渐推移,艺术游离审美中心向着生活实践领域(包括体育运动)逐渐推移,双向互动,动态生成的结果,是文化发展史内部方向相对、作用不同的两种历史性律动形式相辅相成的结果。

(三)校园体育制度文化

校园体育制度文化主要指以文字形态表达的学校体育的规章制度及固定的体制所体现的文化,如学校制定的体育章程、条例、规定、办法、公约、实施细则等制度以及办学目标、校训、教风、学风等,它们保证学校秩序的正常运行,规范着学校成员的行为、态度和作风,倡导与校园体育精神文化的价值观、健康观、审美观一致的学校体育风气,是体育精神文化在学校各个方面管理上的体现。先进的校园体育文化精神如果不能通过一定的制度及相应的机制表达出来,就难以转化成客观的体育文化存在,形成不了新的体育文化风尚,就起不到推动校园体育文化进步的作用。当新的校园体育精神文化转化到了制度上时,既标志着先进的校园体育精神文化的有效传播,又标志着校园体育文化创新的落实。一所高校包括体育制度创新在内的体育教育创新,本质上是体育文化创新。当前,经济发展和社会进步已极大地改变了当代高校师生的价值观念、健康观念,相对来说高校现行的部分体育规章制度还落后于时代前进的脚步,成为阻碍高校体育发展、影响人才培养质量的最大阻碍。在当前的高校体育改革中,制度创新是推动高校体育发展、建设高校校园体育文化的途径。

(四)校园体育物质文化

校园体育物质文化以实物形态表现出来,主要指学校的体育建筑、生活设施、校园教学环境、自然生态环境等。人生活在一定的自然环境中,总是力图对自己周围的环境客体作全面认识和综合解释,这就是环境知觉。在环境知觉的指导下,人在空间中进行各种各样的身体活动,空间慢慢地与各种各样的身体活动发生联系,产生了意义。人出于对自然、社会和人自身的理解,对分化的空间做出自觉的安排和使用,这就是空间设计。空间设计的直接结果,就是形成各种各样的体育物质文化。它们既是校园体育文化活动的物质保障,又在一定程度上制约校园体育文化的规模甚至质量。体育物质文化处于精神文化、制度文化的外层,一方面是因为在校园的整体布局、校园建筑结构风格、校园自然生态环境等物质建设上积淀着师生的审美价值;另一方面是否自觉接受先进体育精神文化的指导,导致校园体育物质形态上所承载的体育文化含义有很大不同。在校园的体育物质设施建设上,通常凝聚了一定时代学校全体师生的体育文化思考,是最直观区别高校有无体育文化内涵的特征之一。优秀的校园体育物质文化是丰富和升华校园体育文化生活,表现一所学校的独特气质和风格以及良好社会形象不可缺少的内容,反之,不重视校园体育物质文化,不仅影响体育教学、科研、训练、健身活动的开展,而且不利于学生素质的全面发展和终身体育的养成。因此著名学府都非常重视学校体育建筑风格、整体布局和校园生态环境的建设。

校园体育物质文化是一种特殊的物质文化形态,其独特之处就在于校园是专门的育人场所,育人的意向性要求是其本身包容丰富的教育意义与教育价值。校园体育物质文化积淀着历史、传统、体育文化和社会价值,蕴含着巨大的潜在体育教育意义。学生不仅通过体育物质文化掌握一定群体的环境知觉,而且同时从体育物质文化中领会特定体育文化的空间设计,他们的态度、情感、健康观和价值观受到潜移默化的影响。

(五)校园体育行为文化

校园体育行为文化包括校园内人们的日常言行和开展的各种健身活动、各种娱乐性活动,以及体育消费、体育时间和空间利用等。校园体育行为文化主要通过师生的身体活动形态表现出来,是学校日常生活中人们最经常表达情感、态度,最直接感受的活的体育文化形态,它与上述四个层次的校园体育文化有很大不同。相对于体育行为文化来说,上述四个层次的校园体育文化有资源性或环境性的作用,从内部支撑着校园体育行为文化,并形成高校跨文化交流的活跃"界面"。由于校园体育行为文化处于校园体育文化的外层,因此它比内层文化更具开放性,更加多元化与生活化。校园体育行为文化一方面要受支撑它的内层文化的影响和支配,另一方面又接受体育艺术文化和社会大众文化的影响,对内层文化有反作用,它总是在承受现在的内层文化的基础上又对内层体育文化有所改变。校园体育文化正是内外层文化这种承受与改变的交互活动过程的产物,不断在各层次间内在的矛盾运动中获得发展动力。

三、高校校园体育文化中职能形态的层次结构

在高校校园体育文化中,文化信息的传递通常由于学校不同部门的分工而有了职能的特征,从而使文化渗透影响的方式出现差异。按照职能特征,校园体育文化可分为体育决策管理文化和体育教学、学术、训练、健身文化及体育生活娱乐文化三个层次。

(一)体育决策管理文化

体育决策管理文化是指学校体育决策与管理的理念,以及相应的制度、方式、结构、原则与行为等不同理念、结构、制度、方式、原则与行为下形成的决策与管理,反映出来的体育价值观念与体育文化意义是完全不同的,对校园体育文化的形成、发展的结果也是完全不一样的。透过学校的决策与管理,人们可以清晰感受到一所学校体育文化的品位。因此从职能上来说,决策管理文化不仅是一个独立的校园体育文化层次,而且居于校园体育文化的中心枢纽地位。

(二)体育教学、学术、训练、健身文化

体育教学、学术、训练、健身文化是在教学、科研、训练与健身行为、结果和制度上积淀起来的文化。体育教学、学术、训练与健身是校园体育文化的主要内容,也是高校体育文化区别于其他文化的重要特征。体育教学、学术、训练与健身是校园体育文化的关键层次和建设主题,良好的体育教学、学术、训练与健身文化对于高校提高办学层次、办学水平与保证办学质量意义重大。当体育教师视自己的学术生命为第一要务时,学术抱负就转化为强大的体育精神动力,求真敬业的良好教风、训练作风与健康第一的形成自然水到渠成;当创新教育蔚然成风时,杰出人才的出现就只是一个时间问题。良好的学术文化同样是大学生学习创新、提高素质,建设良好学风、考风与健身风的强大精神动力。不同高校或同一学校的不同学院、课程,教学学术、训练与健身都有自己显著的特色,科技文化与人文文化各有侧重。但

是体育教学、学术、训练与健身文化是高校共同具有的,体育文化与科技文化、人文文化构成校园文化整体。

(三)体育生活娱乐文化

体育日常生活娱乐文化是工作学习之外,在全体师生员工的生活方式与闲暇娱乐活动中表现出来的体育文化现象。体育文化以其强大的渗透力,作用于人的生活价值观。体育是生活的符号,身体运动积淀着文化。

四、高校体育文化特征与构成要素

高校校园体育文化是以一定的社会政治、经济、教育、文化、体育等条件为基础,以高校师生员工为主体,由高校的体育环境和学生的需求相融合形成的。高校校园体育文化是具有高校校园特色和健康生活气氛的一种大众文化,具有较高的层次和品位,它集健身、消遣、娱乐、传播文化等功能于一身,是大学生文化生活中的一项重要内容,具有如下四个主要特征。

(一)健身性

高校体育是通过人体运动的方式进行的,因此,健身性是高校校园体育文化的最本质特点之一。在高校体育活动中,无论是体育课还是课外活动,无论是传播运动技术还是讲授健身知识,都是为了增强体质,增进心理健康;因此,高校校园体育文化有很强的健身性。通过体育文化活动,可以使参与者获得身体机理的健康,更重要的是让参与者产生自主性、独立性、积极向上勇于挑战的精神和勇敢顽强的意志品质,以及公正的态度、集体协作的精神、开朗活泼的性格,进而使个性健康而全面发展,并具有更加积极的个人性格与心理素质,成为一个真正的全方位的自我和谐的人。

(二)竞争性

竞争性是体育的灵魂,没有竞争就没有超越,就没有创新和发展。体育的竞争是指在运动场上,两个以上的个人或集体在统一规则下,争夺统一目标的活动,先得者为胜,不得者为败。它不仅比身体、比技术、比经验,而且比思想、比意志、比作风和拼搏精神,是一种全面的抗衡和竞争,对参加者的各个方面都是种严峻的考验。从某种意义上说,竞技体育是人类竞争的典范。适者生存是在自然界和人类社会已被广泛证明的真理,要适应未来社会的需要,就必须学会竞争,并在竞争中取胜。高校体育文化活动让师生在竞赛中较量体力、智力、心理,在公正、准确、平等的基础上展开拼搏,体味到竞争的剧烈性和残酷性,增强竞争意识,在激烈的竞争中学会运用技术和技巧,充分发挥自己的聪明才智,战胜对手,战胜自我和超越自我。

(三)互动性

校园体育文化是典型的开放系统,它与外界的信息交流十分频繁,不仅具有青年文化的特点,同时又时刻反映着社会文化的变迁,并不断地吸收和表现社会时尚的体育文化特征,反映社会体育知识、体育科技、体育经济等方面的最新变化。高校校园体育文化环境是由学校与学校、系与系、学校与社会等一个个体育文化圈组成的,没有这些体育文化圈,就没有高校校园体育文化。作为高校的教师和学生,尽管他们有其一定的独立性,但是人与人之间需要沟通和交流,院系与专业之间也需要互相协调和合作。

(四)教育性

现代教育强调终身教育,终身体育作为一种新思想,是受终身教育思想的影响,随着社会经济的发展、体育功能的完善和人们生活观念、行为的变化而产生的。当代社会,人们对体育的需求日益高涨;科学锻炼、终身受益,已成为一股社会体育的新潮流。因此,高校校园体育文化应以终身体育为主线,以大学生终身受益为出发点,立足现在,着眼未来,将大学生的个体行为纳入终身体育行为,拓宽高校体育培养目标的内涵,在培养学生个体行为的基础上发展体育特长,使学生掌握体育锻炼的知识技能,培养和提高学生的体育能力,养成经常参加体育锻炼的习惯,促进全民健身活动的普及与提高。通过各类校园体育文化活动的示范和教育,能让参与者学会各种卫生保健知识,培养和提高了在运动时的自我保护的保健能力。

第六章　高校体育教学的文化发展功能解析

体育教学的内涵非常丰富,发展至今已形成了一个较为健全和完善的体系,在这一体系发展的过程中,彰显和辐射出诸多方面的功能,其中文化功能就是十分重要的一方面。具体而言,校园体育文化、大众体育文化、竞技体育文化、奥林匹克文化等都是体育教学的重要内容,以上几种文化现象在体育教学活动的组织开展中都发挥出了重要的作用。

第一节　体育教学活动与大众体育文化

一、大众体育文化的概念

群众自发形成的具有地方特色的体育文化形式,就是所谓的大众体育文化。大众体育文化的一个显著特点就是自发性,具体来说,就是这种文化的形成不是某行动者强力组织生成的,不是由上而下形成的,而是由下而上形成的。大众体育文化是当地群体在长期的互动中自然形成的,没有明确的制度章程;但有着一些约定俗成的规则,这些规则对体育参与者有着实际的制约效果。大众体育文化属于当地群众自愿投入、建设的体育文化类型。

二、大众体育文化的特点

大众体育文化具有较为显著的特点,具体来说,主要表现在以下几个方面。

(一)民族性特点

通常来说,大众体育中能够植根于民众的往往是民族体育,而大众体育文化也正是一部民族兴衰与发展的文化史。究其原因,主要是由于不论哪个民族的文化都是人类发展中的一部分,都能够将不同地域和民族的不同辉煌充分展现出来,所以民族传统体育文化都以不同的方式走向世界,也以不同的方式推动着历史文明和社会的发展。大众体育文化的民族性,恰恰带有浓厚的民族文化色彩。比如,武术、赛马、中国式摔跤、蹴鞠、马球、捶丸、龙舟……其民族体育文化主要从以下几个方面得到体现。

第一,适合本区域民族的身心特点、环境气候和资源的利用。

第二,在喜庆节日中,为丰富文化生活,大多开展的内容是以娱乐为主的竞赛活动。

第三,振奋民族精神,促进对外交流,弘扬民族精神和传统文化。中国民间传统的体育活动,在新疆、内蒙古、西藏、云南、贵州等各少数民族地区尤为盛行。

(二)时尚性特点

大众体育文化的时尚性不仅仅是某一运动项目的传入和兴起,而且往往伴随着一种意识、思想和文化的传播。近几十年先后流行于全国的呼啦圈、迪斯科、台球、保龄球、网球、冰雪运动和健身操等,不仅充分挖掘了民间传统文化,重新认识了其功能,而且也保证了社会的变迁与新文化的导入。

具体来说,大众体育文化的时尚性特点主要在以下几个方面得到体现。

第一,人们的好奇心促使着人们去体验和感受新兴体育。

第二,在紧张的学习、工作和生活之余,可以让人们的身心得到调整和放松。

第三,通过娱乐的形式,掌握一项技能,自己的生活会变得更充实、更具有意义。

(三)实效性特点

大众体育之所以能形成文化,是人类源于生产、生活实践,通过身体的活动,向大家传递一种思想、一种意识,在娱乐中达到锻炼身体的文化活动。

具体来说,大众体育文化的实效性特点主要在以下几个方面得到体现。

第一,鲜明的特点。大众体育文化以鲜明的特点,反映出民族性地域性、娱乐性和健身性。

第二,传播快。当某一新颖的大众体育文化现象出现时,即使不借助媒介,也会在短时间内家喻户晓。

第三,适宜性强。适宜不同的群体,不同年龄段的人群,可以说有很多大众体育项目是老少皆宜的,如迪斯科、网球和游泳等。

三、学校大众体育文化活动的特点

学校开展大众体育文化活动是指以学校为区域范围,以学校内的体育设施为物质基础,以学校的成员为主体,以满足学校成员的体育需求为目的,有组织、有计划地开展体育活动。学校开展大众体育文化活动主要由学校的成员、体育组织、体育活动(或者是体育节)、体育场地设施、经费、体育教师等要素组成。学校开展大众体育文化活动的主要任务是:对学生采取各种教学手段和课外活动,采用课内和课外两种组织形式,引导学生经常性地参与体育健身,养成自觉锻炼身体的习惯,提高学生的体质,增强体魄;对教职员工采用各种方式,发动、引导他们经常性开展体育健身活动,为他们提供门类众多的体育服务和指导,提高教职员工的身心健康水平和生活质量。由此可见,学校在开展大众体育文化活动中具有重要的战略地位,其活动的特点主要有以下几个方面。

(一)综合性

学校体育植根于学校。学校开展大众体育文化活动的构成要素具有多样性,开展大众体育文化活动的内容也十分广泛。从构成要素来看,主要由学生个体、体育组织、体育活动(或者是体育节)、体育场地设施、经费、体育教师等要素组成,是人口、环境、设施、机构等要素的综合体,是学校成员经济生活、政治生活、文化生活的统一体。从学校开展大众体育文化活动的内容看,包含有学生的体育课教学、体育课外活动、体育节(或者各类运动会)、体质监测与达标、职工体育活动等项目。从开展活动的方法看有教学手段、行政手段、社会手段、经济手段等。

(二)目标性

学校体育工作是按照国家教学政策制定的长期教学规划,既不是单纯的政府行为,也不是形象工程,是需要长期坚持运行的一项系统工程。联合国教科文组织将教育的基本目的界定在"把一个人在体力、智力、情感、伦理各方面的因素综合起来,使他成为一个完善的人"。因此我国学校体育的目的就是促进学生正常生长发育,增强学生体质,促进学生健康,与学校各种教育相配合,培养学生良好的思想品德和意志品质,促使其成为具有德、智、体、美、劳全面发展的社会主义建设者和保卫者。通过学校体育课程的教学和课外体育活动的锻炼,有效地开展大众体育文化活动,实现我国学校体育教学的总目标,能够有效地促进学生的健康,使学生养成良好的体育锻炼习惯,提高学生个人健康的责任感。同时,通过学校组织的各种活动,引导教职工参与体育锻炼的热情,养成好的健康习惯,充分提高教职工的身体健康水平。由此可见,学校开展大众体育文化活动具有明显的目标性,即促使学校成员养成良好的健身习惯,最大限度地提高他们的健康水平。

(三)社会性

学校并不是孤立于社会的一个组织,学校由来自不同部门的各个机构组成。学校体育不单纯是一种政府行为,同时也有各种民间团体活动。学校就如同一个小社会,学校成员构成了各类社会的主体,各类主体动员各种力量共同参与学校的各类体育活动。学校组织机构负责制定各类教学计划、活动计划、竞赛计划和各种规章制度,以促进和提高学校的体育活动水平,并在其中组织和协调学校各类主体之间的活动。在学校大众体育文化活动中,各种社团组织(诸如学校体委、各类体育协会、工会的体育组织、学生会体育部等)在学校的大众体育文化活动中发挥着骨干作用。他们在动员和组织学校成员参与学校的体育活动,从自身实际出发搞好本区域的体育工作等方面,具有不可替代的作用。

(四)连续性

人体生长发育是一个连续、统一、完整的过程。人体从出生到长大成人,在整个生长发育过程中表现出来的普遍现象,成为生长发育的基本规律。人体的各个生长发育阶段具有明显的差异性,因此,在不同的时期进行体育锻炼活动就要采用不同的方法和手段。人在成长的过程中或许要经历不同的学校、受到不同教师的指导,但是按照人体生长发育的基本规律进行科学锻炼的原则是不会改变的。因此,在学校开展大众体育文化活动不同于其他的锻炼,在学校首先能够保证连续、合理地接受体育锻炼。

四、学校大众体育文化活动的开展方式

(一)体育与健康课

体育与健康课是根据社会发展及学生发展的自身需要,对体育功能合理选择和组合的结果。体育与健康课功能的发挥取决于体育发展的性质与特点,同时也取决于社会发展和学生的实际需要。随着社会的进步、经济的发展,人类的需要层次不断提高,体育事业也随之得到进一步的推进。另外,体育的功能也得到了推广和延伸,除了具有本身所有的健身功能还具有诸如政治、经济、外交等功能。

体育与健康课程主要是通过体育课堂的教学与实践,促进学生掌握体育的基本知识和技能;提高学生体能机能和适应能力;促进学生智力因素与非智力因素的发展;促进学生的社会适应能力。体育与健康课程的实施主要包括课程计划的准备、课程方案的实施和课程教学的评价三个主体部分。体育与健康课是学校实施学校体育,开展全民健身运动最直接、最主要的方式,既可以满足学生身体生长发育的需要,又可以对学生进行全面的素质教育。

(二)课外体育活动

从学校教育的角度分析,课外体育活动同课外的文娱活动、科技活动等一样都属于课外活动的范畴,是学校教育目标达成的重要途径之一。课外体育活动是一个相对的概念,角度不同,对概念的理解不尽相同。广义的课外体育活动是相对于体育课内的体育活动而言的。从时间角度上看,泛指学生的早操、课间操以及课后其他时间内进行的体育活动;从空间角度看,包括学生在校内校外的不同范围、不同层次的体育活动;从内容看,涉及以健身为目的的体育锻炼活动和以竞赛为目的的课余体育训练活动。课外体育活动不同于体育健康课的教学,其活动内容除一部分属于学校统一安排外,大部分是以学生的兴趣爱好、价值取向为主而进行的。同时,课外体育活动的举办形式非常灵活,由于学校成员的不同年龄、性别、身体素质、运动能力、技术水平、兴趣爱好、价值取向等因素致使多种多样的健身需求出现,再加上学校体育设施存在差异性,因此,不可能出现完全统一的课外活动形式,灵活多样是课外体育活动开展的必然趋势。近年来学校各种课外体育健身俱乐部正是基于这种需求而产生的。

(三)体育节

体育节或者各种运动会是学校开展全民健身活动的有效调节方式,长期的体育课教学和课外活动并不能满足学生对体育活动的需要,因此,可以通过举办各种带有娱乐性或竞赛性的体育活动来调动学生参加体育活动的兴趣。体育节原来是体育运动会的一种组合形式,现在的体育节不仅包含着体育比赛,还包含各种体育知识竞赛等。每年一度的体育节不单纯在体育活动上培养学生的锻炼热情,而且在推进素质教育方面具有重要的作用。比如体育节活动的策划与组织,大部分内容都是学生在教师的指导下自主设计完成的,尤其是在高校中,体育节几乎就是学生各展其能的重要舞台。当然,独立进行的各种体育活动,比如不同类型的球类联赛、舞蹈大赛等都具有调节学生学习情趣、提高锻炼能力的作用,对促进学校开展全民健身活动具有重要的意义。

(四)健身俱乐部

对于不同年龄的学生来讲,周末或者假期参与健身运动的场所有所不同。少年儿童主要是在少年宫等场所从事体育锻炼活动,而以高校学生为主的群体,大多在周末等空闲时间选择去健身俱乐部进行锻炼。健身俱乐部在近几年的发达城市中十分流行,发展速度非常快。男女同学在参加健身俱乐部锻炼的过程中,对于锻炼内容的选择存在很大的差异,由于大学阶段绝大多数女生追求的是形体美,而绝大多数男生追求的是形体的强壮。因此,女生参加俱乐部健身主要是以健美操、瑜伽等项目为主,而男生则主要以练习器械为主。健身俱乐部的产生较好地解决了学校体育锻炼中部分男女学生需求差异的问题,对于大多数经济条件尚可的学生来讲,他们更愿意参加俱乐部健身活动。

五、学校大众体育文化活动的注意事项

(一)健身活动的科学基础

生物科学理论是科学健身最基本的理论依据。健身必须符合生理学、解剖学等生物学科的基本原理。学校体育健身的强度因个体的年龄、性别等的不同而有所差异,因此在制定健身计划时一定要按照生物科学最基本的原则,适宜地安排健身的强度。运动强度指的是单位时间内的运动量,常用的运动强度指标有功率、能量消耗量、心率等。心率是在运动场上最为实用的,也是最常用的反映运动强度的指标。这主要是由于心率指标既可以反映机体代谢的状况和水平,又可以反映运动时内脏器官的供养情况,同时也便于在锻炼过程中自我监测。

(二)健身活动的科学原则

1. 全面性原则

健身活动应使身体各个部位、各器官系统的功能,以及各种身体素质和活动能力得到全面协调的发展。因此,身体锻炼要全面地提高身体素质,包括速度、力量、耐力和灵敏性的练习内容。这些练习不仅能促进体质的全面发展及增进健康,而且对掌握技术十分有利。

2. 系统性原则

健身活动必须经常地、系统地进行,保持活动的连续系统性,有计划地进行才能够使健身效果逐步积累,使运动系统及各系统器官的机能逐步得到提高,从而达到锻炼身体、增强体质的功能,同时使学生掌握运动技巧,养成良好的锻炼习惯。

3. 循序渐进性原则

由于不同年龄层次的学生所处的阶段内脏器官系统功能的活动能力不同,加之运动起始内脏器官具有一定的惰性,因此,在进行身体锻炼的时候运动量一定要按照从小到大,循序渐进的原则,尤其是在每个学期的开始,必须让人体适应一段时间,遵循"不适应——适应不适应——再适应"的锻炼过程。

4. 适宜负荷原则

在学校健身活动中,学生由于年龄的不同,承受负荷的程度不尽相同。在进行锻炼活动的时候,学生承受一定的负荷,机体就伴有一定程度的疲劳。因此,在健身中一定要从学生的实际出发,以适宜的运动负荷为佳。在这种状态下的体育锻炼有利于提高机体的适应能力,并能有效地增强体质。

5. 区别对待原则

由于学生的体质水平、素质基础、技术水平、年级差异、性别因素和心理因素等个人特点存在差异性,因此,在进行体育锻炼的过程中,应根据个人特点有区别地安排锻炼内容、方法、手段和运动强度,从实际出发,因人而异,防止运动性疾病和创伤的发生。

第二节 体育教学活动与竞技体育文化

一、竞技体育文化

(一)竞技体育文化的含义

任何事物都是在不断发展的,经过长期的体育运动实践,竞技体育文化也始终处在不断发展的过程中。时至今日,竞技体育文化也被新时代赋予了更多、更丰富的含义。对此,众多学者都有自己的观点和思想。

在现代竞技体育文化发展的过程中,无不孕育着和谐的内涵,这主要表现在建构人自身的和谐,建构和谐的人的个体,就是要使一个人既有健康的身体,又有健全的人格,有正确的世界观和人生观,能正确地看待和处理个人与环境的关系;建构人与自然的和谐,是指既要关注人类,又要关注自然,实现人与自然携手,生物与非生物共进,过去与现在统一,现代与未来对话,时间与空间协调;建构人与人的和谐,人与人之间公平、公正的关系,每个人享有权利与义务对等,在整体上没有根本利益冲突、个体之间存在一定利益冲突的前提下,能达到相互激励、相互促进又相互依赖的人际互助社会构想;构建国际社会关系和谐。

竞技体育文化作为体育文化的重要组成部分,是奥林匹克运动的核心范畴,它包含人自身的和谐、人与自然的和谐、人与人的和谐和国际关系的和谐等内容;体现出公平正义、充满活力和积极乐观向上的拼搏精神。

(二)竞技体育文化的特征

1. 规则性特征

竞技体育文化具有规则性特征,这种特征主要表现为参与竞技体育运动的运动员在比赛进行时要受到各种规则的约束。通常参赛运动员在比赛开始前就要了解运动的规则,否则就不能够把握这种特殊游戏的运动进程。这是物对人的制约,也是主体之间的相互制约。体育竞赛是一场"没有硝烟的战争",它能将人们心底深处的竞争欲望通过运动的形式表现和宣泄出来,但同时在此过程中又要受到规则的限制,以保证这个运动过程的公平。

实际上,竞技体育活动主体的规则性是自我约束机制的产物,是体育不同于其他活动方式的准则,也是体育文化内部多种形态的基础。否则,体育运动就不可能呈现出现在这样的文化形态。

2. 多样性特征

不同的角色在体育文化中会形成不同的体育文化形态。具体到竞技体育运动中,运动的主体运动员以及为其提供相关支持和服务的教练员和管理人员相互合作,通过取得优异的运动成绩来获得社会认可,从而获得一定的物质与精神收益。而观众通过对体育活动或比赛的欣赏,能够使身心获得愉悦感,并且通过体育的观赏起到缓解心理压力以及宣泄情感的作用。对于体育比赛的组织者而言,体育活动是其工作和谋生的手段。在体育商业化日渐浓郁的今天,这种目的彰显无遗还有一种形态,那就是竞技体育在商品社会发展下逐渐成为商品社会的附属品,在这之中,体育经纪人对体育赛事的运作以及参与球员转会的操作事宜等都附有非常强烈的商业内容,以球员的转会为例,实际上,这是将运动员看作为球员"市场"中的商品,可以根据需要自由"买卖"。大型体育活动有时也披上了浓重的政治色彩和商业色彩,如越来越多的商业性比赛的举办等。其根本的意义在于从中获得一定的商业价值,其次才是促进球队之间的沟通和交流。从这一点上来说,竞技体育中的不同角色都直接地产生了经济效益和社会效益。

竞技体育表现出不同于其他体育文化的内涵,竞技体育运动参与者将体育作为一种简单的工具或方式来对自己的身心产生影响,从中获得精神上的享受,同时也作为现代人所必备的标志,反映出他们的体育价值取向。体育文化的多样性反映了不同角色以不同目的或价值取向以及参与方式而形成的文化形态。显然,活动内容的多样性是与体育文化的民族性分不开的,不同的民族、不同的地域环境下产生了多种多样的活动形态,经过体育文化的开放性的作用为不同民族、不同地域的民众所接受,于是就有了不同的活动内容,活动主体会根据自身的实际来选择不同的内容从而达到其目的。

竞技体育文化在内容上也具有特殊的指向,运动员参与体育运动比赛是根据运动队或组织者指定的活动内容进行,而普通民众则根据自身的实际进行不同的活动。在这一点上,后者对活动内容的选择具有较大的自由度和随意性,但是其中所谓的体育"竞争性"也褪色不少。所以说,活动内容的多样性也对活动方式的选择产生作用,活动方式的多样性是由体育活动内容的多样性决定的,因为活动目的与内容的不同,活动主体就会以不同的方式参与其中。竞技体育中的运动员,其价值通过运动训练和有关部门组织的竞赛来实现,而普通民众则是通过自发的活动来实现。

3. 选择性特征

竞技体育文化还具有选择性的特征。这主要表现为竞技体育活动的主体的选择活动。竞技体育活动的主体在选择上,实际上是人与体育活动双向选择的过程和结果,不同的社会角色从事体育活动有其选择,从另一个角度来说是活动内容对不同角色的选择。这种选择是根据活动的内容、活动主体和社会角色来确定的。通常情况下,一般的大众很少能接触到诸如高尔夫球或一级方程式赛车等运动,这主要是因为参与这些运动的准备条件较多,一般大众很少能担负起构建这些条件的资金。

竞技体育活动内容的选择性既取决于内容本身,也取决于主体角色。这是由竞技体育活动主体角色的特殊性造成的,竞技体育运动员选择的活动内容在形式上体现出高度的专门性,当然有些运动员也具有全面地参与其他运动项目的能力。不过这种"兼容"更多出现在同类运动当中,如田径运动中有的运动员主攻短跑项目,但是兼顾参加跳远项目等。

在竞技体育活动的主体、内容确定后,与之相适应的也就是活动方式的选择性。不过需要指出的是,尽管可能会出现不同社会角色进行同一活动内容,但是活动方式在质量和数量上仍然具有明显的差异。对于球类运动而言,运动员的活动方式与大学生参与的体育运动完全不同,尽管大学生参与的体育运动也有一定的竞争性、竞技性成分,但是反映这些竞争、竞技性的方式与过程却是不同的,这与竞技体育运动有着很大的差别。

4. 互动性特征

竞技体育文化同体育文化有着许多的共同点。体育文化是在人与自然，人与人关系的过程中的行为意识、行为方式、行为准则的积淀，这种积淀只有在活动的主体，即人与人在特定条件下的互动中才可以实现。竞技体育也是如此。

竞技体育活动主体的互动表现在许多方面，如在集体项目中运动员彼此之间的互动；运动员与观众的互动；观众与观众之间的互动；运动员协会与球迷协会之间的互动等。在各方互动下，时常会出现一定的角色冲突，另外，金牌战略举国体制、职业化等也是这种互动下的社会适应。在一些体育活动中，活动内容之间的互动使它们在形态上相似而使迁移有了某种可能，可以说是活动的主体在其互动过程中对活动内容认识后的结果。不同的运动形态有其项群特征，表现出一定的相似性，如乒乓球与网球"同宗同源"的关系；篮球与橄榄球运动方式之间的关系以及橄榄球和足球的关系等就深刻地表现出这种特点。

5. 渐进性特征

一般来说，不同历史时期，不同民族、不同地域的文化特征都有所不同，具有不同的表现。竞技体育文化在发展的过程中，其内涵也会随着时代的变迁而发生某种程度的变化，这就是竞技体育文化的渐进性特征。主体的渐进性表现在纵横两个方面，纵是活动主体实施体育后在身心发展方面的渐进，横是主体在实施体育后所形成的不同层次主体。

竞技体育的渐进性是活动主体经过长期体育运动实践后得出的经验的汇总，目的在于能够将这些经验反向指导体育运动实践，达到更好地进行体育活动的目标。其中，最为显著的一个事例就是体育运动器材的变革与发展，其带来的影响力甚至改变了原有竞技体育运动的技战术打法，可谓影响作用极为深远。例如，众多合金材料被运用在制作体育器材中使得器材变得更加轻便和富有韧性；计算机技术的使用使主体对动作技术的合理性有了更加清醒的认识；激光电子产品的问世对运动成绩的评判更加客观准确。总之，竞技体育文化在发展中表现出鲜明的渐进性特征。

6. 功利性特征

体育文化中包含了一种功利性的特征，而对于竞技体育文化来讲，便会将这种功利性特征发挥到极致。竞技体育文化的功利性表现在它是促进体育活动主体向自然、自我挑战的源泉之一。

凡是生存在现代社会中的社会人，都会拥有属于自身社会角色的功利性，而对于从事竞技体育的运动员的功利性来说，其主要表现为一种自身价值的社会认可，然后才是作为谋生工具的生存手段。

一般来说，功利性常和活动主体的价值观紧密联系在一起。竞技体育中的运动员是将获得社会认可与自身生存紧密联系在一起，或者名高于利，或者利高于名，或者名利双收。另外，不同的竞技体育活动，在内容上也表现出不同的功利性，如足球是第一运动，田径是运动之母等，因此从事这两项运动的运动员自身受到的关注、地位就相对较高。

不同的活动方式也有其不同的功利性表现。活动主体选择不同的方式一方面是根据自身需要，另一方面是根据个人的价值观。

二、现代体育教学背景下竞技体育文化的发展对策

随着现代体育教学的发展,竞技体育成为其中重要的内容来源。竞技体育文化的发展对体育教学活动的开展有着一定的影响。只有促进竞技体育文化得以更好发展,才能促使体育教学活动更加丰富。下面主要就竞技体育文化的发展对策展开论述。

(一)坚持"以人为本"的发展策略

人是促进竞技文化发展的最为重要的因素,因此在竞技体育文化发展的过程中,要坚持"以人为本"的发展理念和策略。

竞技体育文化在发展的过程中,所采取的一系列措施和手段要能适应社会主义市场经济体制的改革与创新,始终坚持"以人为本"的科学发展方向。竞技体育发展的最终目的就是加深全民体育运动参与的意识,带动整个社会的体育运动风尚,增强人民的体质,提高国家的凝聚力,促进中国与世界其他国家的友好和平。因此,在竞技体育文化发展的过程中,除了要格外重视市场效益和经济效益,还要注意促进参与竞技体育活动人员的健康全面发展。在运动员培养的过程中,要加强运动员除技战术能力外的其他文化知识的学习,贯彻和落实"知识文化水平和竞技体育成绩"共同进步的培养理念。运动员只有知识文化水平提高了,他们在训练与生活中才能更深切地体会作为社会人的感受,也能够在退役后更好地融入社会。而对于教练员和裁判员来说,要具备较高的职业操守和综合素养,在平时的工作中要重视和加强"以人为本"思想的学习,并把这一思想充分运用到实际工作中,坚决杜绝残酷训练、体罚运动员等违背竞技体育文化内涵的现象发生。对于体育运动爱好者来说,要坚持以健康、客观的心态观看比赛,为比赛增彩,而不能引起比赛的混乱,要杜绝暴力事件的发生。

(二)坚持全面协调、科学化的发展

竞技体育文化在发展的过程中还要坚持全面协调的科学化发展理念。竞技体育文化的"全面协调发展",就是要摆正竞技体育事业在国家经济与社会发展中的地位,要处理好竞技体育事业与体育事业的其他组成部分之间的关系,要处理好竞技体育事业自身各种功能、各个构成因素之间的关系,还要处理好竞技体育事业与社会其他组成部分之间的关系。要想实现中国体育强国的战略目标,就必须促进中国体育事业全面、协调发展,不放松体育事业发展的各个环节。要促进中国体育事业与国家重大方针政策、经济建设、政治建设、精神文明建设等各个方面协调发展;在巩固和发展竞技体育运动的同时,还要注重大众体育,学校体育、社区体育的共同发展;在社会发展水平低,经济条件落后的地区,要采取一定的措施和手段加强人们对竞技体育文化的认识,加大农村偏远地区体育事业的发展。这样才能推动我国体育事业全面协调的发展。

(三)坚持人与自然的可持续发展

竞技体育文化在发展的过程中,还要始终坚持人与自然的可持续发展,在保证竞技体育文化健康快速发展的同时,不要忽视对大自然环境的保护。竞技体育运动作为人类社会活动的一部分,在其发展的过程中会对周边城市的生态环境造成一定的破坏和影响。如为了举办大型的体育比赛,必须修建大型的场馆,准备必要的设施和设备,这时就要大兴土木,砍

伐森林、侵占农田、破坏绿地来兴建体育场馆设施，造成举办城市和地区生态环境的严重破坏。

（四）坚持与国际社会的协调发展

竞技体育文化在发展的过程中还要坚持与国际社会的协调发展。中国在奥林匹克运动会上有自己的传统优势项目，例如：具有"国球"之称的乒乓球、跳水、举重、射击、花样滑冰、羽毛球等具有世界先进技术水平的运动项目，并在这些项目上具有非常丰富的技战术经验和比赛实际经验，我们要将这些优势运动项目向全世界推广，加强同世界其他国家的沟通与交流，从而取得进一步的提高和创新。而对于我国潜在的优势项目和劣势项目来说，要认真学习和吸取国外的优秀方法和经验，并结合我国国情，循序渐进地提高我国竞技运动项目的水平。竞技体育文化与国际社会的协调发展已是一个必然的趋势，对于全人类来说，某个国家的某个项目一枝独秀是不正常的，和谐共进，全面开花，这才是竞技体育文化发展的最终亮点和目的。

第三节 体育教学活动与奥林匹克运动文化

一、现代体育教学背景下奥林匹克体育文化教育开展的意义

（一）对奥林匹克体育文化的意义

传媒功能是学校所具有的一个重要功能。奥林匹克体育文化通过学校教育得到广泛传播，学生能够从这一传播过程中加强对奥林匹克体育文化的了解，提高自己的兴趣，并能够将其作为一种爱好而积极主动地参与其中。与此同时，学生通过学校关于奥林匹克体育文化的教育，能够深刻地感受到其生活中已经离不了体育运动，这已经成为他们的一种生活时尚了。

作为一个重要的传播媒介，学校不但能够为奥林匹克运动提供观众，而且能够对参与者与后备人才进行培养，使学生参与到奥林匹克运动中，这对为奥林匹克运动培养广泛的群众基础十分有利。因此，要对学校的广播、报刊、宣传栏等传播资源进行充分的利用，通过对一些与奥林匹克体育文化相关的活动进行举办来加强对学生的奥林匹克文化教育。这些活动通常包括奥林匹克文化节、奥林匹克知识竞答比赛、校运会等，通过这些活动的举办，能够使奥林匹克体育文化在校园中得到很好的传播，从而使奥林匹克体育文化的育人功能得到强化。

全球中所有的人都是适合学习与运用奥林匹克体育文化的，因为使全世界各国、各民族的人都能够受到平等的教育是奥林四克运动所明确倡导的宗旨。通过接受教育，人们会不断向自由、自强、均衡及和谐发展的人转变。也就是说，通过接受奥林匹克体育文化教育，不仅能促进受教育者身体素质的提高，而且能对其意志进行锻炼，对其精神进行洗礼，使其成为全面发展的栋梁之材。奥林匹克的这一宗旨与学校体育的教学目标有部分是相同的，二者基本上是契合的，从这一角度而言，在学校体育中开展奥林匹克体育文化教育能够促进对

奥林匹克宗旨的宣扬与传播。

(二)对学校体育教学的意义

1.促进学校体育的健康发展

竞技体育与大众体育相互连接的主要纽带就是学校体育,所以说学校体育所承担的任务是巨大的。学校体育要想实现体系化的目的,就需要以独立为基础和保障。只有先保证学校体育的独立,才能有利于充分结合与统一学校体育教育思想与形式。学校体育体系具有开放性的特征,这一特征有利于学校体育教育与全面健身活动的融合,通过学校体育开展全面健身活动,二者相互结合,有利于学校体育教育功能的发挥。因此,学校体育教育的文化内涵要具有一定的深度,文化氛围要深厚,要对培养高素质人才加以重视,使培养出来的人才能够更好地适应社会的发展与变化。在学校体育中进行奥林匹克体育文化教育,发挥奥林匹克教育的多样性特征,有利于加快学校体育社会化发展的进程,也有利于强化与实现学生的社会化。在我国的学校体育中,奥林匹克文化对其将会产生越来越明朗与广泛的影响。奥林匹克运动的体育文化底蕴深厚、独特,这对促进学校体育的健康、科学及快速发展十分有利。

2.促进学校体育教学内容与手段的现代化

纵观我国学校体育的发展历程,可以看出,我国学校体育在刚开始形成的时候,一些学校尤其是大中城市与沿海地区的学校就十分重视竞技运动的教育与开展,而开展的竞技运动中,现代奥林匹克运动会中的项目是主流,可见,奥林匹克体育文化教育在学校体育形成之初就占有十分重要的地位。

从中华人民共和国成立到现在,我国学校体育一直处于改革与发展的阶段,从起初的教学改革到后来的课程改革等一直没有间断,这能够反映出我国学校体育的发展历经坎坷,发展道路十分曲折。在学校体育的改革与发展的历程中,如何选择学校体育教学内容,如何建立学校体育教材体系这一问题是十分重要的环节。在对这些问题进行研究与探讨的过程中,主要谈论的核心与重点是,对学校体育教材体系的确立是否要以竞技运动项目为主线。在对学校体育的教学内容与手段进行选择的过程中,学生比较熟悉的现代奥林匹克运动项目是主要选择的对象。建立学校体育教材体系应该将学校体育的教育目的充分体现出来,以学生的发展为根本出发点,对现代教育规律加以遵循,吸收优秀的适宜在学校开展的竞技运动项目,并对其进行适当的改造,使之成为一种全新的教育方式与手段,从而发挥其对学生全面发展的促进作用。

3.促进学校体育中育人目标的实现

在学校中开展奥林匹克运动,对学生进行组织,使其参与到竞技运动中,以此来使学生的意志品质得到锻炼,使学生的身体素质不断加强。学校体育能够通过奥林匹克运动实现对学生的全方位教育。学生能够从奥林匹克知识教育、精神教育及理想教育中受到极大的启发和鼓励。实现奥林匹克文化教育的轨迹是个体到社会,也就是说,通过奥林匹克体育文化教育,能够促进人各方面素质与能力的均衡全面提高,然后将这一效能向社会中扩展,能够促进改造社会的进程的加快,促进美好的世界家园的建立。

4. 促进学生人格的完善

奥林匹克主义的内容中以教育为核心。在学校体育中进行奥林匹克体育文化教育，对完善学生的人格十分有利，这主要从以下几方面体现出来。

(1) 有利于对学生真善美的价值观进行培养

在体育中，青少年要将自己的良好行为规范表现出来，这是奥林匹克精神对青少年提出的基本要求，即相互了解、团结、诚信和公平竞争等。这些要求有利于完善学生的人格，提升学生的气质，使学生逐渐形成真善美的价值观。学生在参与学校体育活动的过程中，其真善美价值观的形成主要表现如下。

"真"主要体现在学生对活动的具体规则严格加以遵守，对违反规则使小聪明的做法表示拒绝。

"善"主要体现在学生与队友相互团结，对对手与裁判表示尊重。

"美"主要体现在学生在参与体育活动的过程中变得体格健壮，心智健全。

(2) 有利于对学生坚强意志力的培养

由于一些体育运动项目是在激烈的直接对抗中进行的，这就要求学生在参与其中的过程中除了具备必要的良好技术和较好的身体素质外，更要具有坚强的意志品质，来应对对方对其造成的阻碍，克服体能下降的影响，在优劣势交替时要控制好强烈而鲜明的情绪等。由此可知，参与体育运动就是学生在参与的过程中克服各种困难来实现预期目标的一种意志过程，是考验学生勇敢、果断、顽强等意志品质的过程，实质上也是意志的较量。因此，体育运动可以培养学生坚韧不拔、勇敢顽强、吃苦耐劳的意志品质，同时也能培养学生的学习能力，培养其坚定的目的性、自制力，克服不良品质。

(3) 对学生良好个性的形成非常有利

一般情况下，有两方面的因素会影响学生个性的形成与发展，即遗传因素和包括家庭、学校、社会等的社会环境因素。在学生良好个性的形成过程中，体育活动发挥着积极的影响与作用。在奥林匹克体育文化教育中，学生参与体育活动往往需要有身体的直接参与，而且体育活动有着很强的开放性，经常会发生时空的转化，学生之间的沟通与联系也很频繁，这对于学生运动效果的提高都是非常有利的。由此可以看出，体育活动所具有的这些特征对于学生良好个性的形成而言，比其他活动更能发挥积极的作用。而且，这对于学生参与体育活动自主性的提高、良好意志品质的培养以及集体主义价值观的建立也都起着积极的影响与作用。

5. 促进学生现代意识的培养

在作为一种强势文化，奥林匹克文化的传播与普及有利于培养学生的现代意识，这主要从以下两个方面体现出来。

(1) 促进学生审美意识的树立与提高

学校体育中进行奥林匹克文化教育具有提高学生审美意识与审美能力的重要作用。健、力、美同时蕴含于体育运动中，静态的人体造型和动态的运动节律都具有美的特质，都表现出人们向往美。体育运动不仅在运动过程中突出了"美"的要素，而且在运动结果上也有淋漓尽致的体现。学生参与体育活动时主要从以下两方面获取成就感与审美感。一方面是学生通过科学体育活动而获得完美身体曲线；另一方面是学生通过激烈与公平的比赛而获得成绩。

学生对体育运动的审美意识也可以通过体育学习培养，体育学习可以帮助学生树立正确的人体及运动的审美标准，使学生体验积极、健康的审美情感，进而提高学生的美学素养。

（2）对学生开放意识的培养有利

现代奥林匹克运动的产生与发展都离不开现代社会的各方面背景，它的发展与精神文化是密切相关的。在奥林匹克思想体系的确立中，一个基本的立足点就是精神文化。

奥林匹克运动的出现是一个重要的社会进步与文化发展的现象，其对社会各个领域如政治、经济、哲学、道德、教育、美学等所产生的影响都是广泛而深远的，总而言之，其有利于社会的进步与文明的发展。奥林匹克运动的发展需要依托社会政治、经济、文化等各方面的力量，其发展呈现出开放性的特征，具体表现为"走出去"，也就是从对其他国际及民族的优秀文化进行吸收，使自己的内容不断变得全面与丰富，这也是人类社会全球化发展的重要体现。历史的发展表明，文化的发展离不开传播与交往所发挥的积极作用。社会要想取得快速的发展，就需要从多方面、多渠道来获取社会的信息，加强与外界的交流。从这一点来看，奥林匹克运动要想取得快速的发展，就需要加强国家与民族间的交往与沟通。学生在参与体育活动的过程中，也会有这样的意识，会积极去从外界优秀的文化中汲取营养，通过借鉴提高自己的鉴赏能力，同时也提高自身的开放意识。

6. 促进学生文化素质的提高

学生的文化素质是一种综合体现，具体表现在各个方面，如价值观念、思维方式、行为规范以及理想人格等。但在现实生活中，因为社会的进步与科技的发展，西方的一些腐朽思想与文化很容易就会影响学生，而且学生也是容易被影响的群体，这就导致其价值理想容易出现错误。鉴于这一现状，在学校体育中进行奥林匹克文化教育，能够促进学生文化素质的提高，能够对其爱国情感与民族情感进行积极有效的培养。

二、学校奥林匹克体育文化的发展对策

在学校体育中，特别是在高等学校体育中，对奥林匹克体育文化教育进行多样化的开展一定程度上能够促进校园体育文化的不断丰富，能够加强传播奥林匹克体育文化的进程与效率。然而奥林匹克体育文化教育不止如此，传播与普及奥林匹克文化的范围还要继续延伸，在深度上也要不断加强。目前，沿海地区与大城市中，学校体育进行奥林匹克体育文化教育的现状要好于中小城市与落后地区，所以说对奥林匹克体育文化的传播与教育仍然面临着十分艰巨的任务。换言之，学生还没有深入理解奥林匹克的深刻内涵，奥林匹克体育文化传播的持久性和长远性依然没有实现。下面从几个方面来探讨学校体育进行奥林匹克体育教育的具体措施与途径。

（一）对学校体育课程的人文理念进行改革

对学校体育课程的人文理念进行改革主要从以下几个方面来进行。

(1)在教学思想方面,要使学生认识到,接受平等、愉快的体育教育是其基本的权利。这主要包括两点,首先,学生通过享有这一权利而在身体与技能方面获得发展;其次,学生通过享有这一权利而在心理与精神上得到满足,从中享受乐趣,这就能够增加学生积极行使这一权利的积极性。

(2)在学校体育教学的过程中,以学生的身心发展特征为参考依据,在学习方面使学生有更多更广泛的选择。这同样包括两个方面:一方面是指学生选择外来教材时能够有多样的选择和一定的选择范围;另一方面是指促进学生头脑中对学习内容进行判断的选择余地的扩大。

(3)在对教学内容进行选择,对教材进行组织时,不仅要关注体育运动给学生在身心方面带来的价值,而且要对体育运动的文化价值进行强调。要加强对体育运动中文化因素的积极利用,促进学生良好道德品质的发展,促进学生的社会化进程。从这些观点出发,对教材进行组织与加工将会更加利于学生的全面发展。

(4)在具体的教材内容上,对不适宜学生参与的,纯粹竞技式的运动项目进行循序渐进的改革,将民族传统体育的内容和乡土体育内容融入奥林匹克体育文化教育中,教师要善于对运动项目和教学内容进行创新,学生在学校过程中也要发挥自己的能动性,进行创造性的学习,并将所学知识运用到实践中。

(5)在教学的组织形式上,重点强调学生之间的互动作用,学生间的互助与互学能够促进对学生思维能力的积极培养,要注意在教学中避免出现形式上整齐划一的现象。

(6)在对教学过程进行设计的过程中,对一个学时或单元的教学进行设计,设计的主线是学生的心理取向和认识规律,教学内容要与学生身心发展特点相符。教学过程一定要具有内在的逻辑性与系统性,外在的娱乐性与开放性。

(二)促进教师的奥林匹克文化素养与教育意识的不断提高

目前,大多数体育教师未接受过奥林匹克理论的系统学习,他们更多的是将注意力集中于奥林匹克运动体系中的教学与训练,而对具有丰富内涵的奥林匹克思想体系缺少深刻的认识与理解,客观上给体育教师在开展奥林匹克教育上带来困难。为了普及奥林匹克知识、培养奥林匹克教育人才,广泛进行奥林匹克教育,有必要集中组织教师对奥林匹克理论进行系统而全面的学习与研究,定期组织开展奥林匹克论文报告会。应有计划地对体育教师分期分批进行系统的奥林匹克文化培训学习,这可以根本上解决奥林匹克文化传播问题。这些教师将影响一代人真正了解和理解奥林匹克体育文化,从而主动地为奥林匹克事业做出贡献,形成一种强烈的文化自觉意识。开展教师奥林匹克培训与队伍建设有着积极的价值和现实意义。其次,学校尤其是体育院校教师队伍的知识结构单一,学科交叉程度不深,导致技术学科与基础学科的知识更新滞后等弊病,严重阻碍了奥林匹克知识的传播与发展。因此,重视教师队伍的学缘结构,引进专业人才方式,调整教师队伍的知识类型结构尤为重要,这些都为体育院校开展奥林匹克教育提供了专业的准备,对开展奥林匹克体育文化教育有着重要意义。

教师作为奥林匹克文化的传播者,对奥林匹克体育文化的传播起着主导作用。因此,加大教师参加奥林匹克文化培训力度势在必行,而且对体育教师的奥林匹克文化培训要从广度和深度上都要有所加强。提高体育教师队伍的奥林匹克文化素养是切实开展奥林匹克体育文化教育的前提。因此,学校要有计划、有步骤地为教师进行奥林匹克教育培训,组织举行有针对性的奥林匹克知识学习、讲座和读书活动。营造良好的奥林匹克学习氛围,促使体育教师了解奥运的价值、功能及体育与奥林匹克运动的发展与关系,使得体育教师对奥运体育文化和教育内涵产生兴趣、形成正确的奥运价值观,使其奥运文化素养得到真正提高,从而潜移默化地对学生进行奥运熏陶,以增加学生的奥运文化修养。

(三)促进校园文化育人环境的优化

人文素养属于内在品质中的一种,人文素养的养成不仅需要外界环境的影响,而且需要个人的内化。在学校体育中心加强人文素质教育有利于校园文化环境的优化。校园文化境的优化具体表现在软环境与硬环境两个方面。

1. 软环境

在软环境上,要将相关的体育橱窗建设重视起来,具体途径如下。

第一,积极举办文化沙龙。

第二,开展人文讲座。

第三,组织娱乐和竞赛活动。

第四,在培养学生人文素质方面,学校的体育社团组织能够发挥重要的作用。

2. 硬环境

在硬环境上,对校园人文景观进行营造,营造过程中要有重点,按计划进行,如建设体育馆、铸造体育名人塑像等。这能够为学生提供良好的校园文化环境,使学生在这一环境中用心去感受奥林匹克体育文化,去深入理解奥运会。

(四)结合奥林匹克课程与人文学科

奥林匹克这一文化体系具有鲜明的开放性特征,因此在进行奥林匹克文化教育的过程中,通过奥林匹克课程与其他人文学科(美学、传播学、语言学、历史学、哲学等)的结合,这样学生就能够在学习奥林匹克体育文化的过程中接触其他人文学科的知识,促进自身文化的丰富与知识结构的系统化,促进自身视野的开阔,从而陶冶情操。在学校体育中进行奥林匹克体育教育要注重充分结合奥林匹克课程与体育学科。所以,学校要将一定的人力、物力、财力等资源投入奥林匹克体育文化教育中,从而促进奥林匹克体育文化教育在学校体育中的顺利开展。

(五)加强对学校奥林匹克体育文化教育方式与手段的重视

术科项目教学与奥林匹克体育文化教育有着密不可分的联系。体育院校所开设的术科课程,绝大多数都是奥林匹克项目课程,中国民族传统体育方面课程涉及较少。因此,以术科课程为载体开展奥林匹克教育,对学生深刻认识和理解奥林匹克精神与文化内涵有着积极现实意义。奥林匹克项目教学在新文化背景下应有更高的要求,这样才能真正满足学生及社会的需求。教师对奥林匹克文化的学习、掌握与积淀是实现项目教学的前提。教师只有不断丰富自己的知识结构,将项目教学与奥林匹克文化传承有机结合起来,在体育教学过程中不断注入奥林匹克精神和文化元素，才能真正实现项目教育的目的。教师可以根据授课内容的不同，不断改进和优化选择教学方法，重视奥林匹克文化传承对实现项目教育的价值，做到有的放矢，这样才能使整个教学过程变得更有意义，使教学达到事半功倍的教育目的。

（六）文化知识同实践活动结合

在奥林匹克的文化体系中，主要的载体是体育运动，因此其与其他学科相比主要的区别在于不是单纯传授理论知识，而是要将理论知识与实践技能的教育充分结合起来。具体来说，奥林匹克文化教育中提倡的运动实践有以下两点。

1. 体育运动实践

在学校体育中，将奥林匹克运动的知识与技能实践的学习充分结合起来，这样才能使学生真正领域奥林匹克体育精神，使学生能够对奥林匹克的体育文化内涵有深入的理解。

2. 社会实践

在学校体育中，要对学生的社会实践活动进行有效的组织，以此来促进学生人文素质的形成与稳固。学生形成实践能力与提高实践能力的主要途径是参加社会实践活动。这主要包括以下两个方面的内容。

一方面，学生的视野能够在参加社会实践活动的过程中变得开阔，实践活动的开展与参与有利于教材知识与社会实践距离的缩短，能够对学生知识结构的优化与完善产生积极的影响，从而促进学生自学能力的提高。

另一方面，学生所学到的理论知识和间接经验能够通过社会实践得到有效的检验，而且学生服务于社会的能力也能够通过参与社会实践得到有效的提高。学生在参与社会实践中找出自己的不足，从而有针对性地对自己的不足进行改正与完善。同时通过在社会实践中锻炼自己，学生能够具备一定的社会能力，能够促进自身人生观的逐渐完善，能够为将来步入社会奠定一定的基础。而且，学生在参与实践活动的过程中能够明确自己的人生目标，从而有前进的动力，找到前进的方向。

第七章　高校校园体育文化建设发展

第一节　校园体育文化的建设

一、校园体育环境概述

学校体育环境是一个非常必要的概念，它可以为学生们提供一个健康和安全的运动场所。学校体育环境的构成要素主要包括：场馆、设施和教练员。我们的学校拥有先进而完善的体育场馆，配备了先进的器材，同时我们的教练员也充满着热忱和专业精神，他们可以为学生们精确地设计训练计划，使他们在安全又快乐的环境下充分发挥潜能。

学校体育环境的功能也是多样的。首先，它可以帮助学生们建立更好的生活习惯，增强自己的体魄，提高自己的健康水平。同时，它还可以促进学生们的交流和相互竞争，从而让他们互相学习，进而在人际关系和人格发展方面有更大的收获。

体育环境设计的基本原则也是至关重要的。首先，它应该首先以学生们的安全为第一原则，在设施和器材的布置上注重合理性和合规性。同时，它还应该注重体现氛围和场馆的合理搭配，从而帮助学生们更好地参与体育锻炼。

总之，学校体育环境对于学生们的教育和成长是不可或缺的。我们的学校将一如既往地致力于打造一个更加完善和健康的体育环境，通过科学化和有效的培训方法，让更多学生们受益于健康、快乐和积极向上的体育锻炼。

二、构建高校校园体育文化的价值和意义

（一）新时期背景下我国进行高校校园体育文化建设的价值

所谓的校园体育文化，主要指的是一种特定的文化，限定在学校这一范围内。校园体育文化的存在能够将一种人的社会需求体现出来。建设文化的首要条件就是开放，这是因为，如果开放的情况不存在，那么就会导致文化建设的停滞不前。

新时期的高校校园体育文化已不仅仅停留在传统的肌肉式体育，封闭的情况已经被冲破。而全新的体育教学模式完美地融合了娱乐和实践、教育和运动、体育和文化、操作和欣赏，衍生了更为优越的一种体育文化环境。现代体育文化具有一定的开放性显著特征，这一点主要体现在学生不再只是参与校园体育活动，还会投入学校与学校之间的体育交流和竞赛活动中，例如，篮球运动联合比赛、排球运动联合比赛和足球运动联合比赛等。

一种存在于现代信息社会的特殊文化就是竞技体育的流行。而竞技体育所蕴含的价值观念同现代社会所蕴含的价值观念能够互相适应。对于校园体育文化而言，不仅仅具备开

发性特征,还具有独特的教育价值,能够使学生的主人翁意识和社会责任感在学习过程中得到更好的培养,使自身的竞争意识得到加强;同时,还能够在社会环境中更好地适应自己的位置,不断完善自我,日渐成熟。

我们常说的体育,不仅仅是身体方面的问题,还包含了伦理与心理等多个方面的认识与应用、培养与训练。在科技与教育快速发展、知识密集的大时代环境中,如果想要进取、拼搏,在具备强健体魄与良好文化基础知识的同时,还应该具备高尚的道德品质与健全的心理素质,对于高校体育教师而言,为了能够培养出更多祖国需要的具有良好心理素质与优良品格的全能型人才,应该同学生的个性特征相结合,对其性格优势充分挖掘。

此外,校园体育文化的建设与发展需要建立在人自身素养的建设问题上。人自身的素养,其形成不仅包含了先天因素,还会受到后天培养的影响。所谓的人的素养,是人的身心发展状况、品格的具体体现。

1.能够发展学生的智力

所谓的智力,主要指的是一种能力,能够对客观事物进行认识,对运动知识进行掌握,并对具体的问题进行解决。一般主要有想象力、记忆力和观察力等。

智力的发育首先就需要大脑的发育成熟,体育运动能够对人的身心健康发展起到一定的促进作用,高校体育教育的理论基础正是源于此。然而,需要注意的是,对于高校学生而言,并不是一切运动都能够促进他们的身心发展。高校体育教学的最终目的是,使学生对体育运动的作用和意义产生一定的认识,积极开展科学的、合理的体育锻炼活动,进而使学生参与体育运动主动性与积极性得到培养,促进良好体育锻炼习惯的形成。高校校园体育文化可以在一定程度上对大脑的发育起到促进作用,同时,还能使学生的身体机能得到改善,为日后高校学生走出校门、融入社会创造良好条件。

在体育教学开展的过程中,可以对多种体育教学方法进行应用,例如,如果想要对学生观察问题、解决问题的能力进行培养,就可以对示范法、观察法和比较法进行应用;如果想要使学生的想象力与记忆力得到加强,就可以对技术动作展开训练;如果想要对学生的拼搏精神与集体主义精神进行培育,那么就可以采用体育游戏和教学比赛的方式。体育教学给人们带来的是价值较高的思考与启发,以及受益匪浅的教益。

对于现代人而言,应该具备的文化素养有很多,例如,对自我生理极限进行挑战的挑战精神、听从裁判安排和指挥服从命令的思想意识,以及创造力在体育比赛中的应用,等等。所以说不管是观察者,还是参赛者,都会受益匪浅。此外,校园体育文化还能够使学生的学习效率得以提高,促进学生智力的全面发展。例如,在对某一项体育比赛进行参与的时候,如果学生具有差不多的实力,那么就需针对如何取得更好成绩的问题进行考虑,如此一来就能够更好地开发学生的智力。

2.使学生的体质得到增强

通过参与体育比赛与锻炼,学生的身体素质与心理素质得到了提高。体育运动具有丰富的内容、多样的形式,这些特征时刻吸引学生参与其中。例如,田径运动能够使学生坚韧不拔、自强不息、不畏困难的意志品质得到培养;球类运动能够使学生的灵活思维、集体主义意识与组织纪律性得到培养;武术运动和体操运动能够使学生勇敢、沉着、机智、意志力与较强的自我控制能力得到培养,此外,还能够使学生吃苦耐劳的精神,社会适应能力得到培养,等等。上述的这些活动都能够使学生的身体更加强健、心理素质与体育素养更加良好,并且能够有效改善学生的体质,使其更好地面对社会中繁重的工作。体育文化教育的开展,在需要学生用大脑思考的同时,还应该动手实践。

3. 使学生的情操得到陶冶

体育教育能够使学生的高尚情操得到培养,促进他们的全面发展,引导他们对真善美等一切美好事物进行追求。诸多实验研究证明,伴随业余时间的逐渐增多,人们开始多元化的地选择丰富多彩的活动来充实自己的生活。体育锻炼正好能够满足人们的要求,不仅能够使他们的身心得到愉悦,还能够使他们的体魄得到强健。对于人们而言,一场水平较高的体育比赛在带给人们视觉享受的同时,还能够给人们带来精神的享受。而学生通过比赛活动也会得到愉悦的体验。伴随社会的不断进步与发展,体育运动所具有的自然性也不断增强,人们在选择运动场所的时候,不再仅仅考虑室内,也更多地考虑户外环境,特别是景色优美的自然环境。如划皮划艇、游泳和爬山等运动的开展都是在优美的自然环境中,人们不但能够对赏心悦目的风景进行观览,还能够呼吸清新的自然空气,最重要的是他们的身体也得到了锻炼。

4. 使学生的审美能力得到培养

作为社会文化的重要组成部分,体育文化具有较多的功能,美育是其多种功能中的一种。在高校校园文化的活动中,教师会利用多种趣味性较强的方法与形式,对各种各样的竞赛活动进行组织,对技术与队列的练习活动进行安排,使学生能够对生活与劳动中的美感进行挖掘,进一步地培养学生的内在美与外在美。

校园体育文化能够使学生对健康的审美具有更加深入的了解,同时,还能够促进学生良好价值观念体系的形成,引导学生使用积极的思考方式,能够使学生正确的审美观念得到培养,使学生对美的鉴别能力能够有所提高,可以在生活里发现更多的美,并能够对美进行创造。体育审美观赏能力作为认知能力的一种,具有一定的特殊性,通常会体现在欣赏、感知、评价、理解体育自身存在的艺术美、身体美和精神美上面。对于使学生体育能力得到发展的重要任务而言,培养学生的体育审美能力是十分必要的,对于学生心灵的净化、情操的陶冶具有一定的促进作用,能够使学生对美好事物与高尚品德的追求得到潜移默化的引导。同时,能够促进学生更快地融入集体生活,在视觉和欣赏上获得享受与愉悦,使学生体育锻炼活动的参与兴趣得到增强,能够促进学生正确体育意识与终身体育锻炼习惯的形成。

此外,在促进学生优美姿态和体型培养的同时,还能够使学生的体质得到全面的发展。然而,如果想要使学生的欣赏能力得到培养,就应该在体育课程的日常教学活动中,对于学生观察体育美、发现体育美、表现体育美的能力着重培养,同时,还要对体育的基础理论知识进行应用来对体育美进行欣赏与评价。例如,在体育课程的课堂教学活动中,将技术动作优美地示范给学生,并对他们及时地进行表扬,组织、安排学生对精彩的体育赛事活动进行欣赏、讨论等,促进学生自信、自爱、自强、自尊的发展。

5.使学生个体的素质完善得到促进

对于一个国家而言,学生不仅仅是花朵,还是重要的财富,更是一种关键性的动力,能够对国家经济、政治与文化的发展起到一定的推动作用。

体育运动能够使学生的自我认识更加准确,体育锻炼活动的开展,能够使学生自身的认识与行为得到修正,进而促进现代社会所需的能力与心理素质的形成,为社会培养出更多出色的人才。此外,体育锻炼活动还能够使学生坚持不懈、勇往直前的意志力与吃苦耐劳的精神得到培养。只要学生自身各个方面的能力都有所增进,那么就可以说深化、落实了以人为本的体育思想、观念。

6.对于终身体育理念的形成与和发展能够起到一定的促进作用

体育教育中素质教育的重要内容之一就是终身体育观念,而在学生成长的重要阶段,使他们能够获得良好的体育教学,并且使他们的体育观念能够正确形成就是体育教育的核心任务。对良好的高校校园体育文化氛围进行营造,积极倡导终身体育的重要思想,对于我国的教育事业发展具有十分深远的意义。

受传统应试教育思想的影响,在我国的一些高校中,体育教学只是为了考试而存在,也就是说考试会考核哪些内容,体育课就会教授什么内容,长此以往,体育课程教学变成了应试教育的工具。如果从终身体育的思想来对这些现象进行审视,此现象的严重危害性就更加显著。

如果在学校中能够对坚实的体育基础进行建立,那么学生实施终身体育的可能性就会更加提高。在高校体育教学活动开展的过程中,体育教师可以对学生体育学习的兴趣进行培养,使他们能够主动地、积极地参与体育运动,最终养成自主参与体育锻炼活动的良好习惯,上述的这些都是终身体育锻炼开展的重要条件。

伴随社会经济的发展,体育在人们生活中承担的任务越来越重要,高校体育教学能够使学生对体育文化知识进行学习,进而促进他们体育锻炼意识与习惯的形成,使学生体质得到增强的同时,使他们的情操也能够得到陶冶,进而使高校学生的身心得到全面发展。换句话来说,若是高校体育教学不能传授学生体育的相关文化知识与运动能力,那么学生一旦走出校门、迈入社会,就很难产生自主体育锻炼的意识,想要获得一个健康的身体去工作、生活就很难实现,而想要贡献祖国的发展事业就更加难上加难。

高校体育教学从某种程度上来讲能够促进我国民族事业的繁荣昌盛,高校体育教学能够使一种良好的校园体育文化环境得到构建,在校园体育文化的熏陶中能够促进学生终身体育锻炼的意识得到培养,为日后贡献于祖国的发展事业建立良好的体质基础。

(二)新时期背景下我国进行高校体育文化建设的意义

1.建设校园体育文化是加快实施全民健身计划的需要

(1)落实《全民健身计划》

对于祖国而言,它的未来属于青少年与儿童,同时,它的未来事业建设更是少不了青少年的领导,因此,青少年的体质水平可以象征、代表一个民族的素质水平。在校阶段是学生身体发育的黄金时期,只有长期坚持体育锻炼,那么他们的生长发育就能够得到促进。校园体育文化构建从实质上来讲,就是一系列的体育锻炼活动,它的主体是全体学生,活动空间以校园为主,同时还需要教师来主导。高校校园体育文化建设能够使学生获得一个强健的体魄以及体育锻炼的科学方法,为日后参加工作以后的体育锻炼创造条件,促进学生终身体育意识与良好体育锻炼习惯的形成。

(2)服务于全民健身

学生在校期间,在校园体育文化的影响下,对一个体育运动项目或者是多个体育运动项目的运动技能有所掌握,同时正确的世界观、人生观与体育观也得以正确形成。在这样的情况下,等到高校学生走出校门、迈入社会的时候,就会使体育思想观念、体育运动技术与体育道德等得到正确传播。同时,由于高校体育教学具有相对完善的体育设施,且具有比较浓厚的体育锻炼氛围,上述的这些因素都能够更好地服务于全面健身。

2. 校园体育文化构建是校园体育文化完善的要求

(1)对于高校的管理建设能够起到一定促进作用

校园体育文化能够营造一种和谐的体育文化氛围。校园体育文化作为一种文化,其场所为校园、主体为学生、内容为课外锻炼且对于校园文化精神始终坚持。需要注意的是,校园体育文化氛围同学校的校风、学风、精神面貌、发展目标之间存在的关系是非常紧密的,究其原因,主要是因为体育具体展现了公平竞争精神、顽强拼搏精神、开拓进取精神与集体主义精神等,因此成为学校管理的重要手段,这一点是法规与校纪等都不能够取代的。而其所具有的独特性将其不可替代性展现得淋漓尽致。在传统高校管理中主要将体罚作为主要管理手段来制定相关规定。然而,对于校园体育文化而言,属于自我约束管理的一种,在日常体育活动或者比赛活动中,所有人都需要遵守公平竞争原则与集体主义精神,并且要在没有其他管理监督的情况下顾全大局,有效地约束自己的行为。

(2)使校园文化的凝聚力得到提高

在传统教学模式的制约下,专业与专业之间、年级与年级之间、教师与教师之间、教师与学生之间不可避免地出现一定的隔阂,导致校园文化作为一个文化群体,始终处于相对独立的状态。然而,如果一种文化是相对分散的、独立的,那么它的凝聚力就很难焕发出来。校园体育活动具有丰富多彩的显著优势,能够使教师和学生之间的凝聚力得到增强,使人际关系得以融洽发展,同时还能够使彼此之间的了解得到增进,沟通使人和人之间的距离得以缩短。例如,在学校同学校之间联合举办的竞赛活动中,场中的运动员要尊重裁判、服从智慧、集体拼搏、奋斗,只为取得最终的胜利。而对于场下的啦啦队和观众而言,为场中的运动员助威呐喊,使他们同运动员的情感紧密地连接,促进一种场中与场下有效互动形式的形成,使教师与学生之间、学生与学生之间的情感得到增强。

3. 校园体育文化构建能够促进学生综合能力素质的提高

校园体育教学相关工作的组织、开展,能够使学生各个方面的素养得到全面培育。

(1)校园体育文化构建能够促进学生交际能力的提升

一般来讲,校园体育文化活动主要以集体活动为主,例如,篮球运动、足球运动、排球运动等。体育活动的魅力所在就是能够将不熟悉的人们汇集在一起,将体育活动作为互相沟通的桥梁,并且始终坚持互相友善、谦和、尊重的重要原则,通过心与心之间的交流,使原本陌生的两个人打开心扉,消除掉一些不必要的怯懦心理,使学生健谈、开朗的能力得到培养,为其日后走向社会建立良好基础。

此外,作为行为语言的一种特殊形式,体育运动中的哪怕只有一个很小的动作都能够将运动员的情感直接表达出来。例如,在比赛活动开始之前,两支队伍的队员需要握手问好,这也是友谊开始的代表;在比赛活动进行的过程中,如果对方出现不小心摔倒的情况,应该及时将对方拉起来,这将会延续友谊;一个来自对方的微笑就能够将宽容表达出来;在比赛结束以后,需要双方队员告别拥抱,这也直接保留了友谊,同时也是敬仰对方精神或者技术的主要表现。综上所述,体育运动为我们展现了另外一种交际的方式,那就是在比赛的开始直到结束的时候,在不进行任何语言表达的情况下就能够使双方队员的友谊得到升华。

(2)校园体育文化构建能够促进学生竞争意识的提高

市场经济促进了一种"优胜劣汰"社会竞争形式的出现,现代社会的本质属性就是竞争。所以,一种能够保证日后生存发展的重要能力就是较强的竞争意识。此外,需要注意的是,体育竞赛肯定会存在一定的规则,通过观看、欣赏体育活动与体育赛事,能够使学生了解体育技术、战术和心理的较量只有在公开、公正和公平的重要原则下才能够顺利开展,当学生对比赛活动亲身参与以后,就能够对竞争的残酷性与激烈性深有体会,进而能够提高学生的竞争意识,为日后更好地适应社会竞争创造良好的条件。

(3)校园体育文化构建能够促进学生开拓创新能力的发展

体育运动从根本上来讲只是一个过程,对更高、更快、更强不断进行追求。作为校园体育文化的主体,为了能够使学生的综合素质能力得到提升,可以从体育内容、体育水平、体育技术和体育战术上出发考虑,将学生的潜在能力开发出来,使学生的极限得到不断突破,促进新的飞跃产生。此外,学生还应该对自身特点充分考虑,不断创新内容、技术和战术,促进一种全新突破的出现。

此外,由本质上而言,开拓创新就是个性的发展。为了进一步提高自身的运动水平,使高校体育教学活动的健康性与娱乐性得到增强,教师应该安排学生独自去完成健身计划的制定、比赛活动的组织、体育专题讨论的开展,等等,这样能够无形中锻炼学生的开拓创新能力。

(4)校园体育文化构建能够促进学生团体协作能力的提高

在高校校园体育中,主要开展的内容及团体运动项目,同单项比赛相比,团体比赛不仅仅是个人技术的竞技,还对集体配合进行了强调,如果团体比赛的参与集体配合良好,那么就会更加其有效力与观赏性。因此,在对团体比赛进行参与的过程中,学生应该将个人表演的心理剔除掉,保证大局的全面,互相配合,将团队战术进行展现,使个人的团体协作能力得到提高。

(5)校园体育文化构建能够促进学生自律能力的增强

高校体育竞赛活动都存在相对应的比赛规则,如果有人违反规则,那么就只会有一个结果——出局,所以,在参加体育竞赛活动的过程中,学生应该对自己的动作行为进行约束,严格遵守比赛规则。长此以往,就能够产生习惯性的自我约束,也就是一种自律能力,能够为学生在社会中对秩序与法规进行遵守创造良好条件。

三、校园体育文化构建的重要措施

(一)建设校园体育物质文化环境

对于校园体育文化而言,其构建的基础就是建设校园体育物质文化环境。伴随高校逐渐扩大办学规模与不断提升办学实力,还有高校体育教学在新时期的发展需要,使得校园体育呈现出多元化的功能趋向,多元化的体育功能需要相对应的体育馆、体育器材和体育设施的配置。然而,尽管上述的这些现代化功能设施的层次得到不断提高与开发利用,但是同样也将新的问题暴露在使用、开发、维护与管理中,所以,体育设施的利用、管理与维护等工作应该加强,保证将这些硬件设施的功能与效应最大限度地发挥出来。

1. 对校园体育物质资源进行充分整合

将短缺资源与已经具备的资源进行科学的分配,充分地整合校园体育物质资源。学校的现有资源主要包括可以利用的资源与废弃的资源,即已经具备的场馆与器材。对于可以利用的资源,就必须对其充分利用;然而,如果场馆与器材已经废弃掉,那么就应该处理掉那些已经不能再继续使用的器材,方便日后的科学管理;对于那些需要添置配件或者维护就还能够使用的资源,可以采用再利用的原则,这样就能够将一部分资金节省下来,进而在其他的体育建设上进行应用。此外,需要重修那些不再使用的体育场馆,或者是将其作为基地,用于其他场馆的建设,进而有效地、合理地配置资源。

伴随现代社会的迅猛发展,体育课已经不能够满足学生日益增高的体育需求,如此一来,体育资源短缺的情况就不可避免,因此,学校必须对体育资源短缺的问题给予足够的重视,在资金问题上加大投入,使学生体育锻炼的需要与教学需求得到最大限度的满足。此外,还有一项工作是十分关键的,那就是如何管理学校的体育场地与器材,如果管理得当就能够使体育场馆与设施器材的损坏得到降低、使用寿命得到延长,进而使维修的费用得到减少。

2. 使体育设施的教育性得到加强

对于学校而言,其体育场地设施与体育器材都是硬性资源,出于学生人身安全的考虑,如果没有教师的指导,就必须对体育设施加强教育性。在学校范围中的每一处体育设施旁边,都应该配置文字说明,这个说明应该将此项体育运动项目的名称、运动方法、应注意的安全措施等问题交代清楚,使学生的体育锻炼活动更具科学性与安全性。此外,还可以将一些体育明星的雕塑设立在校园体育俱乐部的门外,在营造良好校园体育文化氛围的同时,吸引更多的学生参与到体育运动中。

3. 对体育设施空间合理规划

校园内的每一处雕像、建筑与体育运动场地都是人类智慧的结晶,同时也是一种独有的文化现象,体现了人们的价值观与思想观,同时,这些文化能够在一定程度上陶冶人们的性情。因此,可以说,如果想要将校园体育文化构建好,就应该首先将物质文化弄好,高校应该对学生的空间进行充分利用、建设,对一些体育文化活动积极组织,在保证体育设施齐全的同时,还要做到整齐地布放,例如,学校的体育展览馆、体育馆、健身房、篮球馆、田径馆、游泳馆等,只有这样才能够将校园体育物质文化建设落到实处。

(二)建设校园体育队伍

1.使体育教师的能力培养得到加强

对高校体育教师力量进行加强培养,在校园体育文化构建中能够起到非常重要的作用。对于一个学校而言,需要一些优秀的体育教师,这主要是因为体育教师也需要传播知识、培养人才,这一点同其他学科的教师是一致的,体育教师在培养学生体育精神、体育文化与体育兴趣方面能够发挥至关重要的作用。同时,与其他学科的教师不同,体育教师不仅仅需要脑力劳动,还需要体力劳动;不仅仅需要将体育文化知识传授给学生,还要引导学生对体育运动积极参与,并且还要考虑对校园体育文化的发展水平进行提升。

因此,建设高校的体育师资力量是校园体育文化建设中不可缺少的步骤。体育教师应该具备一定的教学能力、领导能力、组织能力与运动能力,同时,还要具备高尚的思想道德与爱岗敬业的精神,更要对学生给予足够的尊重与热爱。所以,在学校中体育教师占据非常重要的地位。然而,这些都少不了体育教师的全力付出,学校必须对体育教师给予关心与重视,适当地给予他们一些实质性的生活福利与工作福利,以资鼓励,只有体育教师深切体会到学校对它们的重视,他们才能够在教学与工作中切实做到全力以赴。

2.强调学生的主体性

对于学校而言,学生的存在是非常重要的,因此,在校园体育文化建设中应该重视学生的主体地位。在运动会或者其他体育比赛活动举办的时候,学校应该对学生积极地组织,使学生在体育教师的引导下对体育比赛活动积极参与,同时,学生可以独立地去完成体育比赛活动开始之前的宣传工作、场地布置工作、入场工作,以及比赛活动结束以后的节目表演等,在体育比赛活动进行的过程中,应该鼓励学生积极报名参加比赛的志愿者活动,比赛的裁判也要对一些高年级的学生进行选用,安排他们协助完整比赛的仲裁工作。如此一来,在其岗位上,能够使学生具有一定的责任感,而这种责任感能够在其完成自身任务的过程中起到一定的督促作用,更重要的是他们可以全程参与比赛。

学生在参与了校园体育比赛活动的同时,也真实地感受到了校园体育文化氛围,只有参与其中的学生才能够对其所处的体育文化氛围进行准确判断,知道什么样的校园体育文化氛围是合适的,什么样的体育活动会吸引学生的注意力。所以,体育教师可以利用学生的了解来对体育活动进行组织,如果学生自己组织体育活动就更好了,只有这样才能够使我国高校校园体育文化构建的需要得到满足。

3.使体育领导者的管理能力得到提高

对于校园体育文化建设工作而言,仅仅需要一群活跃积极的学生力量与一支强大的师资力量是不够的,必须具备一支领导管理队伍。体育教师与学生不能在校园体育文化建设中做出任何决定,他们只能是在这一过程中将自己的一些意见与建议提出来,所以,校园体育文化建设中必须存在一支管理领导队伍。需要注意的是,这些体育领导管理者必须具备一定的领导能力与管理能力,保证在校园体育文化建设过程中关键时刻不犹豫不决,应做到游刃有余,面对校园体育文化发展的问题是要有自己的看法,运筹帷幄,对于体育教师与学生的意见与提议要认真倾听与考虑,作为一个优秀的领导者在校园体育文化建设中做出一定的贡献。

(三)加强校园体育文化的管理与组织

在校园体育文化建设中,一个科学的、合理的、能够起到一定约束能力的规章制度是必不可少的,在这样的约束能力下,学生自身的体育意识与体育行为得到强化。

同时,对于学校的体育组织管理机构也应该加强建设,例如,体育俱乐部、学校教学体育部与学生体育部等,它们基本上都是执行体育规章制度的部门,如果能够加强对它们的建设,那么才能够全面地履行学校的体育规章制度。并且,还要使宣传的力度得到加强,保证体育规章制度的相关概念能够被每一个人都了解到。

除此之外,还应该对体育奖励制度进行完善,究其原因,主要是因为,体育奖励制度的完善是对教师与学生进行鼓励的主要内在动力,而组织管理制度只是督促教师与学生的行为过程,保证他们能够在校园体育文化建设中全身心地投入。付出和回报之间存在的一种平衡,不管是对于教师而言,还是对于学生而言,都是极度渴望的,这种平衡实现的媒介就是体育奖励制度,如果他们的付出会收到同等的回报,那么他们就会对校园体育文化建设充满热情。

所以,对于体育教师,学校应该给予重视,正确定期给予他们一些实质性的奖励,例如,如果在学校组织开展的体育竞赛活动中,体育教师带领的班级能够取得名次的话,那么就可以考虑给予体育教师一些奖励。体育教师的心理一旦得到平衡,那么他们在校园体育文化建设中才能够全身心地投入。同时,还要按照名次奖励那些取得校内荣誉或者校际荣誉的在校学生,还要奖励那些具有突出学校体育贡献的优秀干部与学生骨干。

(四)举办体育知识讲座和竞赛活动

在校园体育文化构建的过程中,出于校园体育健全发展的考虑,还少不了应用到体育的理论知识、体育文化、体育技能。对此,学校体育可以通过举办体育知识讲座或者比赛活动的方式来完成实现体育理论知识、体育文化与体育技能的运用。

一方面,学校的领导与体育教师可以自行地组织体育知识讲座或者是体育竞赛活动,另一方面,在举办这些活动的过程中也可以聘请一些优秀运动员或者是体育专家,最终的目的在于使学生的体育理论知识、体育技能和体育文化得到丰富。然而,由于学生存在有限的吸收能力,需要一个积累知识的过程,所以,对于这些讲座或者是竞赛的次数和时间,我们应该合理地进行安排。

此外,学生对体育知识、体育文化和体育技能进行获取的另外一种有效方式就是举办体育知识竞赛。一般来讲,体育知识竞赛有两种形式,即现场口头抢答与笔试,而且每一种形式都存在各自的特点。现场口头抢答能够使学生的竞争意识与反应能力得到提高,而笔试由于参加的人数比较多,且答题的范围比较广泛,可以使学生对体育文化知识的了解得到提高。

(五)加强体育特色文化建设

要根据不同地区的体育思想观念、体育场馆设施等物质条件、教师和学生的爱好兴趣等多个方面问题,针对体育特色文化的建设进行展开。例如,可以考虑将我国的学校进行城市学校与农村学校的划分。二者间在具有各自优势的同时,也会在物质条件方面存在不同。如果学校处在农村或者比较偏远的中小城市,那么即便由于体育器材设施的局限,使得学校组织开展的体育活动不能够做到丰富多彩,然而,我们可以另辟蹊径,也就是对该地区得天独厚的自然地理环境进行有效的利用,例如,山川周围、森林周围或者湖泊周围等自然环境中,都能够举办各种各样的户外体育运动项目,例如,登山比赛、春游、赛龙舟比赛等。对于在大城市中建立的学校而言,在相对雄厚经济基础的支持下,同时在相对强大的体育信息依据中,它们能够在校园体育文化的建设中显示出其独有的优势,能够科学地、合理地使用学校现有的体育场馆、器材设施等,促进体育文化活动组织的时代性与科学性得到增强。学校对于不同种类型的体育知识讲座进行定期或者不定期地举办,进而提升学生的体育学习意识。同时,有一点需要注意的是,对于不同的学校而言,也会存在不同的体育传统。

一般来讲,学生的个人兴趣爱好同某个区域的体育文化存在一定的联系,同时,还会受到某个学校取得比较显著成效的体育运动项目的影响,例如,对于某一个学校而言,如果它的强项是篮球运动项目,那么篮球运动就会被该校的大部分学生所追逐,校园体育文化建设的过程中,在加强建设学校某个突出项目的问题上应该给予足够的重视,使它朝着学校象征的方向发展。

若是该区域的体育文化背景比较浓厚,对于传统体育文化突出建设,能够使地区的体育文化传统得到弘扬,同时,还能够使学生体育活动的参与热情有所提升。

(六)应该加强学生校园体育意识文化的培养

1. 关于校园体育,校领导应该对其提高认识

我国大多数学校的领导部门,在现阶段已经都忽略了体育运动的筹办与组织,仅仅重视体育竞赛的成绩。如果这样的情况长期进行下去,就会导致学校内的大多数教师和学生失去体育的兴趣,而学校的体育运动也间接地变成工具性的存在形式,主要在体育人才的选拔过程中被广泛使用。因此,学校的相关领导部分应该针对一个重要问题严肃地对待、认真地处理,积极改变原来的思想观念,针对学校体育发展状况的相关标准,杜绝学校竞赛成绩为主的情况。

2. 使体育教师的体育意识得到提高

在校园体育文化建设中,体育教师承担着主导性的重要任务,不仅仅是传播者,还是指导者。对于这种校园体育文化建设,教师所发挥的主导性作用,承受的影响主要取决于校园体育文化方面自身的认知程度。

对于校园体育文化,体育教师还存在较低的认识程度,而校园体育文化建设的还欠缺一种责任感。所以,使体育教师对校园体育的认识得到提高,首先就应该使其教学态度得到端正,使其对校园体育文化建设的责任感得到增强,同时,为了保证体育教师工作的顺利开展,

应该对相关的工作条例进行制定,对其予以督促。在《学校体育工作条例》中存在这样的规定,即学校的体育工作应该针对的是所有学生,并且要求体育教师应该敢于实践,勇于创新,对于素质教育全面实施,教师与学生共同参与,保证人人都能够参与其中,不能将任何一个学生落下。

3. 使学生的体育意识得到加强

如果想要实现校园体育文化的全面发展,就必须对学生的体育意识进行考虑,所以,对于校园体育意识文化建设优先考虑。首先,学校应该搞好宣传工作,在对体育知识文化进行传播的过程中能够采用的方式是宣传栏与广播等,同时,学校还可以将一些国家运动健儿参与某一类比赛的精彩海报张贴出来,对我国优秀体育运动健儿为国家荣誉勇敢拼搏的精神进行宣传,此外,还能够对一些体育网页进行制作,对一些体育知识进行开展,等等,使学生体育学习的热情得到激发。

因此,使学生体育意识得到提高的重点在于使学生的体育学习兴趣得到激发,而使学生体育学习积极性得到激发最为有效的方法就是体育竞赛活动的参与,但是,由于体育竞赛限制人数,不能使所有学生都参与到体育竞赛活动中,因此,我们可以考虑促进学生体育竞赛观看能力的提高。在新的社会发展时期,大部分学生都特别关注一些体育赛事,例如,当每一次直播或者重播世界杯比赛、奥运会比赛、NBA 比赛等赛事活动的时候,他们都会守在电视机前面为喜欢的某一个人或者某一个队伍加油、呐喊。如果学生对某一项体育赛事活动进行了观看,那么对于这一项体育运动的方方面面都会想要深入了解,这也就意味着学校应该积极推广、普及这些体育运动知识,只有这样,才能够有效提升学生的体育兴趣。

(七)加强体育竞赛文化的建设

1. 改善传统的田径运动会

校园体育文化建设的重点内容就是学校的体育竞赛活动,这主要是因为它们能够使学生对体育运动的热爱得到激发。因此,我们应该改革学校的校运会,而进行改革的过程中,首先要做的就是使体育竞赛的内容得到丰富。不仅仅是传统的田径运动项目,大部分学生也比较推崇球类运动,此外,对于娱乐的、健康的体育运动项目也应该多多组织开展,例如,钓鱼、多人协同跑、推轮胎跑、实心球投准、体育灯谜等。需要注意的是,校园体育竞赛活动也应该积极鼓励学生,使他们能够对体育竞赛活动自发地组织。

2. 加强体育竞赛管理

(1)加强校内竞赛管理

一方面,校内体育竞赛活动无论是由学生自发地组织,还是由校方进行组织,都应该长时间开展,这对于形成体育竞赛氛围是非常有帮助的。另一方面,在对校内体育竞赛活动进行组织、安排的过程中,对于可行性要充分考虑。我们这里所说的可行性主要指的是,季节变化、学生爱好与场地设备等。对于一场体育竞赛活动而言,对于多种因素都要加以考虑,如果比赛举办的时间不合适,或者是场地设施不够完备,亦或是学生对该比赛热情不够,那么体育竞赛活动的合理性就不存在。

此外,有一个重要环节需要特别重视,即应该加强体育竞赛活动的宣传工作。一般来讲,学生长时间处于学习的状态,很少去了解体育竞赛活动,所以,即便是体育竞赛活动一年举行一次,也不能够使学生的体育学习兴趣得到激发。如果能够加强对体育竞赛活动的宣传工作,就能够使学生对体育竞赛活动的认识得到增强,使他们能够对体育竞赛活动广泛关注,积极参与。

(2)加强校际竞赛管理

校际比赛的核心价值在于交流,但是,仍旧存在一些学校弄虚作假、铤而走险,只为了获得自身名誉的情况。这些现象不仅仅在一定程度上使学校的社会形象受到破坏,还与育人原则背道而驰。所以,体育竞赛活动的组委会应该对运动员加强审核力度,对不良行为积极披露、处罚,营造出一个公正的、公平的比赛环境。

第二节 体育教学与休闲体育文化的整合发展

一、休闲体育文化概述

(一)休闲体育概述

休闲体育在具备健身价值和娱乐价值的同时,从文化层面而言,休闲体育也存在一定的文化价值。休闲体育是文化现象的一种特殊形式,其自身所具备的文化内涵能够有效地促进社会秩序的建立与维护;从经济功能角度而言,社会经济的发展不仅能够提高人们的生活水平,同时,还会严重影响到人们的体育意识与消费观念。休闲体育的不断发展能够使人们身心健康全面发展的需求得到满足,这一点能够同社会发展的需要相适应。此外,换句话来讲,人们在享受休闲体育消费与服务的时候,还能够进一步地带动与促进社会经济的发展。

(二)从不同角度看休闲体育

1. 从时间的角度定义休闲体育

对于人们而言,自由的时间与拥有休闲是不可以画等号的。在我们生活的社会中会有四种不同自由时间形态,具体的是:①富有的人拥有的闲暇时间,特点是自愿的、持久的;②失业的人拥有的闲暇时间,特点是无奈的、临时的;③被雇用的人拥有的时间,特点是自愿且定期的疗养与休假,对于被雇用的人们而言,这样的自由时间属于他们的工作报酬,也是他们应该享受权益;④老年人退休后的闲暇时间,对于他们而言,应该有一个适应此闲暇时间的阶段,这个自由时间很有可能长达数年,此外,大部分人对此都是无可奈何的。

2. 从存在和体验的角度考察休闲体育

若是能将休闲的含义定义为作出决定、采取行动,那么我们就能够在对休闲进行解释的时候,采用存在意义的理论。在理解休闲的过程中,如果从存在主义社会学的层面出发,那么需要表达的内容就会包含如下四个方面的内容。

(1)不能单纯地将休闲理解为取向、满足、动机或者是其他的某些东西,休闲是存在可能性的,能够对世界中的一切行动进行感知。

(2)在感知世界行为的过程中,行使自由、选择行动,促进了现实休闲的创造。

(3)在研究开展的过程中,应该考察行动可能性所在的环境,之所以这样做,在于在环境中能够决定行动、实施行动。

(4)在行动的过程中,其中一部分比较关键的内容就是将共识达成与对环境过程进行定义。

休闲的存在知识代表一种参与过程,一种能够让我们甘愿放弃自我意识的一种投入,而不是使羁绊得以摆脱。对于这件事的意义我们给予了肯定,这件事可以使人们对自然进行拥抱,对自我进行超越,或者是获得其他方面的娱乐体验。

对于休闲的价值所在,我们不能够通过功力权衡或者是理性推断才可以获知,进而对于休闲的感受全力追寻,对于休闲的参与,可能仅仅是因为本能与直觉。此外,通常来讲,我们在对某一件新鲜事物进行尝试之前,就会对收益和风险理智地进行权衡。

然而,从休闲的角度上来讲,对于那些收益和风险的问题,在最开始的时候我们可能并不会留意,我们所能拥有的就是对它的直观感受,同时,伴随对此种活动了解的逐渐加深,并获得美好的休闲体验时候,我们的热情就会越来越高。

一般在这个时候,那种我们对于此项活动能够带给我们好处的最初期待,也会逐渐消散,进而会更加重视这种体验感觉。体验理论的观点是,休闲就是收受责任约束的自由行为,人们进行选择的缘由存在于其内心的构成范围中。在定义休闲的过程中,不是按照其内容因素、地点因素或者是时间因素进行定义的,从实质上来讲,休闲指的是相关的一切精神状态。所以说,休闲可以理解为体验的直接结果。

3. 从活动的层面上出发对休闲进行考察

从活动的层面出发对休闲进行考察,可以得出以下几个观点:

一种从内心产生的冲动就是休闲感,但是,不能将这种冲动单纯地理解为寻欢作乐,而是通过特定活动的开展对生活的意义进行发掘。

休闲可以理解为一种人类通过自身行为,对生活的意义进行发现的活动。因此,同休闲对立的词汇并不是工作,而是无意义的活动。

休闲是一种同某种具体活动相关的过程,需要注意的是,不是活动本身。

4. 从消费的角度认识休闲

休闲也可以理解为消费的一种,尤其是近代社会、现代社会汇总,社会人在社会劳动、分工、教育和收入等方面要素的影响下,进行了不同标准的分类。其中,根据经济收入水平进行的社会阶层划分具有十分重要的意义。

从消费的层面而言,如果人群所在的阶层不同,那么也自然而然会存在不同的消费水平,其中,表现比较突出的是中产阶级。在社会功能与中产阶级表现的相关表述中,中产阶级通常被认定为消费前卫与政治后卫的有机统一。

值得注意的问题是,对于中产阶级而言,能够有充足的自由时间对各种各样形式的休闲活动进行参与。在各类休闲活动中,中产阶级能够将其所拥有的一些条件充分利用,所以,对于他们而言,休闲等同于消费,更加热衷于休闲。

一方面,在科学技术的有力支持下,人们家务劳动的时间缩短,且家务劳动的强度减轻,例如,速冻食品、全自动洗衣机等。同时,社会化发展的家务劳动,也为人们创造了更多的自由时间,例如,现代家政服务。然而,从经济学的层面而言,只有耗费金钱或者付出代价才能够得到这种闲暇时间,所以,休闲可以理解为消费的一种。

另一方面,对于将得到的自由时间用来消费已经成为人们的一种趋向,不仅仅对物质和服务进行消费,并且在消费活动进行的过程中,人们也消费了时间。

二、高校体育与休闲体育相结合的发展和探索

(一)休闲方式是社会存在的必然

休闲方式是一种重要的人类社会活动方式,从本质上来讲,社会的构成主要是人与人的互动性活动。人的本质属性决定了人们自觉、自由的活动,所以,人的活动在属于人类特性的同时,还是社会得以存在的前提。人的社会之所以存在离不开人与人之间的互动关系,如果人与人互相间的活动不存在,那么人类有机的社会就不能够形成。

一些研究学者的观点是,现实的人的本质是具有一定目的性与规律性的活动。一般而言,人的活动的开展离不开某种目的实现的需要,此外,对于事物发生与发展的趋势与规律,人们应该清楚,如果想要达到这一目的,那么就必须对适宜的方式方法进行应用。

换句话来讲,达成活动目的的过程就是选择、运用活动方法和方式的过程,而活动的最终成效通常是由活动是否合理选择、有效应用活动方式和方法来决定的。这样看来,人的活动目的得以实现的首要条件就是方式方法要适宜。

为了能够使各种各样活动的目的得以顺利实现。大量的、开展与完成活动的方法在人类历史发展过程中得到沉淀与积累。伴随人类社会的不断演进、发展,分化、聚合了活动的方式方法,使得方式方法体系得以形成,且这个体系具有不同的作用和功能。而休闲方式只是一个人类活动方式方法库中必不可少的部分。这个观点只是正确地表达了休闲活动与休闲方式的重要作用,不存在抬高的情况,实际上,人类生活的重要组成之一就是休闲。

有一个事实是经过许多哲学家认可的,那就是,只有当基本满足生存问题,或者是生存活动外比较空闲的时候,类似艺术、政治、体育等活动才有可能去开展,预想与思考才会出现,才有可能"把一切对象纳入自己的无机自然界中,也即变成自己知识的客体"。

从这个角度上来看,休闲活动在催生了艺术和体育的同时,也使得人类其他社会活动的发展得到促进。

诸多研究证明，当还没有分化各种各样社会活动的时候，这些活动只是人类的休闲活动。在当时的情形下，人们除了同生存关系比较密切的活动以外，例如，狩猎、采摘等，可以将其他的活动都理解为休闲活动，这一点也是人们在对某一种文化现象进行探讨、研究的过程中，对游戏活动，也就是原始的休闲方式比较看重的原因所在。

伴随人类文明的进步与社会的不断发展，逐渐演化、分化了不同的休闲方式，最终成为现有的、我们所熟悉的多种社会活动。综上所述，人类社会的发展衍生了人类的休闲活动，而休闲方式的不同种类，就是作为重要的途径来实现各种各样社会活动的生存基础与发展条件。

在不断发展的过程中，将某些特定的意义与目的赋予在不同的活动中，因此，命名了活动，使之成为专门使某一种特殊目的得以实现的活动，需要注意的是，这种活动也少不了仪式化的某一种活动方式，例如，信仰活动等。而现代奥林匹克运动中的一些特定意识就是这一种类别的，例如，宣誓、点火、火炬接力等。

（二）休闲方式的选择意义

生活方式能够将一个社会的价值目的、生活资源配置与评价标准体现出来，因此，每一个人在使自身的生活方式得以实现的过程中都能够拥有自己的选择。然而，实际上，并不是个人就能够自由自主地将生活方式实现，各种社会因素的综合作用衍生了社会生活的不同模式，使得社会各种层次的生活方式得到构建。

一般来讲，在某些特定的模式中，人们会对某一种能够同自身条件或者自己向往的进行选择，同时，会在此种模式的范畴内实现自己的生活过程。

休闲方式的选择属于一次再选择，一般会发生在人们选择自己生活的基本方式以后。休闲能够表现出对于自由时间人们所具备的自由支配能力，所以，此种选择能够将人们对更加自由、更有意义自由生活的向往与追求体现出来。

传统观念、民族文化与意识都会影响到休闲方式的选择，在对休闲方式进行选择的时候，不同国家、不同地区的人会将其各自的倾向与特点表现出来。

伴随人类社会文明的不断演进，在历史进程中，各种活动方式得到了不断形成、创造、摒弃、演化、积累与完善，进而促进了内容丰富活动方式体系的形成。在开展活动的过程中，人们都会在这个体系中对活动相关方式方法进行选择、提取与应用。对于同样的活动而言，鉴于方式方法多样性的存在，所以可能会有多种可以选择的方式方法，但是最终会由活动者来确定哪一种。

在自由时间，人们必须对一定的活动方式进行选择，然而，不同的人群会对不同的方式进行选择、运用，这主要取决于人们的自我选择，这种选择会受到某一种社会存在与社会意识的影响。

人类的活动都是有目的、有意识的，目的能否达到，是评价人类活动效果的重要依据。然而，伴随社会的不断发展，评价活动的标准也产生了一些变化。大部分情况下，人们更加偏重于休闲活动方式的选择,因此,评价活动的主要标准就是活动的方式。

相反,没能以合适的数量和质量去进行消费就成为一种自卑和缺陷的标志。特别是在现代经济社会中,休闲方式与商品的价值一样,都成了衡量一个人的社会能力的标志。

在选择休闲方式的过程中,在一定价值观念的影响下,通常会以参与能力与休闲兴趣为依据。兴趣是一个价值观念的外在表现形式。而人们参与休闲,并使得休闲习惯最终形成的重要动力来源就是兴趣。休闲方式的选择,在受到主观因素影响的同时,还会受到一些客观条件的影响。

通常来讲,人们对某种特定休闲活动进行选择时,会受到下列情况的一定影响。

(1)客观可能性。例如,地理环境、时间条件、交通情况、身体状态、经济能力等,上述的这些因素对于人们对某种休闲活动的选择起到直接制约作用。

(2)是不是十分了解感兴趣的活动。例如,相关的历史条件、准备工作、行动细节等。在了解比较充分的条件下,所产生的兴趣会更加持久、牢固。

(3)参与的人是不是具有对新鲜事物进行接受的能力,是不是能够对一种全新的体验进行尝试。对新事物、新体验的渴望促进了兴趣的产生,同维持兴趣有关的就是体验的不断进一步加深。一个新的体验过程具有一定的主动性。

(4)社会环境会影响到参与者感兴趣的休闲方式。社会环境能够对一个人的兴趣特点进行塑造,同时,还会对一个人的自身评价产生影响。若是周围的人对于一种休闲活动比较喜爱且积极参与,那么当对这种休闲活动进行选择的时候,收获的就是积极的评价,反之,就会导致失落感的产生。

社会经济发展水平会在一定程度上影响、制约社会休闲方式。通常来讲,越是水平较高的社会发展,就会存在越多的社会休闲方式。对于个人来讲,在选择休闲方式的时候,也会受到经济能力水平的制约与影响。

三、高校体育教学与休闲体育文化相结合的必然性

(一)转变体育教学观念的需要

对于休闲体育教学而言,它具有相对简单的教学内容、相对灵活的教学方式,并且在参与人数问题上没有要求,可以是多人参与,也可以是一个人参与。休闲体育运动在能够使学生身体素质得到强健的同时,还能够使他们的体育学习兴趣得到培养,使他们的生活热情与积极性得到提升,并且在良好生活规律与作息习惯建立的问题上有所帮助。所以,在高校体育教育教学中休闲体育所发挥的作用是非常重要的。

我国高校在体育教学开展的过程中,由于传统体育教学的制约,仅仅重视学生体育知识的学习与体育技能的掌握,而对于课程的内容设置与教学方式等问题却不够重视,且考核评价也采用比较单一的指标。在体育教学生动性与趣味性的问题上也考虑不多,这对于学生

体育活动参与积极性的调动十分不利。

此外,对于学生正确休闲体育观念的树立与能力的培养也没有帮助,会导致学生参与休闲体育活动的兴趣与积极性降低。在我国传统教育思想的制约下,绝大多数的高校学生仅仅对自身学习成绩的提高给予重视,而对于体育方面的学习与成长却不够重视。一些学生完成学校规定的学业课程以后,还会参报社会上的辅导班、培训班,在激烈的社会竞争中谋求发展。

针对这些情况,人们的建议是,希望学生在使自身学习成绩得到提高的同时,还要锻炼身体,使自身的免疫力得到提高。综上所述,重视智育忽略体育与德育的现象是需要避免的,否则的话,会造成学生品德不健全、畸形情况的存在,进而导致全面发展的人才很难培育出来。

因此,在高校体育教学活动开展的过程中,应该同时代变化相适应,对于体育教育教学观念要及时地进行调整,同时,还要同以人为本的观念相结合,对于学生体育学习的兴趣重点培养,摆脱传统体育教学模式的束缚,实现高校学生的全面、健全发展。使学生正确的世界观、人生观与价值观得以树立,良好的体育锻炼习惯得到养成,生活的质量得到提高。对于学生的心理素养要重点培养,使其在学习生活中始终保持良好的状态。

(二)改革体育教学内容的需要

现阶段,我国高校体育教学效果的衡量标准就是考核是否达标。同传统的教学方式相比,也没有什么不同之处,因此,对于此种教学方式,学生很难提起兴趣,甚至可能产生抵触情绪。此种教学方法只是强调技巧的掌握,这对于课程精神与内在的教授是很不利的,进而导致学生常态化、规律的体育运动习惯无法建立。

大多数高校为了能够使学生体育课程的参与兴趣得到激发,会开设兴趣班,但是,由于体育场地设施的限制,且教学方法形式枯燥、单一,导致兴趣班设立的最终意义与目的很难达到,而本门课程在高校学生素养培养方面发挥的积极作用并没有得到真正意义上的发挥。但是,高校学生体育课程与体育活动参与的积极性主要取决于兴趣的浓厚。

实际上,传统体育教学与高校休闲体育之间是互相补充、相得益彰的关系,二者并不会相互排斥。两者的有机结合能够使传统乏味枯燥的教学形式得到摆脱,寓教于乐,在轻松有趣的形式下,使学生积极参与到体育活动中。在体育活动开展的过程中,学生体育活动参与的兴趣得到激发,并且对体育基本技能与休闲体育文化内涵有所掌握,使得高校学生的心理素质无形中得到提升。

(三)改革体育教学组织形式的需要

在以往的体育教学活动中,教师是主动教授的状态,而学生则是对知识被动地接受,强调了教授的过程,而对于学生主动参与学习则不够重视。导致高校体育教学课堂枯燥乏味,使得在高校教育中高校体育教学一直被轻视。

高校体育教师的数量不是很多,师资队伍也不够强大,而体育教师只能对单一的体育技能进行掌握。在体育课程进行的过程中,主要是以行政班级的方式展开教学,人数一般控制在 50 名左右,有的也会将男女分开进行教学。一般都是采用一名体育教师授课的教学形式,可想而知课堂教学效果不太理想,学生很少能够真正掌握体育技能。大部分学生只是在玩手机、聊天、打闹,体育教学应有的要求与水平很难达到。

在体育教学的实践活动中,对于学生的实际需求与个体差异,一般都不会太重视,对于一种合理的、能够因材施教的教学方式很难通过个人情况与需求来达到。如此一来,学生体育学习的热情就会降低,使其个性发展受到制约。在他们的头脑中很容易产生竞技等同于技巧比较,且容易受伤这样的思想。

由此可见,对于体育教学而言,产生这样的情况是不成功的。但是,伴随体育教学改革的逐步推进,不断完善、更新了教育理念文化,促进了高校体育课程教学的改变与发展。高校体育教学课程将会朝着新的教学形式发展,兼具娱乐性、趣味性和生动性为一体。传统的行政班级为单位的教学形式将会被俱乐部、协会等社团形式所取代。对于学生德智体美的全面发展将会充分考虑,同时,还会重视他们的个性发展,保证在体育课堂教学中,使学生获得充实、愉悦的感觉。

(四)改革体育教学评价的需要

在传统教学思想的影响下,目前的高校体育教学只是重视学生的体育成绩与体育技能的掌握情况。例如,有些高校在篮球运动考核的过程中,仅仅将步法、上篮步法和投篮的正确度与命中率作为标准。但是,需要注意的是,对于体质较弱的学生来讲,即便是步法对了,也不意味着提高了投篮命中率,而命中率高也不意味着步法正确,对于体育课的成绩会产生间接影响。

此种评价方式对于因材施教原则并没有贯彻到底,关于学生实际情况的考虑也不够充分,同时,体育教学针对性的教学实践活动也没有得到有利开展。学生的学习方面的难题没有得到教师的指导与纠正,进而导致学生的体育学习方面的改进不够准确,也不够及时,更不要说改善学生的体育教学效果了。针对上述的情况,全新的体育教学思想理念能够很好地弥补,例如,"因人为本""一切由学生出发"等。体育教学评价改革以后,更加的完善,在测试、评价学生技能掌握熟练程度的同时,还充分考虑了学生的身心健康全面发展的问题,同时也重视了学生的心理素质情况。

此外,还要考核学生日常学习态度、体育兴趣度、体育关注度等因素。

(五)休闲体育能够促进终身体育意识的培养

对于个人而言,体育锻炼不是一蹴而就,一朝一夕就能够实现的。大部分人只是心血来潮,想要长时间坚持是很困难的,会存在较长的间歇与空档。也有一些人不会参加体育日常锻炼活动,但是当身体出现问题的时候,才意识到体育锻炼的重要性,由此可见,体育锻炼是终身性的。

体育教育之所以有效,主要体现在被教育的人能够产生积极参与体育运动的一个常态、规律,产生良性循环,养成终身体育锻炼的习惯,并且对于体育指导思想与科学教育给予肯定。在对当前我国群众体育的现状进行调查、研究时,卢元镇发表的观点是:在对终身体育观念进行树立、体育锻炼习惯得以养成、身体锻炼技术方法掌握与体育兴趣爱好培养等方面,在学生走向社会以后会出现较大的差异,导致学生走出校门、迈入社会就脱离体育。由此可以得知,对于学生体育文化的培养,学校这一社会组织具有十分艰巨的任务。

对于学生而言,大学时期是他们走出校门、迈入社会的最后一个学习阶段。如果学生体育锻炼的意识与良好习惯能够在大学阶段就得到培养,那么他们就会终身受益于体育。在学校对学生开展教育的过程中,应该对"以人为本"的思想观念长期坚持,同时对于学生身心健康全面发展的指导思想给予一定重视,促进学生对良好的、积极的、向上的体育锻炼意识的有效树立,促进学生身心的全面发展。

休闲体育强调的是"以人为本"与"健康第一"的思想理念,同时,具有内容丰富、灵活多样、轻松易行等显著特征,这也是人们对体育运动积极参与的重要原因。在休闲体育开展的过程中,学生的身心能够放松,校园生活质量也会得到提高。对于高校学生而言,休闲体育的操作性与参与性较强,并且还具有较强的观赏性,简单易学。通过参与体育运动,学生可以获得宝贵的知识和精神财富,获得愉悦的体验。使得校园生活质量无形得到提高。同时,还能够使学生学会自我管理,还能够对时间合理地安排、利用,使他们的学习效率得到提高。通过对体育运动的积极参与,使学生的适应性得到培养,生活能力得到增强。

四、高校体育教学休闲化

(一)体育教学休闲化的构成体系

1. 教学活动的内容强调运动项目休闲化

教学活动的必要因素就是教学内容。从某种意义上来讲,休闲体育教学方式作为体育教育活动,将休闲运动项目与传统运动项目紧密联系在一起,将休闲运动项目引导到体育教学中。在实现高校体育教学与休闲体育文化整合的过程中,应该对竞技运动教材化等类似问题进行解决。可以引入的体育运动项目有:传统运动项目、新兴体育项目,例如,紧急救护与逃生的身体活动技能、心理拓展训练、运动处方和锻炼处方、野外体育活动与时尚运动项目等。

现阶段,高校体育教学体系进行改造的重点内容就是重新构建休闲体育教学体系。目的在于,能够使其为学生更好地服务,使学生健康的、积极的休闲生活方式得到培养。

2. 教学过程强调休闲化的本质内涵

体育教学过程实际上就是对运动乐趣进行体验的过程,这是体育运动内涵特征和生命活力的体现,并且也对教学内容与教学目标进行了一定程度上的展示。休闲体育教育同传统教学形式之间不存在矛盾冲突,休闲体育教育的宗旨是在体育教学的具体实践中将休闲、乐趣等特点呈现出来。

体育活动发展到高级阶段的最终形式就是休闲体育,同传统的体育教育不同,休闲体育的目的不是获得力量与取得比赛成绩,也不存在体育教学的枯燥教学模式,更不存在体育训练的高强度活动,属于一种形式不固定的自发性体育活动。

综上所述,传统的体育教学过程,即示范→讲解→练习→错误动作纠正→再练习,同新时期高校学生的健康追求需要与个性发展需要不能够互相适应。而体育教学的休闲化则是时代背景下的必然发展结果。

3. 教学目标要对休闲习惯的养成进行强调

在体育课堂教学开展的过程中,教学目标发挥的功能是调控、导向、信息反馈;明确了体育教学目的,使学生的能力更加具体,促进体育教学评价方法科学的、合理的发展;对于体育教学质量的全面提升能够起到一定的促进作用,同时,还能够促进体育教学任务和目的的顺利完成。高校体育教学的重要目标是使学生的健康得到促进,同时还能够使学生的体质得到提升,值得注意的是,这也是高校素质教学开展的精神所在与主要内容。此教学目标不仅能够使社会的发展需要与学生自身的需求得到满足,还能够使强国兴邦落到实处。

伴随社会物质文化生活发展的逐渐丰富化趋势,使得脑力劳动逐渐替代了原本的体力劳动,同时,也使得社会对于个人的约束得到弱化,使个人的受教育程度得到不同程度的提高,此外,伴随人们对休闲认识的不断提升,一种丰富且多元化的生活方式在生活中常态化发展。

多元化的生活方式对于人们的休闲习惯结构存在着一定的影响与决定性作用。鉴于此种情况的存在,在现代休闲生活方式中休闲体育能够发挥出一定的引导作用。在某种程度上,休闲生活习惯对于人们业余生活的频率、内容与生活时间具有决定性作用,因此,高校体育教学应朝着休闲化的方向发展,在对高校体育教学目标进行设置的时候,对于高校学生休闲习惯的养成应该给予足够重视。

(二)高校体育教学休闲化的发展

1. 时代发展的趋势——体育教学休闲化

伴随休闲时代的来临,休闲的社会浪潮对于体育教学改革起到了一定推动作用,同时,为我国高校体育教学的发展也带来了新的发展机遇与挑战。现代社会,经济迅速发展,大幅度地提升了物质财富,不断增强了人们的生活质量水平。普遍有闲的社会已经来临。对于业余生活,人们有更多的时间可以享受,而其中的一项重要内容就是休闲体育。因此,现阶段研究的重要课题就是高校体育教学同休闲体育的整合发展。

纵观学校体育的发展历程能够得知,在特定的历史背景条件下,体育教育思想得以产生。不管是"军国民体育思想""自然主义体育思想",还是"快乐体育思想",都足以表明社会发展特定背景条件下体育教学思想与体育教学实践活动产生的必然趋势。

传统的体育教育是一种教育过程,用于人类对自身身体进行教化,使身体社会化发展。现代体育教学是机械化的教育过程,其核心是编码、规范身体的身体知识教育。新时期体育教育的发展趋势是使身体得到解放与发展,而知识身体教育终将会被休闲身体教育所取代。

2. 休闲对高校体育教学目标的促进

突出休闲娱乐性质,把体育活动融入每个人的生活中去,是体育文化属性的回归。这种文化属性的回归,使人们将高校学生作为教育目标,对其学习能力、生活能力、劳动能力与社会适应能力进行全面培养。而传统教育的弊端也逐渐显露出来,即对于功能价值和社会价值过分强调,而与其本质属性,也就是文化属性相违背。这对于学校体育教学目标的重新构建能够起到一定的促进作用。众所周知,人们缺少的是可持续的休闲文化与休闲习惯,而不是时间。所以,在建立高校体育教学目标的时候应该对以下几个方面的内容进行考虑。

(1)对体育教学实践活动的特征进行强调,在体育课堂教学与课堂外体育教学的各种各样形式的活动中始终贯穿使学生健康得到增强的最终目标。

(2)在对科学的、合理的体育教学目标进行制定的过程中,应该考虑多项因素,即体育场地与器材设备、传统体育项目的特征、学生不同阶段的发展特点和情况,以及学生的实际需求,等等。

(3)同时代特点相结合,使体育教学的教育功能、娱乐功能与健身功能得到实现,同时建立起教育资源、休闲资源和社区体育资源有机结合的全新体育教学目标。

所以,休闲体育教学的发展必定会成为学校教育的重要组成部分之一,它能够鼓励学生对体育锻炼活动积极参与,对创造性的实践活动积极开展,掌握通过自我指导、自我管理与良好健康的方式来消遣闲暇生活时间的方法。

使学生终身体育锻炼的良好习惯得以养成,为其日后融入社会工作与生活中创造良好条件。高校应该对休闲体育课程尽早地设立,使休闲体育得到发展,引导学生对学校休闲体育活动积极、主动地参与,使学生休闲体育运动的技能与休闲鉴赏力得到培养,为学生终身体育运动的开展创造良好的条件。

五、高校休闲体育教学模式形成

体育锻炼活动能够使人类的成长和发展得到促进,进而使其生活质量与方方面面受到影响,所以,使高校学生的休闲体育教育得到加强具有十分重要的意义。

从日常生活的角度上来讲,高校学生一般通过参与体育锻炼活动来消遣他们的闲暇时间,进而科学地、合理地安排他们的生活。不良的生活方式会逐渐被高尚文明的生活方式所取代,能够帮助学生远离不良嗜好,并使他们能够建立积极的、健康的生活态度。

同时，休闲体育教育能够增进学生之间的情谊，促进人际关系的融洽发展，使与人沟通、交往的交往能力得到提高，使友爱的、团结的氛围得到营造。

此外，休闲体育教学还存在另外一种特殊的功能，那就是能够对各种社会角色进行模拟，例如，游戏者和落后者、组织者和被组织者、决策者和服从者，等等。责任分工的性质不同意味着需要对不同的工作任务进行承担，而"预演式"的角色担当，对于即将走出校门、近入社会的学生而言具有非常重要的意义。它能够引导学生构建出"社会角色是与人们的某种社会地位、身份相一致的一整套权利、义务的规范与行为模式"的意识。在休闲体育开展的过程中，使学生能够意识到只有个人的奋斗与勤勉才能够对幸福生活进行创造，并且充分认识到在社会改造过程中人的主观能动性存在的重要意义，这一点在现代社会中是非常关键的，而陈旧的传统体育教学模式正逐渐被休闲体育教育模式所取代。

六、构建高校休闲体育教学课程的目标

（一）高校课程目标的内涵

课程目标，从本质上来讲就是学生预期达到的学习结果。传统体育课程目标倡导的是，使学生的身体得到全面锻炼，并使其身体素质与正常发育得到促进，体能得到增强。而对于休闲体育而言，而教学的重点是帮助学生对所学只是充分理解，达到熟练掌握与应用的程度。

（二）对高校休闲体育教学课程目标进行确定的要求

1. 高校休闲体育教学课程目标应该具有全面性

休闲体育教学的课程目标应该将预期的结果与内容包含其中，如果课程目标不完整，那么其价值与作用就不能够得到充分发挥与体现。在确定的课程目标中，对于学生体育文化与人文素质等方面的教育应该加强，在对当前学生所取得成绩的充分考虑的同时，还要着重培养学生的终身体育能力，使学生的长期体育锻炼兴趣得到激发，不仅要将基本的知识传授给学生，还要使学生的创新能力得到激发，使学生个性的全面发展得到促进。

2. 高校休闲体育教学课程目标应该具有有效性

在对高校休闲体育教学目标进行确定的过程中，对于学生所处的特定区域特征与人文社会环境也要充分考虑。同时，还要对其社会发展的具体背景与人才的社会需求进行考虑。

3. 高校休闲体育教学课程目标应该具有可行性

在对高校休闲体育教学目标进行确定时，对于学生的知识水平与其能够取得的能力要进行考虑，保证高校休闲体育教学目标全面的发展，对于可能存在的潜在影响因素充分考虑，不能够与实际脱离，也不能好高骛远，需要注意的是，不能对一种学生很难实现的结果与目标进行设定。

七、高校休闲体育教学模式的实施

(一)开放式体育教学模式

同封闭式的教学模式不同,开放式的体育教学模式主张的是使学生被动学习的情况向主动学习的方向发展,引导学生有意识地自主学习。对于开放式教学而言,主要包含两个方面的内容,即教与学,宗旨是使过去教师的单纯教授逐渐向从旁引导转变,实现学生从被动学习向主动探究的转变;对于社会需求要充分考虑,在设计、安排的过程汇总,应该充分考虑社会的实际人才需求。

(二)休闲体育方向课程评价的原则

设置休闲体育课程的重要原则,主要是指在整体设计把握课程形式与内容的时候,应该对基本的原则与要求进行遵守。在对休闲体育课程进行编纂与设计的时候,需要对下列的几个原则多加注意。

1.休闲体育方向课程评价的主体性原则

休闲体育方向课程评价的主体性原则,主要是在设置课程的过程中,对于学生主导地位的强调方面体现出来,也就是在休闲体育学习的过程中,学生所展示出的主动性、社会性、创造性与自主性的综合。

在对休闲体育方向课程评价体系进行构建的时候,应该对评价的共同体进行建立。积极引导学生对评价活动主动、积极参与,保证其主体地位。评价的对象也可以是评价者和评价活动。

2.休闲体育方向课程评价的多元化原则

休闲体育方向课程评价的多元化原则通常会在三个方面体现出来:

(1)应该多元化地呈现评价的主体,可以是教师、学生,也可以邀请一些来自社会不同层面的人们,例如,教育决策部门、社会需求部门与专家等,安排他们授课。

(2)应该多元化地呈现评价对象。在对休闲体育教学课程进行设置的过程中,保证学生对体育技能知识进行学习的同时,还能够获得思想与情感方面的成长与进步。休闲体育方向课程评价的内容也要全面,不仅仅要存在学生学业的评价,还要包含对教师的评价与对休闲体育课程本身的评价。同时,在保证评价目标完成情况的同时,还要分析、评价其内容选择和实施的具体情况。

(3)应该多元化地呈现评价方式。主要指的是在休闲体育方向课程评价的过程中,不同的评价目标也要存在与之相对应的评价方式。保证多种评价方式的协调发展,例如,质性评价与量化评价、相对评价与绝对评价、过程性评价与总结性评价。

3.休闲体育方向课程评价的过程性原则

所谓的评价休闲体育方向课程过程性原则,通常是指对于整个课程的各个部分分别进行评价,也就是说对于课程目标的设计安排进行评价、对于课程结构的设计安排进行评价、对于课程的具体实施过程进行评价、对于课程具体是时候取得的结果进行评价。在选择评价方式的时候,应该还要考虑到评价对象的过程性因素;在对休闲体育方向课程目标进行设置的时候,应该使用动态性的评价形式。

(三)休闲体育方向课程评价的主要内容

1.对学生的评价

在休闲体育方向课程评价的主要内容之一就是对学生的评价,主要包含的是对学生学习效果的评价,还有学生学习过程的评价。具体考察的是包含学生的认知领域、情感领域和能力领域的三个方面内容,之后再同休闲体育方向课程相互之间进行比较,对于标准与否进行判定。

2.对老师的评价

体育教师评价体系主要包含两个方面的内容,即体育教师业务素质的评价与课堂教学质量的评价。其中体育教师业务素质的评价,主要是指对其专业素质、教学工作量、教学能力与科研能力进行评价。而课堂教学质量的评价,主要是指评价教师掌握、应用教学理论、教学方法与教学内容的情况,上述的这些因素也是休闲体育教师必备的素质,此外,休闲体育教师还应该具有设计、组织课堂教学内容的能力,从而能够对学生进行良好的示范与引导。

3.评价休闲体育课程的本身

评价休闲体育课程的本身,就需要我们充分地了解休闲体育课程的结构、内容、目标与措施等方面。在休闲体育课程的内容问题上,我们应该评价其实践性、实用性、教育性、针对性与科学性;在休闲体育课程的目标问题上,我们应该评价课程体系的构成情况与优化程度;在休闲体育课程的具体措施问题上,我们应该同时评价其过程与效果。

(1)开放式的教学内容

休闲体育课程教学不应该受到传统教材形式与内部课堂的束缚。对于社会发展的具体情况随之关注,并且对教学方向及时进行调整。为了能够同社会的快速发展相适应,休闲体育教育必须不断地更新、完善。在保证理论知识学习的同时,还应该对其内容进行调整,以便于同社会的发展需要相适应,切实做到理论和实际的统一、协调发展。

(2)开放式的教学过程

在休闲体育课程教学开展的过程中,应该强调学生的主体性,始终坚持学生的主体地位,而教师的职责就是对其探究学习进行引导。在实际教学过程汇总,可以对点拨、讨论、引导等多种方法进行利用,使学生能够对所学内容有所理解与掌握,使其观察力、判断力、思维能力、主动学习能力、质疑和实际问题解决的能力等得到培养。同时,还要使学生科学的、全面的、灵活的、严谨的思考方式进行培养。能够采用的教学方式有模拟式学习、小组讨论等;教师应该对学生积极鼓励,使他们自主学习与提出问题解决问题的能力得到培养,进而促进学生参与积极性的提高,使他们通过亲身实践到知识的学习中,获得快乐。

对于休闲体育课程的教师可以不仅仅是在学校范围内选择,还可以向社会进行聘请,邀请休闲体育专业的专家学者进行授课,将最为专业、最能同实际需要结合的思想和知识传授给学生。高校内的教师侧重研究理论知识,而社会相关专业的人士所掌握的资料比较与时俱进,同高校教师相比,他们对于本行业相关的理论知识更加熟悉,所以,如果学校能够对外聘请优秀的专家学者进行教学,那么教学工作的开展将会更加顺利。

第八章 高校体育教学与体育文化的融合发展

第一节 体育教学改革中的文化动力

一、体育教学改革中的文化动力方向

(一)体育教学改革中的内向文化动力

内因是事物发展变化的根本原因。体育教学改革中的内向文化动力,具体是指学校体育教学活动中的参与主体体育教师文化、学生文化,以及教学活动中将教师和学生关联起来的体育文化。这些构成体育教学活动的因素,为体育教学的改革提供了根源性、本质性的文化动力。促进学校体育教学改革的动力源是内部文化矛盾,分别表现为体育教师与学生的矛盾,教学目标与教学实际的矛盾。这些矛盾之间相互作用,形成了体育教学改革中的内向文化动力。

1. 体育行为主体的内向文化动力

体育行为主体,即体育教师与学生。在体育教学中,体育教师的主导性与学生自主性之间的矛盾,是学校体育教学改革的重要动力。在学校体育教学中,倡导学生充分发挥自主性,使学生在体育课堂占有主体地位,因此在参与体育学习的全过程中,学生要达到四方面的要求:积极参与体育活动;利用自己的体育知识与经验,认知体育新知识和新技能;将外界体育教育影响同化;能够主动吸收、改造、加工体育知识,优化和组合新旧知识体系。在此基础上,学生可以有效发挥自己的想象力、变化能力以及创新能力等,培养自己的创新性思维。这对学生的自主性提出了较高的要求,要做到能够独立自主地安排自身体育学习策略,尽可能地自我支配体育学习活动、自我调节与控制体育实践活动,在个性化学习方式和自主学习行为两方面得以体现。需要注意的是,学生学习的自主性,在实际操作中可能会被强化教师主导性的这一举措削弱。因为很多教师的教育观念并没有转变,其对体育教学仍旧抱有传统教学理念,在此理念指导下的教学活动会突出教师主导性,形成教师负责教、学生负责学、教师教学过程是对学生单项培养过程的局面。在传统教学过程中,教学主体是教师,教学过程中的重点是统一性,学生的个体差异性被忽视。在教育改革的大前提下,师生间的核心矛盾不再是单方面的普通矛盾关系,这一矛盾使体育教学呈现出动态性特征,促使体育教学改革持续进行,成为体育教育改革的重要动力来源。

理想的体育课是深受学生喜爱的,在体育运动中能够体验乐趣,能够充分满足学生的运动需求。但现实中,能够积极参与到体育活动的学生较为有限,学生抱怨体育课无聊的声音

经常出现。教育学中提到的要求教师灵活运用多种教学方法,广泛存在于体育教学中,但不管教师运用哪一种教学方法,都有可能会有一些学生对一些体育课程接受吃力。尽管教师难以调和此类矛盾,但此类矛盾的积极影响是推动了体育教育的改革。

2. 体育教学活动的内向文化动力

在体育教学过程中,体育教学目标既是出发点又是目的地。体育教学目标是学校体育教学设计环节的核心,其他方面的设定均需围绕其展开。体育教师是体育教学目标的制定者,在制定体育教学目标时要注意具体体现其两方面的作用:一是体育教学目标决定着体育教学的方向,二是体育教学目标指导着具体教学过程和活动的方向。另外,在设定体育教学目标时,要注重其重要特征,即灵活性和实用性。在保障当前技术手段和体育教学资源充分利用的同时,还要与学生身心发展相结合,通过定性测评或者定量测评来及时调整体育教学目标。

在开展体育教学的过程中,体育教学目标与体育教学实际在某些方面是不能达到统一的,如教学评价与教学目标的契合度不够。教学评价确切化在体育教学中极为必要,然而要在各项具体化的体育教学目标中一一落实,却无法实际做到,这使体育教学评价过程出现较大困难。如体育道德素质评价就不存在统一的标准,而且道德素质评价也无从下手。由此产生的体育教学目标和教学评价两者间的矛盾无法调和。体育教学目标和教学实际(如教学评价)两者间的矛盾向体育教学改革提出的要求是持续探寻一种平衡过程中的向前发展方式。

(二)体育教学改革中的外向文化动力

外因是事物发展变化的推动力。体育教学改革中的外向动力是物质文化、制度文化和精神文化的提升。我国高速发展的物质文化、制度文化和精神文化推动了体育教学的发展,实现了一定的体育教学的创新与发展。身处网络信息时代,体育教师可以充分利用网络资源,开展视频、音频等多媒体课件教学,更加高效生动地开展体育教学活动。

1. 主要外向文化动力及相互作用

体育教学改革的主要外向文化动力指物质文化动力、制度文化动力和精神文化动力。物质文化是制度文化的基础,制度文化是更深层次的文化。国家提出的体育教学改革,就是制度文化方面的改革,是以物质文化发展为前提的。制度文化的发展改进是为了满足人们两方面的基本需求:一是社会活动中产生的合理处理人与人之间关系的需求;二是社会活动中产生的合理处理人与群体之间关系的需求。精神文化是在人们最基本的需求被满足后,超越基本需要而产生新的需求,与文化层面的其他文化相比,内在性、超越性、创造性是精神文化最能体现的。

物质文化、制度文化、精神文化三者相互作用于体育教学的改革。但是三者给予体育课程改革的影响又有不同之处。

当人们处于较低层次的需求时,高层次需求也会随之产生,高层次需求来源于低层次需求。所以物质文化、制度文化、精神文化三者之间,无论是属于高层次需求还是属于低层次需求,其关系是相互联系、不可分割的。精神文化取决于物质文化和制度文化,同时精神文化对物质文化和制度文化具有反作用,这是长久以来形成的人们的共识。

2. 外向文化动力内化为内向文化动力

事物的内部因素与外部因素互相作用,相互转化,促进了事物的发展变化。体育教育改革的文化动力是由体育教育的内向文化因素与外向文化因素等多种相关的文化因素之间的众多矛盾,共同作用而形成的。体育课程改革的文化动力由动态平衡到内化为内向动力,经过是复杂的。

由上述可知,多种文化因素共同组成了体育教学的文化动力,当其被多项作用力共同作用,出现动态平衡状态时,体育教学就可以实现稳定发展;当出现"震荡"状态,就要求展开适当调整,即体育教学改革就必须进行。然而体育教育改革想要一蹴而就也是不现实的,它必定是一个持续发生的过程,需要伴随在各种文化动力的发展变化而持续适应与调整。

体育教学改革的文化动力源头是多种文化动力因素间矛盾的相互作用。当内向文化矛盾与外向文化矛盾处于互相作用的情况下,而体育教学被不对称的信息流打破平衡,不能正常交流时,体育教学改革才能汲取动力顺利进行。分析体育教学内向文化和体育教学改革的关系可知,前者产生的矛盾是后者的主要矛盾,是主要动力;后者是次要矛盾,次要动力。但是要促成一件事物的发展变化,既要抓住主要矛盾,又不能忽视次要矛盾。体育教学改革具有复杂性,在统筹全局抓住重点关注内向动力的同时,也不能放松对外向动力的关注。

体育教学活动,为体育教学改革中各外向文化动力提供了舞台,是其内化为内向动力的主要方式,对体育教学改革的成功与否发挥着重要作用。体育教学外向文化动力内化为内向动力的持续作用,伴随着体育教学改革进程持续进行。

二、体育教学改革文化动力因素分析

体育教学改革的文化动力因素,主要来自内向文化动力因素和外向文化动力因素两个方面。

(一)内向文化动力因素分析

学校体育教学改革内向文化动力因素主要包括体育教学活动中的体育行为主体即体育教师和学生、体育教学目标、体育教学内容、体育教学方法、体育教学评价。

1. 体育教师

教师不仅传道授业解惑,同时还担负着思想道德的教育者这一职责,体育教师能在很大程度上推动学生身心健康成长。作为学校体育文化主体之一的体育教师在教学中的作用:一是根据实际情况来设计体育教学,二是向学生传授相关的体育知识与经验,三是组织各项与体育教学相关的活动,四是对学生的体育学习活动产生引导作用。

优秀体育教师具备扎实丰富的基础性知识,属于基础性知识的主要内容包括政治理论、政治时事、政策知识、人文社会科学知识、生物学相关知识。对这些知识的合理应用是体育教师高效完成教学工作的基础性条件。

在具体体育教学过程中,体育的地位、本质功能、一般规律、一般特性、教学目的、教学任务、教学规律、教学特点、教学原则、教学方法等都属于体育教师需要首先掌握的。除基础性知识以外,体育教师教学能力还体现在其专业知识和专业技能方面,体育教师还需熟练掌握与运用各运动项目的基本理论、动作技术、动作战术、规则、裁判方法、教学与训练原理、教学与训练方法等。

体育教师在体育教学实践中,不同学生心理素质差异性很大,要通过自己掌握的与体育教学相关的原理和方法充分结合学生心理特征,灵活运用多中教育方法与教学技巧,高效传递理论知识与体育技能,进而使学生的综合素质得到本质提高。体育教师需要拥有素质教育的教育思想与观念,还必须不断更新自身的教学观、人才观、学生观以及教育质量观。只有这样,教师才能更好地服务于体育教学,促进体育教学改革。伴随社会的进步发展,对人的综合素质提出了越来越高的要求。体育教师要想更好地服务于体育教学,不仅要掌握必需的专业知识,还需积极掌握和体育相关的知识,如体育管理学、体育人类学等,只有持续拓宽知识面、丰富知识结构,才能不被体育教学改革淘汰。也就是说,优秀的体育教师,不仅具备扎实的文化知识与高超的体育技能,而且具备较高的个人素质和崇高道德品质。具体表现在三个方面:一是热爱学生,公平对待每个学生,因材施教,促进学生全面发展;二是严于律己,以身作则,保持为人师表的自律性,在细枝末节处给学生以积极影响;三是爱岗敬业,有乐于奉献精神。拥有这些优良品德的体育教师是体育教学改革的参与者、直接推动者、是关键的内向文化动力因素。

2.学生

作为学校体育文化主体之一的学生,在体育教学活动的全过程中占据着关键地位,是教学活动的对象。在深化体育教学改革的过程中,在教学对象即学生方面出现了以下特点。

一是学生的成长需要体育教学保持进步性。在体育教学过程中不难发现,学生的身心特点有显著的差异性,发展高度参差不齐,逐渐形成或已经形成自身思想意识和独立人格。在此情况下,如果体育教学课程适当、教学方法合理,学生就能够将自身积极性发挥出来,自主参与体育教学活动接受塑造和教师协同完成特定教学任务。然而上述的"如果"在体育教学课堂通常很难实现,学生自身的各种特性增加了体育教学的难度,但是也正是由于学生在体育教学活动中表现出来的成长所需的体育教学要保持的进步性,推动了体育教学不断改革,进而使学生持续变化的需求得到更好的满足。

二是教育的目的需要学生保持超越性。教育极为重要的目的是培养与激发学生的潜能超越自我。而学生要求对自我的不断超越就成了体育教学改革的最大动力。由此可知,学生对自我超越的需求是体育课程改革的关键性依据,如当学生掌握体育教学标准要求的目标之后,将不再满足标准,而渴望更高更快更强。学生不仅是体育教学改革的重要参与者,还是体育教学改革的参与主体之一,也是体育教学改革一个重要内向文化动力因素。

3.学校体育教学目标

学校体育教学目标是在学生实际参与的和体育内容相关的教学情景中,对最终学习成果的预期标准。学校体育教学目标的制定者是体育教师,是开展具体体育教学活动的重要依据,具有灵活性与实用性的特征。针对具体的教学过程和教学活动,体育教学目标既是体育教学活动的依据又是标准,而且对体育教学活动的开展还具有导向激励的功能。

体育教学内容丰富多样,有常见的体育运动项目,也有与体育保健有关系的知识与技能。正确合理的体育教学目标极为重要,它表现在以下几个方面:一是为体育教师面对特定教学内容选择适当教学方式提供依据;二是界定教学内容;三是针对教学内容提供导向;四是为教学内容提供有价值测评。体育教学目标影响与制约教学内容和教学活动的一些原则。在具体实践中,体育教学内容结构形式、体育教学组织形式、体育教学具体实施均会受到体育教学目标的影响与制约。如教学活动组织的严谨程度与方法会因为体育教学目标的高低程度不同存在很大的差异性。体育教学目标是体育教学评价的基础性标准。体育教学目标是评价体育教学价值与效果的关键依据,体育教学管理部门通过系统性、客观性评价体育教学的结果,能够得到有效数据与结论,体育教学管理部门可参照具体评价,对体育教学指标展开调整,推动教学水平进步和学生之间的适配性,从而推动体育教学改革。

在具体的体育教学活动开展中,学校体育教学目标有导向激励功能。首先,体育教学目标在体育教学活动中具有指明方向的作用,但是其设定必须与时代同步。社会在迅速发展,时代的要求有时会领先于课程和教学目标,体育课程实际发展情况和课程与教学目标之间的矛盾也必然存在,要解决这一矛盾体育教学改革也必须逐步深入。其次,体育教学目标在体育教学活动中有激励功能,虽然并非每个学生均能达到设定的体育课程教学目标,但是体育教学目标能鼓舞学生不断超越自我,还能不断推动体育教学改革的进程。

4. 学校体育教学内容

学校体育教学内容是指教育者参照教学的系列要求,多角度总结前人在体育与教育方面的经验,遵循教育原则,在多项体育技能理论中挑选来的体育知识和技能。选择教学内容时将实现体育教学目标作为最终目的,将体育教学活动的学生作为分析对象。因为体育教学内容对教师和学生来说是两者间交流的媒介,对两者间的信息交流、教学的效果与质量起着关键性的作用。总体来看教学内容的合适与否,对体育教学改革有重要影响。具体来说,能否合理制定教学内容有以下几点参照。

一是形式教育与实质教育指导下的内容选择。体育教学应将培养学生多项能力摆在重要位置,同时努力发挥学生的主观能动性,不应当只注重学生单项技能与知识的学习,这是形式教育的方式。

体育教学的教学内容在形式教育与实质教育上存在很多差异性,然而形式教育与实质教育相互竞争、有形成互补关系不可替代,共同推动了体育教学改革的深化。

二是科学主义与人文主义指导下的内容选择。体育教学的主要内容是自然科学知识,身体锻炼是参与体育课的唯一价值,数据是衡量身体锻炼的唯一标准,这是科学主义教育的观点。科学主义指导下,体育教学内容的展开过度重视"科学",忽视了学生心理在体育教学中的位置,有一定不足。人文主义教育的观点则是:将培养学生情感、态度、价值观视为教学过程的重要环节,把培养"完整的人""自我实现的人"放在首位。在此观点指导下的教学内容缺点是,与前者相比可能导致学生身体素质、运动技能、运动技术稍弱。

不可否认,科学主义和人文主义的持续争论与竞争,深化了体育教学改革。

5. 学校体育教学方法

体育教学方法是指体育教学活动中教师教与学生学的多个方式、途径和手段等方面的总和,也是体育教师和学生两者间行为关系总和。体育教师灵活运用多种方法,师生间密切配合,是教学活动顺利进行的保障,单方面运用教法或学法都是不可取的。

学校体育教学方法的选取与运用离不开教学目的与教学实践的参照。任何学科的教学方法,均需将教学目的作为出发点。体育教学方法数量众多,体育教学方法得到应用的重要原因是要达到体育教学目的。要使教学方法得到本质创新与丰富,就要密切联系教学实践。时代的发展与进步,使社会形态、各项技术以及教学理念等均得到了持续改善,随之教学方法在不断创新的道路上越走越快。这些因素都成了促进体育教学改革的直接内向动力因素。

科学技术的发展与改革对体育教学方法的发展与改革产生了巨大影响。运用计算机系统,师生立足于不同侧面、不同速度、不同部位的动作分析和研究成为现实,大幅度提升了教学质量,这一背景下很多崭新的体育教学方法相应产生。计算机科学被广泛普及于体育教学中,促使越发标准和科学的动作示范出现,搜集与整合相关资料更加便捷,学生学习的空间与时间限制被弱化,实时性信息沟通变成可能。为紧跟社会发展节奏,充分满足学生体育需求,体育教学内容一直处在发展与变革中,体育教学方法由此产生。当前,体育教学中课堂教学有一定延伸,大量加入定向运动与野外生存两方面的内容,因此体育教学活动的野外组织与教学方法的开发范围也更加广泛。

在体育教学改革中,体育教学方法的影响比较隐形,但也不容忽视,只有充分借助教学目标或者教学内容,体育教学方法的影响才能得到有效发挥。

6. 学校体育教学评价

教学评价是对教学目标达成程度较为精确的确定,是对教学效果和教学质量的测评。教学评价的变化是引起体育教学改革的因素之一。体育教学评价的变化包括以下三个方面。

第一方面是教育质量观之间的对立。观点一:体育教学只有在知识储备足够的前提下,学生才能获得新知识或者构建知识体系,体育教学评价以学生掌握的学科知识为基准。观点二:教学评价要依照每个学生的认识、情感、兴趣、意志、品质等方面的实际情况来展开,把学生视为在特定阶段自我实现的人。体育教学评价模式受不同教学质量观的制约和影响,而不同的教学质量观相互协调,使体育教学改革不断推进。

第二方面是个人本位和社会本位之间的冲突。个人本位思想是:要将学生个体的发展需求放在重要位置,训练目的是使学生实现自我,不是使学生成为社会工具。社会本位思想的观点是:服务社会是教学目的,应当以社会需要为依据对学生进行改造。个人本位思想和社会本位思想间的竞争从未间断,体育课程评价常常在这两者间摇摆偏移,这在一定程度上为体育教学改革提出了要求。

第三方面是教学规律和社会发展之间的矛盾。体育教学具备其特定规律,对体育学科规律的重视,引发了教学规律和社会发展间的矛盾,例如有时会使对学生、社会以及职业的有益知识技能被排除在体育课程体系外。在我国,由于对其他国家教学理念的学习,使体育教育理念领先于实际国情,如此,教育规律和我国社会实际发展情况两者间的矛盾越发显著。教育规律和社会发展间的矛盾,使我国体育教学评价体系处于不明晰的状态。

以上提到的对立、冲突、矛盾致使体育教学评价处在变化之中,体育教学的其他方面也会随之发生变化。由此可知,在体育教学改革中,体育教学评价也在关键性因素之列。

(二)外向文化动力因素分析

体育教学改革的外向文化动力因素主要包括社会文化、教育文化、体育文化,这三者分别对体育教学改革有不同的外在影响。

1. 社会文化

社会文化是由社会各个领域和多个层面共同构成的。整体社会文化对某一领域某一层面的文化有促进或者阻碍作用,这也促使某一领域或者某一层面的改革和进步。教育和社会的关系密不可分,学校体育文化从一定角度来看,是社会文化的一个领域、一个层面。对于整个社会的文化传承来说,教育属于关键性手段,学校体育文化不可或缺。我国社会文化的重要内容是群体价值,而如今体育教学倡导重视学生个性的发展。由此,如何使学生个性得到充分发展而又符合社会文化的要求,为体育教学改革提出了要求。

2. 教育文化

我国教育文化的显著特点是民族性。中国传统教育观最重要的一点是由"科举制"历程中传递而来的,它认为获取政治地位是学习的目标,体育教学对这一目标无任何意义。改革开放到今天,外来文化在我国教育文化中发挥着作用,中国体育教学受到了不同外来文化的强烈冲击,教育文化主张重视人的发展。当前在教育文化的观念中,爱国主义教育、集体主义教育、社会主义教育占有重要地位,这是我国教育的根本立足点。但是体育教学中保有传统教育的影子,重视以传统的教学方法,传授知识技能,而忽视了学生的个性发展,这一矛盾推动了体育教学改革。

3. 体育文化

在欧洲体育诞生的萌芽时期,欧洲各国的学校就出现了各种形式的体育运动,体育运动诞生之后,成为世界各国学校不可缺少的教育内容。体育文化是在体育教学过程中产生的,而体育运动是在体育教学文化指导下由游戏和竞技活动演变而来的一种身体运动方式。体育运动之所以能够广泛传播,其根本原因在于其本身的价值,体育的教育价值寓于体育运动之中。体育文化受教育文化和社会文化的影响,伴随其一起进步发展,正如教育文化受西方现代教育观念的影响程度不同,体育文化表现出其特点。东西部经济发展不平衡,造成东部地区的西方现代体育文化发展迅猛,而广大西部地区中国传统体育文化依然存在。这一问题造成传统体育文化和现代多元体育文化并立的现象,这对体育教学改革的平衡性、特色性进程有推动作用。

三、体育教学改革中的文化动力的特性

体育教学改革中各个文化动力之间表现出的动力,既有其个性又有其相互作用的特性。

具体来说就是:动态突变性、方向层次性、协同差异性。

(一)动态突变性

社会不断向前,社会文化、教育文化不断向前发展,所以体育教学始终处发展变化之中,使体育教学改革的文化动力拥有动态性特征。不同文化因素在动态的彼此作用和彼此影响下,使得体育教学改革也持续向前。

文化动力的突变性是在文化动力的动态性基础上实现的。文化动力由动态量变达到质变,发生突变。体育教学改革的文化动力的重要反映是体育课程内部体系,人们难以察觉、关系复杂的突变现象所呈现出的"突变性"。在体育教学的实践活动中,当这些促成体育教学改革的文化动力被我们注意到时,突变已经处于完成状态。

(二)方向层次性

文化特有的性质,决定了体育教学改革的文化动力具有方向性特征。方向性是开展体育教学改革的指导性依据。例如满足学生自我超越的需求是当下的重要目标,所以体育教学改革会围绕其展开。层次性特征是指,存在于体育教学改革中的动力方向的作用不同,包含内向动力与外向动力两种,其中内向动力为主要动力,外向动力为次要动力。另外,体育教学改革过程中不同文化均会呈现出层次性特征,表现出其对改革的不同作用力。

(三)协同差异性

不同文化动力因素间相互协调,致力于推动体育教学改革的发展,这就是各文化动力因素间的协同性特征,它广泛存在于各项文化动力因素中。内向文化动力或者外向文化动力内部,各个要素既相互竞争又相互合作的精神会被不同文化因素在学校体育教学的改革中表现出来。各文化动力对体育教学改革的影响各不相同,这是文化动力因素差异性表现。文化动力因素会根据时期和领域的不同,而出现很大差异性,如体育教学目标的设定受社会文化的影响,在大力发展竞技体育的阶段,体育教学的竞技化特征明显。

第二节 体育教学与体育文化的关系

一、体育教学

(一)体育教学的界定

体育教学的界定分为两层。一层是身体方面的。体育教学是一种教学活动,是指体育教师在教学过程中以体育教材为媒介,指导学生学习和掌握体育知识、体育技术、体育技能等,同时使学生养成良好的体育锻炼习惯,形成全面健康的身心状态。另一层是心理方面的。体育教学属于学校体育文化的基础形式。教师和学生是体育教学实践活动的主要参与者,教师除了有效传递给学生体育知识、体育技术以及体育技能等身体要接受的教育之外,更要注意培养其养成良好的意志品质和良好的心理状态。总之,体育教学在身体和心理两个方面都对参与主体,即教师和学生提出了要求。

（二）体育教学的要素

1. 体育教学的主体要素

体育教学的参与主体是体育教师与学生。体育教师在体育教学中有导向作用，在具体的实践教学中运用教师的功能进行教学。如制订教学计划、组织教学活动、传授体育知识和技能、管理教学设施、监督学生训练或者在教学过程中及时调节教学目标。所以教师对待工作的状态、教师的综合业务水平以及实际组织能力等因素，直接影响体育教学质量。学生是体育教师教学过程施教的对象，而且在体育教学过程中占有主体地位。在体育教学实践过程中，学生要达到学习效果，就要主动接受教师传授的知识与技能，充分发挥自身主观能动性，来调动自身智力因素与非智力因素高效完成教师布置的教学任务，这样学习效果才能得到本质提高。学生群体存在个性差异，所以在体育教学过程中，不单单要求体育教师要因材施教，还要求学生要发挥自己的主观能动性，师生共同努力才能高质量完成体育教学任务。

2. 体育教学的非主体要素

体育教学的非主体要素中，体育教学目标、体育教学内容、体育教学方法、体育教学评价等能够体现社会和教育向体育教学提出的要求，对学生培养应该达到的程度。这些要素围绕体育教学主体展开，并且充当着教师"教"与学生"学"的纽带，对学校体育教学的开展具有导向作用。

另外，体育教学设施作为体育教学的媒介，也是体育教学的非主体要素之一。高效提升体育教学质量的重要影响因素是媒介条件的好坏。在特定时间和空间内，将体育教学信息通过媒介，如教材、场地器材、环境设备等高效传递并且实践的过程就是体育教学。教学方法是指根据体育教学目标使学生和物质媒介有效串联，调控体育教学，达到教学目的的行为方式。实用性、安全性、抗干扰性、有针对性是体育教学媒介必备特征。分析体育教学实践可知，动态结合和变化多样是体育教学主体要素和非主体要素的重要特征，这就要求体育教师发挥其导向作用，及时调节体育教学的步调。体育教师自身要对教学技巧深入学习和纯熟运用，以此来调动学生的主观能动性，调控好体育教学的非主体要素，尽全力高效完成体育教学的任务。

（三）体育教学的方向

1. 以满足人体发育规律的要求为方向

在"以人为本"的教育理念下就确定了：体育教学是以人体的发育规律为方向的。体育教学的主体中学生是受教育方，体育教学按人体发展规律来培养其体育素质有至关重要的影响。有研究表明，我国国民多项素质发展的最高值主要在学生阶段，其中大学时期尤为集中。所以大学体育教学要设定科学性强、系统性强的体育教学计划，来满足大学生的各项身体素质发展的要求。大学阶段的体育教学能够对学生培养良好的体育锻炼习惯和身心意志产生深远影响。

2. 以培养学生参与体育运动的兴趣与能力为方向

体育教学要以学生参与体育运动的兴趣与能力为方向，吸引学生注意力，激发学生体育运动兴趣，从而提高体育教学效果。体育教师要把学生生理特点、心理特点以及智力特点作为参考依据,有机结合体育运动的趣味性、目的性以及对抗性,采用循序渐进的方式使学生掌握相关知识,在兴趣中获取各项能力。另外,教师要培养学生体育运动欣赏能力和体育运动参与能力,促使体育运动成为学生终身兴趣,以获得身心健康发展的途径。

3.以促进学生综合素质的全面发展为方向

体育教学要同时培养学生德智体美全面的综合素质。首先,体育方面,要学生在体育运动中获得运动专业知识与技能的发展。其次,在德育方面,一些运动项目要求学生战胜身心两方面的困难,是对学生意志力的锻炼。学生要以道德规范与道德准则为第一位,通过自身努力实现目标。再次,在智育方面,体育运动项目中有些对体育运动者的判断分析能力、思维想象能力提出了较高要求,致力于充分开发学生的智力。最后,美育方面,体育教学的方方面面要使学生美的感受能力、鉴赏能力、表现能力、创造能力得以熏陶。由此,在制订教学目标时,要以促进学生的综合素质的全面发展为方向,合理设置体育教学内容。

二、学校体育文化

(一)文化

关于文化,古今中外的学者都给出了不同的定义。在学术界,文化是集传统与现代于一体的词语,但与文化相关的论著相当多,各学者都从不同方面给予了不同的文化含义。对于文化的定义,国家、年代、学科、个体四者中任何一项不同,都会得出不同的结果。从广义的人种论的意义上说,文化或文明是一个复杂的整体,它包括知识、信仰、艺术、道德、法律、风俗以及作为社会成员的人所具有的其他一切能力和习惯。要想让学校体育文化的结构更明确,需要探究文化的根本含义。

"文"的本意是各色交错的纹理,后引申为包括语言文字在内的各种象征符号,进而具体化为文物典籍、礼乐制度,具有修饰、修养、人为加工等含义,以及美、善、德行之意。"化"的本意是发生、变化、造化。狭义的文化,主要是指人类社会意识形态及与之相适应的制度和设施;广义的文化,是指人类所创造的物质和精神财富的总和。由此,文化包括物质、精神、语言、社会组织等方面。文化是人类活动的模式以及给予这些模式重要性的符号化结构。

在网络信息化的今天,文化大繁荣、大发展,社会各个领域都在探寻自身文化建设,学校也在积极地构建能代表自身价值的优势文化,学校体育文化是其较为关注的一点。

(二)体育

体育是伴随人类社会的发展而逐步建立和发展起来的一个专门的科学领域。它是人类社会发展中,根据生产和生活的需要,遵循人体身心的发展规律,以身体练习为基本手段,达到增强体质,提高运动技术水平,进行思想品德教育,丰富社会文化生活而进行的一种有目的、有意识、有组织的社会活动。体育的概念有广义和狭义之分,狭义的体育概念也称体育教育,是一个发展身体,增强体质,传授锻炼身体的知识、技能,培养道德和意志品质的教育过程,是对人体进行培育和塑造的过程,是教育的重要组成部分,是培养全面发展的人的一个重要方面。而广义的体育概念也称体育运动,是指以身体练习为基本手段,以增强人的体质,促进人的全面发展,丰富社会文化生活和促进精神文明为目的的一种有意识、有组织的社会活动。它是社会总体文化的一部分,其发展受一定社会的物质、精神和制度的制约,并为一定社会的物质、精神和制度服务。

(三)体育文化

《体育名词术语》中给体育文化下的定义是:体育文化是指"广义文化的一个组成部分,它综合各种利用身体文化锻炼来提高人的生物学和精神潜力的范畴、规律、制度和物质设施"。从古至今,体育文化的概念一直没有得以统一,因此探明体育文化的含义十分必要。

体育文化可指体育运动某一方面的文明因素,也可指体育运动本身所蕴含的、围绕体育运动所形成的一切物质文明与精神文明的总和,指人类在体育历史发展过程中所创造的物质财富和精神财富的总和。体育文化的主体是人类,是人类特有的社会文化现象和文明成果,包括与之相适应的社会组织及规范体育活动的各种思想、制度、伦理道德、审美观念,还包括为达成目标而进行的各种改革举措以及相应的成果。

首先,从狭义的文化概念来理解体育文化。它把体育文化限定在体育精神现象或与体育活动相关的社会意识形态以及与之相应的制度和组织机构等范畴之内。狭义体育文化论者主张把体育文化的概念的外延限定在精神领域,认为体育文化就是指以身体的活动为基本形式,以身体的竞争为特殊手段,以身体的完善为主要目标的体育活动过程中人的精神生活的有关方面。

其次,从物质与精神的二元关系来理解体育文化。《辞海》中文化的定义是"广义指人类在社会实践过程中所获得的物质、精神的生产能力和创造的物质、精神财富的总和"。秉持这一观点的学者认为,体育文化是有关体育运动的物质文明和精神文明的总和,是人们在社会中通过长期的体育实践所创造的物质财富与精神财富的总和。

再次,从文化结构主义来定义理解文化。关于文化结构,理论界存在诸多提法。如物质文化与精神文化两分说;物质文化、制度文化、精神文化三层说;物质、制度、行为、心态四层说;物质、社会关系、精神、艺术、语言符号、风俗习惯六大子系统说等。这些不同的文化结构主义定义下的体育文化多有不同,但是其内核是大同小异的。

最后,总结不同角度理解的体育文化可以得出:体育文化的主体是人类,是人类特有的社会文化现象和文明成果,泛指人类在体育历史发展过程中所创造的物质财富和精神财富的总和。

体育文化是和人类体育运动相关的物质、制度、精神、行为文化。文化是体育文化的上位概念,在人类文化的多个组成部分中,体育文化是文化的分支之一,是社会文化的亚文化。立足于文化学与社会学角度进行分析,相比于体育运动的开展,建设体育文化显得更加关键,建设体育文化可以推动人类向着全面、自由、和谐的方向不断前进,使得个体性格和社会性格尽可能达到统一。因此,体育文化是指将提高身心素质、寻找健康生活方式为目的的体育运动,以及由体育运动产生的物质与精神财富的总和。精神财富主要是指体育运动在思想意识和价值取向方面产生的作用。

（四）学校文化

文化的含义丰富，各个领域的学者们立足于不同角度看文化，自然其文化观各有不同，以不同文化观的视角看学校文化，自然也各有不同。当下，从多个角度、多个侧面、多个层次来看有几种主要的"学校文化"的观点。

"文化氛围说"是指学校文化是众多群体文化中的一种，学校中具备学生特征的精神环境与文化氛围，是学生在教学管理和教学全过程中逐步形成的文化氛围与传统。"社区说"是运用社会学理论的人对学校文化进行的解说。他们认为，从分类的角度进行分析，社区文化包括学校文化。学校文化是社会文化大背景下，特色鲜明的亚文化形态，是生活在学校社区的每位成员共同拥有的学校价值观，以及学校价值观在物质形态和意识形态两方面的具体化。"补充说"是指学校文化是对学校第一课堂的深入完善，以学生的兴趣与条件为参照依据，对学校课堂教学的缺陷加以补充，对学生的才能与爱好产生积极影响。"体现说"是指学校文化是对学校精神、学校传统、学校作风、学校理想四个方面的整体体现。

以上这些看法的共同特点是立足于某一角度或方面来界定学校文化某些方面的内涵，加深了人们对学校文化的认知。关于学校文化的概念还有很多，如综合说、启蒙说、精英说、二课堂说等。但综合以上论述，对学校文化的含义还是存在一些盲区，忽视了一些方面。一是忽视学校文化的特色价值与教育价值，陷入学校文化与社会其他文化相同的误区；二是忽视教师、职工等其他人员的具体作用，把研究学校文化的角度仅仅定位在学生群体上；三是忽视学校文化与其他文化一样的完整性，陷入学校文化就是纯精神文化或者就是娱乐文化的误区；四是忽视了对学校文化和学校主体的互动性，分离地看待两者。

综合来看，学校文化是指：处在教书育人的学校环境中，发挥学生的主体地位及教师的主导作用，将目标设定为推动学生成长、提升学生总体文化和审美的水平，动员学校所有师生员工在教学、科研、管理、生产、生活、娱乐等领域的相互作用中，共建特色校园、对学校生活主体追求的物质、制度、精神、行为等成果的总和。载体是物质、形式是制度与行为、内部核心是精神，四者共同构建成特殊文化形态，即学校文化。简言之，学校文化是一种特定生活方式，是指教师、学生、员工进行学习、工作和生活的一种精神氛围与物质环境。教师、学生以及员工均在学校文化中生活，同时也扮演着学校文化的建造者和变革者，但是也在被学校文化自觉或者不自觉地陶冶、引导与塑造，最后教师、学生以及员工的行为习惯、精神追求以及生活方式逐渐确定和形成。

综合以上关于文化、体育、体育文化、学校文化的阐释，可以将学校体育文化归纳为主体、客体两个方面。学校体育文化的主体是学校师生、学校管理人员、学校后勤人员、其他人员等建设学校体育文化的参与者；学校体育文化的客体是社会环境、校园环境、体育环境等影响学生成长的客观环境。学校体育文化是指在主体之间、主体与客体之间相互作用下所表现或者产生的能提高身心素质、寻找健康生活方式的体育运动，以及由体育运动产生的物质与精神财富的总和。精神财富主要是指体育运动在思想意识和价值取向方面产生的作用。

三、体育教学与学校体育文化的关系

(一)体育教学是学校体育文化的黏合剂

学校体育文化的组成部分包括学校体育行为主体文化、学校体育物质文化、学校体育精神文化、学校体育制度文化等。所有这些文化要相互作用、相互影响产生互动,大都需要以与体育教学为方式来发生,由此来看体育教学是学校体育文化的黏合剂。

(二)体育教学是学校体育文化的基础

任何文化都需要特定群众基础,形成学校体育文化同样需要学校体育行为主体学生和体育教师作为主要的群众基础。要建设学校体育文化环境将体育教学作为基础是非常必要的。从另一个方面来说,体育教学更多的是学校体育行为主体的相互作用,是体育教师的教与学生的学之间的互动性,也是体育教学的主要方式和组成部分。

(三)体育教学促进学校体育文化的发展

培养学生体育精神、体育意识、体育技能,使学生的体育文化素养得到本质提升,全面推动学生身心健康发展,是学校体育文化的主要思想和目标。在体育教学过程中,开展丰富多彩的学校体育文化活动,能够推动学生身心全面发展,使学生的体育素养得到本质提升,形成健康的人格品质,促进学校体育文化整体的发展。体育教学对学生心理素质文化的培养、体育精神文化的培养、人文素质文化的培养、思想品德文化的培养都有重要作用。

体育教学在培养学生心理素质文化方面的体现是:帮助学生养成不怕困难的意志,以及乐观友爱、团结合作的态度,克服自身心理障碍的能力;改善和提高学生的人际交往水平,有助于学生形成顽强的意志品格,很好地融入学生群体或者社会群体。

体育教学在培养学生体育精神文化方面的表现是:培养学生百折不挠的拼搏精神、不断挑战并且超越自我的精神、友谊第一公平竞争的精神、对真善美不断追求的精神。

体育教学在培养学生人文素质文化方面的体现是:体育教师以身作则在教堂内外创造出有益于提高学生人文素养的健康环境;运用合理的教学方法,高效发挥学生的主体作用,使学生养成终身体育的良好习惯,强化学校体育文化对学生个体的影响;人文精神显著的体育项目,能够拓宽学生的体育视野,培养学生参与体育运动的兴趣,强化学生的主观能动性,形成轻松快乐的学校体育文化氛围。

体育教学在培养学生思想品德文化方面的体现是:体育教学不仅能对学生展开思想品德教育,而且在体育教学的各个环节均体现着学校的思想品德教育,学生在掌握体育知识的同时,也有助于自身形成优良的道德意志作风。

(四)学校体育文化对体育教学质量的影响

学校体育文化对体育教学有很大影响,学校体育文化对体育教学有正向提升作用和反向抑制作用,即良好的学校体育文化可以提升体育教学的质量,反之亦然。

良好学校体育文化对体育教学的提升作用表现为:一是能够充分调动学生的主观能动性,激发学生对体育运动的学习兴趣,陶冶学生的道德情操,推动学生身心健康向好发展;二是可以强化学生的竞争意识与团队意识,克服限制超越自我,培养其创新精神,实现学生综合素质的全面发展。在学校文化建设中学校体育文化具备的价值极高,体育教师应当积极开展和参与学校体育文化活动,充分发挥自身的指导作用;学生应当加强在体育文化活动中的参与体验程度。教育性是学校体育文化价值的显著体现,同时体育文化核心也是"育"。学校作为传授知识的重要场所,集智育、德育、美育于一体,而学校体育教学同样是集智育、德育、美育于一体。因此,在不同学校中,体育教学及其衍生活动都是必不可少的必修课程与业余活动。所以要提高学校体育文化建设以此促进学校体育教学质量的提高。

第三节 体育教学中体育文化的传承

人类长时间的体育运动实践是体育文化形成的基础条件。体育文化在形成的过程中表现出其自身的特征。体育文化是人类拥有的诸多文化财富中的一种,在体育教学的实践中,必须把发展起来的体育文化传承下去这一任务放在重要的位置上。

一、体育教学中学校体育文化理念的转变

(一)树立终身体育教学理念

实践证明,积极转变体育教学理念尤为重要。单方面将提高在校学生的身体素质作为目标的教育理念,会忽视终身体育与体育教育的长远效应,学生走出学校迈向社会后难以持之以恒。而秉持推动学生全面发展的体育教学理念,就是将提高学生身体素质设定为长期目标之一,将培养体育意识与体育心理等放在突出位置,结果是令人满意的。个体终生参与体育锻炼与接受体育教育之和,即终身体育教育,这一理念在现代体育教学中的作用十分重要。

学校体育课程设置的改变也反映出学校教学理念的改变,将符合学生实际需求的选课形式作为体育教学结构的基础,这是我国学校体育教学理念改革的重要表现,也是发展学校体育文化的趋势,更是学校体育以人为本宗旨的充分体现。体育教学领域终身体育能力的培养是体育教学的一项重要指标。学生的体育能力水平不仅影响其自身的学业成绩,还对其终身体育能力产生重要影响。终身体育能力的培养需要合理的引导,体育教学改革就是要建立在对其能力具有引导意义的指标体系框架内,完善其制度,使其有据可依。学校体育教学以终身体育为目标的教学理念,形成内外环境条件的配合,最终达到学生内在学习动机和外在学习策略对其终身体育能力培养的双重保证,进而完成学生独立思考能力和创新能力的培养目标,为学生提供未来独立学习、适应社会等方面所需要的技巧和能力。

人类在个体的不同成长时期和阶段都应当密切联系自身实际需求,积极接受体育教育,参与和自身情况相符的体育锻炼,并坚持不懈才可以实现预期的锻炼目标,这是终身体育思想的体现。终身体育思想的目的主要包括两方面:一方面是使个体在不同人生阶段坚持学习体育知识与技能,同时积极参与体育锻炼;另一方面是合理衔接个体不同人生阶段的体育

需求,为实现完整、连续的体育教育提供保障。

(二)实践终身体育的教与学

在实际生活中,人们应将把自身实际情况和体育锻炼内容与方法有机结合,根据自身变化来对锻炼内容和方法进行合理调整,树立终身体育意识。具体来说:一是终身学习者获得体育锻炼的途径和方式,应是体育教师在体育教学中传授的,二是体育教学应是让学生掌握特定锻炼方式和多种体育锻炼方法的相关技能,具备快速搜集和运用体育锻炼方面的最新消息的体育自学能力,从而养成良好的体育锻炼习惯和创新意识,三是体育教学应该多方面调动学生体育运动的主观能动性。

终身体育从不同角度看可以分为两个方面。

一是学校教的方面。终身体育是将目的与途径设定为体育系统的整体化、科学化,向学生个体传递各人生阶段和不同生活范围加入体育锻炼的终身意识的实践过程。学校是学生接受正规系统教育、健康教育时间最长,形成正确体育、健康观的最佳时期和场所。完善的体育学习对提高学生的体育创新精神和实践能力具有重要作用。学校应切实提高体育教学的效益,发挥体育根本价值功能,让学生真正感受到体育的乐趣和作用,从而为培养学生的体育意识、体育能力、终身体育习惯打下基础,让体育切实为学生服务。二是学生学的方面。个体在其一生中持续参与体育活动,实现提高身体素质和促使身心健康的目的。学校体育教学、各项体育文化活动的开展对学生体育技能的学习起到了积极的推动作用,但是学校体育教学的开展过程中也存在一些问题需要改善。教师的"教"与学生的"学"脱离,成了教学过程中两个分离的环节。要加强学生自主互动学习方法的应用比例,扩大学生自主练习的空降和时间,增加练习密度并加强交流,激发学生自主学习的主观能动性,提高学生体育兴趣,加强学生体育理解力,达到提高学生自主学习能力的目的。学生自主互动学习方法的课堂设计,要以学校体育教育的规律为基础,创新学生自主学习方法,构建行之有效的自主教与学的互动模式。

二、体育教学中教师教学模式与内容的变革

(一)变革体育教学模式

打破传统体育教学模式的限制,在体育教学中只有充分发挥学生的主观能动性,学生的主体作用,教师的主导作用,才能使学生的体育文化水平达到质的飞跃。在体育教学过程,体育教师要保持良好的情绪状态,使课堂环境达到轻松、快乐的氛围,才能有效调动学生参与互动的主观能动性。要想达到师生良性沟通的目的,只有转变体育教学的模式,以学生为主体,才能实现有效对话和双向理解,师生间才能具备和谐的关系。学生有向体育教师学习某方面体育知识和技巧的积极意愿时,教师要持续调整自身态度,努力使师生关系更加融洽,推动体育课堂教学顺利开展。

在体育教学的实践过程中,教师同时具备教学者和管理者两种角色,提升教学质量的基础性条件是管理好课堂。体育教师对体育课的主要管理工作包括分组、建立课堂规则、给学

生做思想政治工作、激发学生学习积极性、灵活运用教学手段、控制运动密度和强度、正确使用场地设施、及时做好安全防护措施、规范师生服装等。

对于体育教学的开展因材施教是极为必要的。在体育教学的实践过程中,应当开展学生选修课,促使学生在对体育运动项目选择时充分结合自身爱好;同时针对身体素质有待提高的学生,应当对其提出限制选择项目的指导和说明。在体育教学过程中,体育教师应指导学生认识自身实际,深入理解体育文化,再结合预期要达到的目标,对运动项目做出最为合适的选择。

(二)变革体育教学内容

体育教学在备课、选择和确定具体体育教学内容之前,应当对学生现阶段身心特征以及体育水平进行深入了解。要有效发挥体育教学内容对学生身心发展的促进作用,离不开体育教师的正确指导。因此,体育教师要对学生的学习过程进行良好引导,使教学内容成功转化成学生需要的内容,并且让学生认识到教学内容的重要性,只有这样才能将教和学融合起来,推动教师和学生共同进步。由此可知,教学内容的正确选择,对学生学习体育知识、提高身体素质、养成良好运动习惯均具有积极影响。体育教学内容不仅在体育教学中占有重要地位,而且在体育教学的全过程中具有关键性作用。科学的体育教学内容在使学生德智体美劳全面发展的同时,还能保持学生的个性特征。科学合理的体育教学内容是师生间联结的良好纽带,能够强化师生的信息沟通。要想更好地适应时代发展的需要和学生自身发展的需要,就要在选取体育教学内容时遵循学生的成长规律和体育教学自身的特点。

三、体育教学中学生对体育文化的传承

体育素养是当人们学习和掌握体育知识、技能之后,形成的正确的体育认知、体育价值观以及待人接物的态度等。从整体角度进行分析,当学生的体育素养提高后,可以推动学生多方面发展,为传承学校体育文化奠定坚实基础。学校体育教学的作用有四点,一是使学生的综合素质得到本质提高,二是使学生的体育素养得到本质提高,三是使学生身体健康水平得到提升,四是使素质教育的良性发展得到有效推进。

动态性是传承体育文化的显著特点,传承是延续体育文化的重要条件,传承体育文化的载体是人。体育文化的传承从本质上讲属于人的创造性活动,所以传承文化和发展文化的最终结果取决于人的素质。由此,学校体育文化在被传承的全过程中,传承人扮演着关键性角色,只有传承人不断提升自身综合素质,充分发挥自身潜质,汲取各方面的优秀成果和经验,才能将体育文化精髓充分掌握与吸收,从而更好地传承和发扬。

(一)认识学校体育传统,树立终身体育观念

学校体育的发展在东西方逐渐成为社会发展与文明演进的标志和动力。体育文化的发展和传承始终贯穿于学校体育发展的中轴线。可以说学校体育是传统体育文化和现代体育文化发展的基础。学校体育教育中的足球、篮球、网球、体操、健身、健美等体育项目吸引着最普遍的爱好者,我国传统体育文化也在学校体育领域逐渐占有重要位置,越来越受到学生

的欢迎。传统体育项目中导引、气功、武术、太极拳等动静结合,修身养性的体育文化在我国学校教学中源远流传。学校体育传统与现代协同发展,实现了学校体育文化的推广和普及。

学校体育文化是一所学校区别于另一所学校的文化特质之一,是该校在体育办学方针、办学成绩、领导作用、学校体育风气等方面的综合反映。学校体育传统是学校体育文化得以延续和发展的基础。一个置身于学校体育文化中的人,从他生活在校园之中的那一天起,就处在一定的学校体育传统包围之中。学校体育传统本身就是一个浓重的体育文化氛围。学校体育传统作为一种文化模式的具体表现,要经过相当一段时间的积累、积淀而逐渐形成。它所形成的学校气氛能使群体各个成员产生归属感、安全感和自豪感,并使生活在这种环境中的各个成员不断调节自己的心理和行为,以利于和学校体育传统保持一致,同时得到群体的肯定,实现文化整合。

学校体育教学有助于引导学生养成良好的体育习惯,激发学生对体育运动的兴趣、爱好,并养成良好的体育习惯,从而树立终身体育观念,使体育成为其生活中一个不可缺少的组成部分。因此,学校学生在体育课堂内外要自觉地接受学校优秀体育文化传统熏陶,而能较快地适应新环境的要求,改变原来不适应学校体育传统的行为与习惯,发扬和传承学校的优秀体育文化传统。

(二)培养体育欣赏能力,提高体育活动的参与度

体育欣赏能力是培养学生自身体育兴趣的基础。体育运动除了其显而易见的益处即能有效地增强体质,健全人体各种生理功能,塑造自身矫健、强壮的人体外,还有其特殊的感染力。随着体育文化的发展及其内容的不断丰富,体育的文化内涵越来越多、精神阵地和艺术色彩越来越丰富,体育潜移默化地感染、熏陶着人们。体育竞赛观赏也成为向青少年实施审美教育的特殊途径和有效手段。因此,在学校体育教学中,学生们除了注重锻炼自身的体质及体育技能外,还要注重培养自身对体育艺术的欣赏能力和审美情趣。

培养自身的体育欣赏能力,首先,要了解体育竞赛观赏的原则,体育运动中存在大量的美,且由来已久,学生要在体育竞赛观赏过程中加深理解,就必须弄清体育运动中的真、善、美及其相互关系,把握其联系和区别,这样美的形象才会鲜明地展现在我们眼前。其次,要掌握正确的体育竞赛观赏方法。由于体育运动中包含的因素异常丰富,为提高自身观赏多样的体育运动、加深对各竞技项目特点的理解,学生就要培养学习体育的自主意识,将整个运动形态加以分类,揭示体育运动中美的一般规律,最大限度认识各项目对人体健美的效益,提高自身对体育的观赏效果和审美情趣。国外学者分析了运动美的要素,主要包括实践性(灵敏性、速度、节奏)、空间性(幅度、高度、重量)、坚韧性(强度、激烈、顽强)、精致性(巧妙、准确、均衡)、愉悦性(华丽、热爱、惊险)、优雅性(柔和、流利、高尚)。学生可以以此为鉴,有意识地培养正确欣赏体育竞赛的方法,从而激发对体育的兴趣,进而提高自己对体育活动的参与度。

另一方面来说,学生通过体育竞赛观赏,能培养自我的体育精神。赛场上的运动员,在受了伤的情况下依然坚持比赛到最后,即使他们没有获得名次,他们坚强的意志也成了体育

运动宝贵的财富。这增进了学生对体育精神的理解,从而提高对体育的兴趣,甚至其不屈不挠、顽强拼搏的体育精神对自身综合素质的培养产生重要的影响。

(三)传承学校体育文化,实现终身体育目标

学校体育作为大众体育的重要组成部分,积极探索适合我国民族传统的体育教学是学校体育改革的方向。当今高校的体育教学不是一个封闭式的教育,体育教学有时会外延到与社会体育团体的合作,学生对体育的学习不仅限于实际的课堂和校园内部,体育内容和形式的多样性,为学生参与体育活动提供了多种选择性,但是同时对学生的选择能力提出了要求。学生应该在正确认识学校体育传统和有足够体育欣赏能力的基础上,有效地传承学校体育文化,同时在终身体育观念的指导下积极参与体育活动。学生还可以积极发挥自己在体育方面的创新思维,比如组织一些学生自己举办的竞赛活动:街头篮球对抗赛、太极演练等,利用自身的影响力,激发周围学生的体育兴趣,从而为传承学校的体育文化贡献自己的力量。

第四节 体育教学与体育文化的融合

体育教学要与学校体育文化融合发展才能更好地发挥作用,这在很大程度上是由学校体育文化的功能决定的,而其两者融合的方式也是多种多样的。

一、体育教学与学校体育行为主体文化的融合发展

体育教学是实现学校体育目标的基本形式,是对学生进行有目的、有组织的教育过程,是学校体育文化的基本组成部分。体育教学在培养学生终身体育意识和锻炼习惯这一目的主线上,应提倡传统体育项目的开发和本地区民族体育的挖掘与教学,增加体育项目的趣味性、文化独特性。体育是教育的重要手段,是学校课程体系中的重要组成部分。学校体育教育对培养学生的体育意识、体育能力、终生体育习惯、健康意识有举足轻重的作用。体育是健康生活方式的基石,是促进健康的载体,是提高人的生命和生活质量的重要基础与保证,体育学习对学生的发展具有多方面的价值。通常来说,学校体育教育是受教育者接受体育教育时间最长的一个阶段,是形成正确体育观的一个导向台,达成体育目标的载体。学校尊重并力图实现每位学生公平参与各项体育活动的权利。在实际教学过程中,学校和教师要对各项体育活动、体育竞赛活动进行全力革新与完善,充分挖掘和发挥体育活动、体育竞赛活动的价值和功能。在安排各项群体活动项目时,以学校实际情况作为重要依据,传统项目与重点项目优先安排,妥善加入一些激发学生运动主动性的体育活动和竞赛项目,同时还要兼顾活动的可执行性以及提升运动水平的目的性。

对于体育文化节的举办,将其开展范围锁定在学校内,要将学生放在主体地位,充分发挥教师的主导作用。春秋两季气候适宜体育活动,所以选择在春秋两季开展的运动相对较多。通常情况下,体育文化节会维持两周时间,学校特色和所属地域不同,文化节内容也会

存在着很大差异。体育文化节应当同时包括很多类型的项目,进而带动学生参与的积极性。开展学校体育文化节,不但能让学生深入认识体育文化,还能让更多学生参与到传承和弘扬体育文化的队列中。对于体育文化来说,学校文体活动能够使其在学校范围内传播得更加广泛,学校应当积极开展体育文化节活动。

在进行具体的体育教学安排时,要有所侧重,要将不同类型的运动会项目均匀安排于整个学年中。对运动会等大型体育活动展开统一安排和规划,将学校教育计划、气候变化、国家法定节假日以及项目数量等众多因素全部考虑到。尽量把学校大型运动会或大型竞赛活动安排在每年的同一时间,使其成为学校特色与传统。除此之外,教师要时刻谨记学生的主体地位,重视发挥学生的积极性,解放其学习方面的天性。在学习过程中,学生不仅要主动参与其中,而且要积极带动其他学生的主动性。

二、体育教学与学校体育物质文化的融合发展

体育课外活动组织形式相对于课堂活动富有变化、具有灵活性。体育课外活动组织形式灵活的根本原因在于其性质。由于学生间存在着巨大差异,所以固定不变的体育活动形式是与实际相违背的。因而,要想使学生群体的不同需求得到满足,积极调整和变换运动形式是十分必要的。因此,校内体育俱乐部活动受到了广大学生的欢迎,学生可以参照自身在体育方面的优势和喜好加入。校内体育俱乐部导向性明显,体育活动的最终效果好,当前受到越来越多学生的欢迎。目前,单项俱乐部与综合俱乐部是学校体育俱乐部的两种重要形式。

这就需要结合学校的场地器械、学校综合师资水平、现有体育优势等。在管理校内体育俱乐部时,应当专人负责与管理,密切结合本校体育工作的整体规划与各项具体计划,进而科学确定体育活动的各项目标、具体运营方式、具体人员安排等多个方面。与此同时,在筹集经费、合理分配和安置育场地和体育器械方面也要做好相应工作。

学校在体育物质文化方面还要加强体育社团网站的建设。理想的社团网站,不但对不同社团的组织结构完善状态有相对客观的反映,而且能够在很大程度上推动学校体育文化的发展进程。但现实情况是,我国大部分大学体育社团没有建设专门网站或网页,这样就会降低大学体育社会的影响力,可能难以吸引学生的参与。

三、体育教学与学校体育精神文化的融合发展

变革体育教学理念、创新体育教学体系,是融合体育教学、体育、体育文化的基础性途径。学生不应将获取学分作为参与体育课的唯一目的,体育教师要将体育教学终极目标向学生说明清楚。学校要积极推动体育课程改革的整体进程,将部分注意力放在培养学生树立终身体育意识方面。在大学三年级和大学四年级,可以适当加入某些休闲体育运动项目,使学生持续参与体育锻炼,进一步巩固或者加强学生的体育精神文化意识。

健身功能、修身功能、养心功能是民族传统体育的主要功能。因为民族传统体育将文、

武有机结合,所以可将民族传统体育作为人数较大人群的教育方式。因为儒家伦理道德为核心的社会文化体系在过去的很长时间影响着我国主要民族,所以民族传统体育的民族特色十分鲜明,因此,把文化内容深层次融入教学方式与教学功能中,从理论上讲更容易实现学生身体全面发展,推动中国体育教学不断向前。在体育教学中加入民族传统体育的元素还对建立良好的学校体育文化特色与传统有促进作用,很好地实现了与学校体育精神文化的融合发展。

四、体育教学与学校体育制度文化的融合发展

在我国大力变革和发展学校体育的情况下,高校有关部门和领导必须将强化学校体育文化建设置于重要位置,同时也要解决时代变迁向体育文化发展提出的各项新要求。一般情况下,学校会建立系统性极强的相关制度,采取各种措施,使学生参与体育课外活动的主动性得到高效激发。

在体育教学中,学生参与体育课外活动、完成体育活动规定的某些任务、达到学校体育终极目的,也是学校向社会输送全面发展人才的一个目标,还是学生身心发展的客观要求,这就需要相关制度的保驾护航。

作为构成学校文化的一个部分,学校体育制度文化,是关于体育一些细化制度的制定,它对高校发挥学校体育文化的文化价值具有举足轻重的作用。如在全国各类高校,基本具备学生体质健康标准、学校体育工作条例等国家下发的成文制度。然而对实际情况进行分析,国家下发的这些成文规定在多数情况下属于理想状态之一,绝大多数高校在学校体育方面有长时间规划,但关于学校体育文化管理机构建设等方面的完善的制度化文件尚未形成。换句话说,制度化和规范化的局面只存在于大学体育的某些方面。学校体育制度文化是体育教学顺利进行的保障之一,两者也在融合中动态发展共同进步。

第九章　高校校园体育文化的延伸与拓展

校园体育文化建设,除了其自身建设之外,还需要向周围进行延伸和拓展。同校园体育产生联系的体育形式有很多,其中就有家庭体育和社区体育。

第一节　家庭体育与社区体育概述

一、家庭体育概述

(一)家庭体育的概念

家庭体育是一人或多人在家庭生活中自愿或者通过安排而参与的,以身体练习为基本手段,以获得基本运动知识技能、满足兴趣爱好、丰富家庭生活、达到休闲娱乐、实现强身健体和促进家庭稳定为主要目的教育过程和文化活动。

(二)家庭体育文化的特征

1. 普遍性与群众性

家庭是社会的基本单位,我国家庭本位的传统和现代生活方式的转变使得家庭体育成为人们闲暇时间的重要选择。家庭体育文化对构建我国全民健身体系具有重要的作用,它可以发挥自己独特的优势,将所有家庭成员都动员起来,家家户户都参与体育活动,这种广泛性的群众性行为是其他任何一种形式都无法比拟的。家庭体育将亲情力量与健身活动融为一体,使家庭成为体育组织形式中最适宜、最理想和最具有亲和力的体育形式之一。在当今社会,人们越来越重视健康运动,而家庭体育无疑成为一种最重要的手段和方法,最具普遍性和群众性。

2. 丰富性与灵活性

家庭体育是人们日常生活中的一种活动,家庭成员可以在余暇时间自由进行锻炼,自我欣赏,其内容休闲娱乐、丰富多彩。从早晚散步到节假日爬山、远游;从塑形、健身到体育竞技、娱乐的观赏;从球类运动到各类体育游戏;从儿童及少年的游戏到老年人的传统体育项目的锻炼等无不属于家庭体育的内容,可见家庭体育文化的内容是丰富多彩的。

由于家庭体育是一种群众性体育行为,是以家庭为单位的,所以各家各户可以独立自主地举行家庭体育活动,具有很强的独立性和自主性。家庭成员可以充分利用属于自己的业余时间,通过积极健康的体育娱乐方式,有计划、有目的地经常性地参加家庭成员共同喜爱和擅长的体育活动项目,丰富家庭成员的余暇生活,满足家庭成员的精神需求和社会需要。

3. 自由性

家庭体育是一种比较自由的体育活动形式,这种自由首先表现在时间选择的灵活性上。家庭体育可以选择在余暇中任何时间来进行,完全受家庭以及个人的自由支配。例如,一个家庭的体育活动既可以利用节假日休息的时间来进行,又可以在每天下班的时间安排一些比较简单、利于放松的体育活动。

4. 随意性

家庭体育既可以不受场地的限制,又可以不受器材的限制,具有极大的随意性。利用任何场所(包括家庭庭院周围空地、野外等)都可以作为家庭体育活动的场所,从而弥补公共体育场地设施的不足。比如,锻炼者可以充分利用自家的庭院以及居室周围环境因地制宜地选择家庭体育活动,这样既解决了体育锻炼场地不足的问题,又达到了健身的目的,同时又促进了社区群众体育的发展,对我国全民健身具有良好的影响和作用。

5. 全面性

家庭体育锻炼效果的全面性是指家庭体育拥有其他形式的运动所没有的时间的灵活性以及内容和手段的丰富性及多样性,家庭成员可以在这样的条件下进行体育活动的锻炼,从而取得良好的锻炼和健身效果。在家庭体育文化中,家庭成员在没有压力的活动环境中,更能让自己的情感得到完全的释放,自由感、舒畅感和愉悦感等由此而产生,从而达到健身、休闲、娱乐、社会交往等目的。这不仅满足了家庭成员个体身心发展的需要,而且也可以促进家庭和睦、社区和谐以及社会的稳定发展。

6. 终身性

在社会文明高度发展的今天,人们越来越意识到终身教育的重要性,教育与不断学习是伴随人的一生的,体育也同样如此,体育运动对改善人们的体质和健康具有非常重要的作用,因此形成终身家庭体育观是十分有必要的。

(三)家庭体育文化的功能

1. 一般功能

家庭体育的一般功能主要包括个体功能和社会功能两个方面。

(1)个体功能

家庭体育的个体功能主要表现在:强身健体;提高夫妻生活质量;促进智力发展,培养良好道德品质。从事家庭体育活动可以既可以增强人的体质,奠定人的智力发展的良好物质基础,同时还可以在体育锻炼的过程中磨炼人的意志,有利于优良的意志品质的养成。

(2)社会功能

增强社会凝聚力;有助于社会物质文明与精神文明建设;能够更好地促进社会的和谐发展。

2. 特殊功能

家庭体育的特殊功能表现在以下几个方面。

(1)能够形成健康的生活方式。

(2)丰富人们业余生活的内容。

(3)有利于家庭的和睦。

(4)有利于推动全民健身,促进终身体育的发展。

二、社区体育概述

(一)社区体育的概念

社区体育就是在社区中,全体社区成员作为参与主体,将社区所具有的自然环境和各类体育设施作为物质基础,以更好地满足社区成员身心健康,满足社区成员的各种体育需求,同时促使社区成员之间的社区感情得以发展和巩固作为目的,在对就地就近原则进行遵循的基础上所开展的区域性的群众体育活动。

(二)社区体育的分类

1. 根据活动空间进行分类

根据活动空间可将社区体育划分为庭院体育公园体育、广场体育、公共体育场所体育和其他场所(空地、广场、江河湖畔等)体育五类。还可以将社区体育划分为室内体育和户外体育。

2. 根据参与人群进行分类

根据参与人群可将社区体育划分为婴幼儿体育、学生体育、在职人员体育、离退休人员体育、特殊人群体育和流动人口体育六类。

3. 根据参与主体的群体规模大小进行分类

根据参与主体的群体规模大小可将社区体育划分为个人体育、家庭体育、邻里(楼群、庭院或胡同)体育、微型社区(居委会)体育和基层(街道办事处)社区体育五种。社区体育既可以个人、家庭、邻里、居委会和街道为单元参与不同规模的体育活动和竞赛,又可以个人锻炼的形式在家庭、楼群(胡同)、居委会和街道范围内开展体育活动和竞赛。

4. 根据组织类型进行分类

根据组织类型可将社区体育划分为自主松散型和行政主导型两种。

晨晚练体育活动点、辅导站、社区单项(人群)体协等为自主松散型社区体育。

社区体育活动中心、社区体育俱乐部街道社区体协等为行政主导型社区体育。

5. 根据活动时间进行分类

根据活动时间可将社区体育划分为日常性体育活动(晨晚练)、经常性体育活动(俱乐部活动)和节假日体育活动(节日、周末和寒暑假体育活动)三类。

6. 根据消费类型进行分类

根据消费类型可将社区体育划分为福利型、便民利民型和营利型三种。

福利型社区体育主要面向老年人、儿童残疾人、社会贫困户、优抚对象等弱势人群。

便民利民型社区体育主要面向全体社区居民。

营利型社区体育主要面向中、高收入人群,面向白领人群。

(三)社区体育的构成要素

构成社区体育的要素主要有六个,分别为全体社区成员、社区体育组织、社区体育经费和体育设施、社区体育指导者和管理者,以及各个具体的社区体育活动。

第二节 校园体育与家庭体育及社区体育的关系

一、校园体育与家庭体育的相互关系

(一)校园体育对家庭体育的作用

1. 校园体育为家庭体育奠定了良好基础

校园体育是家庭体育发展的基础。校园体育的对象是青少年学生,学校是青少年学生活动的主要场所,学生时代滞留在学校的时间最多。学校教育发展和改革,使学校课余活动方式不断地走向多样化。学校体育课是增强学生体能的重要手段,以促进青少年学生身心发展、增强体质为目的,在体育教学中向学生传授基础知识、基本技术和基本技能,能够为学生参加家庭体育打下良好的基础。

2. 校园体育为家庭体育提供了重要的物质保障

校园体育能为家庭体育的发展提供技术指导和场地设施。目前,家庭体育缺少体育器材设施,缺少专业性的业务指导,居民参与率较低。要改变现状,其中的有效途径之一是紧紧依靠学校资源,充分发挥学校体育教师的指导作用,利用好学校的体育设施,在搞好学校体育的前提下,有效利用学校的体育设施开展好家庭体育活动。

3. 校园体育进一步增强了家庭体育的活力

校园体育向家庭延伸,促进了家庭体育的发展,增强了家庭体育的活力。随着改革开放的不断深入,人们的物质文化生活日益丰富多彩,体育事业蓬勃发展。体育进入了千家万户,成为人们日常生活中的一个极有社会意义的组成部分。在校学生已经形成了一定的体育意识和体育锻炼的指导能力,在家庭中能够担负起家庭体育的组织和指导作用,可以把体育课上学会的各种运动技能与家长共享,既能锻炼学生运用所学知识指导实践,又能带动家庭体育的发展,增强家庭体育的活力。

(二)家庭体育对校园体育的作用

1. 家庭体育为校园体育提供支持

家庭体育良好发展是校园体育的后盾。校园体育离不开家庭的配合和支持,学生拥有健康的身心是学校和家庭的共同责任。家长对体育活动的认可程度关系着家庭体育的发展状况,关系着他们对孩子从事体育活动及专业训练的态度。家长的体育健身意识与习惯具有很强的感染力,能为青少年儿童树立良好的榜样。

2. 家庭体育是校园体育的重要补充

家庭体育是校园体育有益的补充和延续,并促进校园体育的发展。学生参加家庭体育

活动,能够弥补学校体育活动中存在的不足,有利于形成学校和家庭共同关心学生身心健康的格局。家庭体育悄然兴起,并迅速发展,它具有继承性、趣味性和感染力等特征,势必对校园体育的发展起到促进作用,进而成为现代生活潮流。把体育纳入家庭生活是大众生活的需求,以家庭为单位展开体育活动,既是推进全民健身计划的需要,又是实现体育生活化的要求。

二、校园体育文化与社区体育的相互关系

(一)校园体育对社区体育的作用

1. 能够增强社区体育的活力

社区体育中最活跃的因素就是儿童与青少年,他们活泼好动,是希望与阳光的代表。辖区学校学生积极参与社区体育,能够将新的生命力与新鲜的血液注入社区体育活动中,使社区体育的开展变得轻松欢快,促进社区体育吸引力的加强。

2. 为社区体育提供人才

社区体育的开展需要一定的指导人员与组织人员,指导人员主要是负责对居民的健身锻炼进行科学指导,组织人员主要是负责对体育活动进行有效的管理。但这两类人员目前在我国社区体育的建设中是比较缺乏的,人才的缺乏直接制约了社区体育的发展。其他辖区单位可以为社区体育发展提供一些人力资源,但毕竟数量有限,水平也参差不齐。辖区学校的体育教师都是经过专业体育学习和培训的专门人才,如果将其作为社区体育的组织与指导人员,将会在很大程度上促进社区体育的发展。

体育专门人才不仅是指学校的体育教师,还包括大、中专学校体育专业和高水平运动队的学生,这类人才群体的数量很多,能够为社区体育的发展输送充足的人才资源。在各级各类学校的学生中,体育爱好者也有不少,他们热爱体育,对学校组织的体育训练与比赛积极参与,有的还在学校体育社团中担任重要的角色,对这些学生进行专业的培训,也会使其成为促进社区体育发展的优秀人才。

(二)社区体育对校园体育的作用

1. 能够使体育教学资源得到不断拓展

社区体育活动多姿多彩,踩高跷、舞龙、舞狮、抖空竹、扭秧歌等民间传统体育活动更是丰富多样,这些项目民俗文化底蕴深厚,地方色彩浓厚,对场地与器材没有特别严格的要求,组织集体教学也比较方便,而且可操作性也很强,因此社区体育中的民族传统体育成为现阶段校园体育中的重要教学资源。

2. 能够丰富学生课余文化生活

作为社区文化的组成部分,社区体育与人们的生活十分贴近,而且参与其中会使人感到轻松自然,学生参与社区体育会得到不同于参加校园体育的感受。学生在参与社区体育文化的过程中,可以对社区的地方文化与体育文化进行积极的了解与感受,促进自己的视野不断开阔,锻炼自己的环境适应能力,这对他们以后的社会生活是大有帮助的。此外,社区中

的体育设施为辖区内学校的学生提供了方便,如果学校的体育设施不足,学生就可以在社区体育中满足自己的锻炼需求。所以,社区体育能够丰富辖区学校学生的课余生活。

3. 有助于完善终身体育

终身体育在近些年已成为我国学校体育改革与发展的重要趋势之一,它包括以下两方面的含义。

第一,终身体育是指从生命开始至生命结束始终参与体育活动,使体育成为人生中的重要内容。

第二,终身体育是指以科学的体育价值观对人生不同时期、不同生活领域的体育活动进行指导的实践过程。社区居民从生命开始到生命结束都可以参加社区体育。人们在学校能够接受系统的体育教育,步入社会之后,系统的体育教育就断了,很多人都会通过社区体育来延续自己的体育学习实践。不仅如此,社区体育与校园体育相比,有着更加多样的形式与丰富的内容,人们有很多选择,而且参与其中会有轻松欢快的感觉,所以对学生有着很强的吸引力,学生参与其中就能够对终身体育意识进行培养,使学生养成终身体育锻炼的良好习惯。

第三节 家庭体育文化建设与发展

一、家庭体育文化的建设现状

(一)整体现状

1. 家庭体育人口结构与体育设施现状

体育人口是指在一定时期、一定地域里,经常从事身体锻炼与娱乐,接受体育教育,参加运动竞赛,以及其他与体育事业有密切关系的具有统计意义的一种社会群体。体育人口是衡量一个国家社会经济发展和社会体育发展水平的重要指标。

尽管我国体育的体育人口数量在不断增加,但是经常参加锻炼的人数占总人口的比例还比较低,我国还有待加强对体育锻炼的宣传,促进体育人口的增加。

体育人口与个人经济收入并没有固定的关系,其与家庭收入有关,且基本成正比关系,也就是说收入越高,体育人口就越多。在体育人口的分布上,三口或四口的核心家庭,体育人口分布最多。

随着广大人民群众对体育健身需求的日益增长,与之相应的则是体育设施的改善。近年来,我国体育场地与设施都在不断增加,社会体育指导员的规模也日益壮大,这些都说明,体育人口和体育设施的发展状况在一定程度上反映了我国家庭体育的普及情况。

2. 家庭体育的项目选择现状

家庭体育运动项目是家庭体育锻炼的主要内容,它是人们进行身体锻炼和身体娱乐的手段,并可以反映出人们运动行为的选择倾向。改革开放以来,随着社会经济的发展,在主旋律基础上的多元化文化选择,不仅影响着人们的思想观念和行为方式,同时也影响着人们的体育活动,使之在家庭运动项目的选择上呈现出传统与现代并举,健身与娱乐同行,商贸、旅游与体育联姻的新局面。

家庭体育在项目的选择上受到多方面的影响,如不同地域、不同气候、不同的民族和文化传统、不同的经济发展水平等。一般来说,南方和北方不同、少数民族与汉族不同、落后地区与发达地区不同。但是总体上来说,我国家庭体育活动内容还是相当的广泛,几乎囊括了所有的体育及休闲项目。

从具体项目的选择上来看,我国家庭体育的活动内容呈现出多样化的发展现状。乒乓球、羽毛球、网球等小球类以及田径类等是我国居民从事家庭体育活动的主要内容。这是因为乒乓球、羽毛球等小球类项目所需场地要求不高且方便,田径类的项目不需要很大的经济投资,而且不需要专用场地,既方便又实惠。

从项目性质上来看,家庭体育的主要内容也多样化,主要包括:休闲与观赏活动;户外体育与娱乐活动;肌肉的力量性锻炼方法;有氧运动的耐力性锻炼方法;伸展运动的灵巧性锻炼方法;医疗体育及运动处方;营养保健与心理卫生知识;家庭健身器械等。

3. 家庭体育活动时间与空间

人们生活的时间结构主要由三部分组成,即工作时间、余暇时间和生理必需时间。对余暇时间的支配是对一个人的爱好、兴趣以及生活规律和生活方式等方面的反映,同时又反映了社会的物质文明与精神文明程度。

一般来说,家庭体育的活动时间都是在余暇时间进行的,因此余暇时间是人们参与家庭体育活动的保证。家庭体育锻炼与工作压力大、生活、节奏快有一定的关系。

家庭体育的活动空间主要指家庭成员进行各种体育活动时所占据的空间位置和必不可少的活动场所。体育活动的空间分为自然空间和人造空间。自然空间包括山川、江河湖海、高空等;而人造空间则主要包括家庭居室以及体育场馆设施和公园广场等。受经济条件的制约,我国公共体育设施、人均体育场馆占地面积相对较少。家庭成员进行体育活动主要是在自家的居室周围和体育场馆中进行。

随着我国"双休日"以及节假日制度的实行,家庭体育开始由人造空间走向自然空间,户外体育运动成为人们生活消遣的一种方式。高山、湖海、草原、丛林等成为人们户外运动的首选。

4. 家庭体育形式

任何集体性质的活动都需要进行组织,同样,体育活动也需要对参与者进行组织。作为一个社会机构或国家机构,这种组织是需要对人力、物力、财力等方面做出大量投入的;而家庭则凭借其天然的关系能随时根据不同情况和需要组织家庭成员进行体育活动。

人们在日常家庭生活中与家庭成员接触多,关系密切,这为体育进入家庭创造了良好的内部条件。人们在生活中渴望与家人一起活动,但在具体的体育实践中却存在着诸多因素导致家庭成员不能如自己所期望的那样在一起活动,这些因素主要有社会因素、家庭因素、个人因素等。所以,总体来看,首先个人在从事体育活动中占据很大的比重;其次是和朋友、同事一起活动;最后才是和家人一起活动。

5. 家庭体育价值观念的变化

体育价值观念是体育意识的清晰流露和更为明确具体的体现。体育意识指的是人们对体育感觉与思维判断的综合,而体育价值观念则是一种体育社会心理现象,它不仅会影响个人行为,也会影响群体行为,在很大程度上决定着社会或个体对体育的基本态度。一个家庭的体育行为起源于对体育的需求。体育价值观念同体育态度有着密切的关系,合理、正确的体育价值观念和积极稳定的体育态度能促使人们积极地参加家庭体育活动。家庭体育价值观趋向多元化方向发展,包括教育价值观、消费价值观、身份价值观、健美价值观、现代生活价值观、心理健康价值观、友谊价值观、社会交往价值观、精神价值观、娱乐价值观和体育道德价值观等。

如今,人们在现代社会价值观以及体育价值观的影响下,形成了新的价值观念,家庭健身也出现多样化、科学化、合理化的趋势;另外,还越来越注重与自然环境的融合统一。

6. 家庭体育动机

动机是指能引起和维持一个人的活动,并将该活动导向某一目标,以满足个体某种需要的念头、愿望和理想等。它是使生活主体趋向一定目标的内在动力,它隐藏在行为的背后,是行为的动因。

通常,人们对某事物的动机反映的是对某事物的态度。需要是家庭成员从事体育活动的主要原因,有什么样的需要就有什么样的动机。家庭成员对从事体育活动的动机由于条件的不同因而动机也有所不同,这些客观条件主要有家庭背景、身体状况、文化背景、性格类型、职业类型、爱好兴趣等。通常,人们参与体育锻炼的动机选择依次是增进健康→消遣娱乐→松弛身心(或缓解压力)→融洽社会关系(或社会交往)→治疗疾病。

除上述动机外,家庭体育的动机主要还有从运动中获得乐趣增强自信心、陪家庭成员运动、形体健美或减肥、长期养成的运动习惯、学习一技之长、治疗疾病、与家人团聚、把从事运动当成一种现代人生活消费方式的体现等。

7. 家庭体育消费状况

体育消费是一种伴随对体育功能作用的主观认识基础上的新型消费类型。它是人们在物质生活基本满足的条件前提下,所引发的一种适应更高层次的消费方式,已成为现代生活的重要组成部分。

随着人们生活水平的不断提高,消费观念也发生着深刻的变化,"花钱买健康""花钱买休闲"已成为一种时尚潮流。在这样的形势下,体育消费必然会进入人们的日常生活,并呈多样化、高层次化和国际化的发展趋势。它作为一种发展与享受性的消费,在居民生活消费结构中的比重将日益提高。

体育消费作为人们日常生活的一个重要组成部分,是社会和商品经济发展到一定程度的产物,是人们在基本生活条件得以满足的前提下所引发的较高层次的需求,是反映人民生活水平的一项重要指标,是体育走向市场及市场接纳体育的结果。在市场经济体制下,我国消费的多样化趋势,使人们的生活消费由抑制性消费向个性化消费转变、由低层次消费向高层次消费转变。由此大大促进了我国的体育消费。

家庭体育消费,是指家庭成员在体育活动方面的货币支出量。目前来看,我国家庭体育消费水平虽然有了明显的提高但是与发达国家相比还有很大的差距,特别是户均家庭体育消费水平,这与整个体育消费水平的不高是密切相关的。另外,由于我国各地区经济发展水平存在较大差异,某些家庭体育消费相对来说是比较高的,这就需要消费水平相对较高的地区应该大力扶持体育健身事业,为我国的家庭体育事业做出贡献。

(二)现存问题

1. 活动设施不足且较为陈旧

一般来说,如果一个人单独进行活动,设施问题很容易就能解决。但是,如果家庭成员一起进行活动,就会产生一系列的问题。社会上的体育场馆一般都是为体育比赛而特意设置的,家庭利用比较困难,且大多数运动场都是田径场。除去运动场外,进行家庭体育活动也可以在户外进行,比如海水浴、野营、登山、远足、郊游等。在自然环境下,家庭成员之间可以一起活动,从日常生活中解放出来,体味轻松、愉快的感觉,增进彼此间的感情。但是户外运动受到客观因素的影响较大,大多数户外运动的场所,一般没有经过很好护理和整理,多数较简陋,这样会大大降低人们从事体育运动的乐趣。因此,保护自然环境就成为政府及地方亟须解决的重要课题。我们期待着设立一些既不会破坏大自然又可以从事户外活动的设施。

2. 缺少健全的服务体系

一个健全的家庭体育健康服务体系主要有两个方面的作用:一是不仅可以提高我国老年人的身心健康水平,减少人口老龄化的负面影响,还可以冲破传统观念意识和旧的习俗,促进家庭和个人健身锻炼的科学化程度和文明、科学、健康生活方式的普及;二是可以促进我国家庭人力资源的开发和利用,为社会生产提供高质量的人力资源,并促使其有效运转,让老年人的潜能得到充分的发挥,推动社会主义物质文明和精神文明的建设。

发展到目前,我国还没有形成一个健全的家庭体育服务体系,科学健身的思想观念和价值观念还未植根于人们的头脑之中,一些科学的健身方法和原则也未被人们所掌握。在农村,大多居民缺乏必要的科学健身知识,获取科学健身知识、方法和技术的渠道比较狭窄,受到客观因素的影响较大,具有很大的局限性。另外,由于居住区域差异较大,知识更新周期也比较长,更使他们缺乏对体育健身的科学认识和正确理解。

3. 消费意识不高

我国大部分家庭受传统消费观念的影响,其消费逐年增长的幅度总是低于收入的增长幅度,这与其他国家存在着很大的不同。目前,总体来说,我国家庭体育消费结构还比较单一,体育服装等实物性消费占较大份额。这是因为实物消费兼有运动和日常生活两方面的效用,符合我国传统的消费习惯和观念。

4.市场不够成熟

家庭体育市场的形成与发展由三个方面的因素决定。第一,家庭体育要有劳务化商品和消费者,这是构成市场的基本要素;第二,随着社会和经济的发展,人们必须具备一定的购买力,这是客观现实的需要;第三,健身健美、休闲娱乐等已形成了广泛的社会需求,人们普遍具有较强的购买动机和欲望,这是家庭体育市场形成和发展的必要条件。只有完全具备了以上这些要素,家庭体育市场才可形成并得到发展。

从目前情况来看,我国还未形成一个成熟的家庭体育市场,这与日益增长的经济水平、居民生活水平和消费能力不相适应,不能满足人们的需求有关。因此,当下我国的家庭体育市场还存在着各种各样的问题,尚处于初步发展阶段。这些问题包括:第一,家庭体育市场商品价格低廉,薄利多销;第二,家庭体育市场空白,产品紧缺时有发生,如体育场馆设施的紧缺、体质监测评价仪器的短缺、有效实用技术的短缺等;第三,家庭体育市场的层次化需求明显。市场经济打破了平均主义的分配原则,拉开了人们的收入差距,社会需求也必然有所不同。

5.缺少足够的体育指导人员,并且文化水平偏低

现代健康观认为,人的健康应该包括四个方面:身体健康、心理健康、道德健康以及良好的社会适应性。只有这几个方面达到良好的状态,才可以称得上是健康。然而,在现实生活中要想达到这种状态也并非易事。现代社会物质文明与精神文明发展的同时,也给人们带来了一系列的负面影响,大部分人都处于没有疾病却感觉身体并不健康的亚健康状态,这种现状要求大量的体育指导员必须走进家庭,为人们提供健康社会化的教育、预防疾病和体育康复保健等服务。而目前我国体育指导员还存在着众多问题。

二、家庭体育的发展趋势

(一)向联合型方向发展的趋势

在现代社会,家庭体育活动的独立性很强。而未来社会是一个独生子女和老年化社会,由于家庭成员相对较少,因此对开展体育活动有一定的限制性。所以,在未来,单个家庭同另一个家庭(或多个家庭)联合起来共同开展体育活动将变得十分普遍,这既有助于体育活动的开展,又有利于相互交流情感、增添兴趣、增进健康。

(二)与学校体育、社会体育一体化趋势

一个人的发展通常都要经历家庭、学校和社会这三个不同的时期,每个时期对个人的成长都起着举足轻重的作用。家庭教育是一个人发展过程中所经历的第一个时期,它有着学校教育和社会教育不可替代的作用,是实现人终身身心协调发展的重要组成部分。学校教育是个人成长和发展的重要时期,学生在学校时期增长身体,获得知识,掌握为社会服务的本领,对家庭和社会都会产生积极的作用。而社会教育则是学校教育的发展和延伸,也是每一个社会成员的归宿。

另外,一个人的发展也有可能同时处于这一时期,但扮演着三种不同的角色。换句话

说,一个人可以是家庭的人,也可以是学校的人,还可以是社会的人,这是由人的社会性所决定的,只是因为教育的不同而将其分为不同的时期。由此可见,家庭体育、学校体育和社会体育本身是一个既相对独立又相互联合的统一体。

(三)农村城市化趋势

目前我国仍是一个发展中国家,经济相对发达国家来说还有不小的差距。而我国地区与地区、城市与城市之间也存在着明显的贫富差距。由于经济的发展是同家庭体育的发展相吻合的。在经济较发达的东部和沿海地区及城市,参与体育健身的人多些,而在西部地区和广大农村,参加体育健身的人较少,特别是边远地区的农民就更少。

随着社会的进步和经济的发展,特别是我国在实施西部大开发和建设新农村战略决策后,我国的东西部之间以及城乡之间的差距将会大大减小,农村的建设也将向城市化方向发展。农村主要具有两方面的天然条件:一是农村地理环境优越,面积广大辽阔,人均面积都要大于城市,农村中小康家庭大多具有独立的庭院,而房屋的空间相对较大,给建立家庭健身房或小型球场提供了更加优越的条件;二是生活在农村中的人只有在农闲时或收获后、特别是节庆期间,才会有参加体育活动的时间和心境。但是随着农业现代化的不断发展、新农村建设的不断深入,这种季节性将被一种全新的生活方式逐渐取代,农民的家庭体育文化生活将会更加丰富多彩。可见,在这样的形势和背景下,农村家庭体育活动将向城市化方向发展,这是一个必然发展趋势。

(四)生活化趋势

一方面,现代社会由于科技的发展、生活节奏的加快,大量从事脑力劳动的人们精神严重疲劳,在紧张的脑力劳动之余,进行一些相应的体育锻炼,会使紧张的脑细胞得到很好地放松。科技发展提高生产率的同时也为人们带来了较多的余暇时间,人们就可以利用余暇时间自由选择各种形式的体育锻炼;另一方面,城市化速度的加快,人口的稠密,人际关系的冷漠和功利化取向,使以家庭内聚力与以亲属为纽带的家庭之间和家庭成员之间的社会情感、相互交流的需要变得更加迫切和必要。体育作为社会文化生活的重要组成部分,进入每个家庭和每个人是需要一定条件的,而现代社会、经济、文化条件都满足了这一需求。

随着我国社会经济的发展,人们的生活领域在不断扩大的同时,其生活价值容量也在不断变大,家庭体育的内涵与外延变得日益丰富起来,体育从以前的以满足人类的生存需要进而发展成为现在的满足人类的享受需要。随着人们生活方式的转变,人们不再单单考虑家庭体育强身健体的功能,还把活动过程和体验本身的价值一一凸现出来,将家庭体育作为一项有意义的活动形式,使自己在身体和精神上都得到休息、放松和享受。

(五)个性化趋势

未来社会的家庭不再仅仅满足于趋同他人,家庭体育将成为人们展示个性的舞台。近些年来,观赏和参与展示个性特征的时尚化的休闲运动和极限运动,如街舞、蹦极、漂流、攀岩、自行车等,更是成为家庭成员特别是青少年健康愉快地打发闲暇时间的必备之选。他们在这些个性化的活动中可以尽情地展示自我、发展自我。

(六)多样化趋势

随着人们生活水平的不断提高,生存意识的不断更新,健身意识、环境意识、自然意识、多元文化意识等的加强,人们开始广泛地追求娱乐享受而积极开展各种各样的体育活动以丰富自己的家庭生活,因此,家庭体育活动将呈现出多样化的趋势。

现在,许多家庭都选择各种形式的户外活动俱乐部,如"野营协会""旅游探险小组""垂钓俱乐部"等,还有那些利用自然条件的登山攀崖、游泳滑雪、冲浪潜水和需要适当增加经费投入的跳伞、摩托艇、热气球、保龄球、高尔夫球、赛车等也逐渐走入许多家庭的视野,成为人们乐此不疲的追求。除此之外,人们为了从家庭体育活动中得到精神享受和亲情的融合,对体育器械的需求也越来越多,用于体育的投资将大大增加。但是,家庭体育器械等受家庭经济、环境等多种因素的制约而发展缓慢、品种单一、价格偏贵。而未来社会并不完全受经济环境等制约,随着科技的发展,会相继产生各种各样的高科技的健身运动器械,体育器械将会呈现出丰富多彩、琳琅满目、推陈出新、新产品层出不穷的局面。随着时间的推移,人们还会挖掘、创造众多的适合家庭体育运动的体育项目。

(七)科学化趋势

随着现代家庭体育的蓬勃开展,生活水平和文化素质的提高,体育科学知识的进一步普及,人们已不再满足于一般简单的体育活动,而是积极寻求体育科学化的指导。参与家庭体育的家庭成员对家庭体育活动诸多方面提出了要求,包括家庭体育的活动形式和活动内容、体育保健咨询、科学锻炼、技术指导、家庭居室锻炼的体育器材、开展家庭体育活动的方法等。人们力求体育参与程度与本身机能特点相适应,运动处方更加科学和有效,体育观赏水平也更加理智化,对体育器材则要求多功能化、小型化。另外,由于体育保健器材需求量的急剧上升,对社区生活环境中的体育设施建设格外关心,对体育书刊讲究内在质量、实用和趣味。

第四节 现代社区体育文化体系构建

一、社区体育文化发展的新模式构建

(一)社区体育文化发展的小区模式

1.社区辐射型体育组织模式

我国社区体育发展之初,社区体育的主导形式受国家体育体制发展的影响,采取的是行政管理制,社区体育发展的行政管理模式的建立也是一种必然,在这种行政主导性的体育组织系统中,便于小区不同层次的体育活动能够广泛地开展,同时控制活动规模,从而形成行政主导的社区体育组织,并呈现出辐射型的组织结构。

就长期来看,随着我国住宅小区的建设和规范,以行政为主导的社区体育组织管理体制在未来必然会向着更加民主化、以社区居民为主导的方向发展。

2.社区网络状体育组织模式

随着社区体育的不断发展,居民在社区体育中的地位越来越高,并成为社区体育组织的主要"领导者",这一时期,多为民间、行政共建体育组织,构建社团主导型的体育组织系统。

在原有的社区行政主导的基础上,社区体育的体育物质基础设施不断改善,同时,基层体育部门的主要职责是在社区体育的发展中给予指导和财政援助,社区组织的发展更多地依靠社区居民自建,在行政指导和居民自建的基础上,形成了网络状的组织结构。

3.社区独立体育组织模式

现阶段,我国社区体育组织中,居民的组织和领导地位进一步上升,逐渐发展成为由居民自由结合而成立的社区俱乐部组织,呈现出独立型的组织结构。

这一阶段,社区体育的主要任务是构建会员制俱乐部组织,采用自主管理,以独立经营的俱乐部模式为特征,社区行政管理的权利进一步弱化,主要从体育政策、法规角度进行宏观调控。

(二)社区体育文化发展的学区模式

1.学区模式的特点

学区体育是现阶段面向社会开放学校体育资源,实现社会与学校体育资源共享的一种新型社区体育形式。

社区体育发展的学区模式不以行政区域为划分标准,而是以学校(一个或数个)为中心,向周边社区辐射,以学校为主要活动场所,以居民和学生为体育参与对象,依托学校丰富的体育资源开展丰富多彩的体育活动。

社会体育文化发展的学区模式的构建,可以实现学校和社区各种体育资源的共享,以营造良好的校园与社区体育文化氛围,二者相互促进,共同发展。

2.学区模式的构建基础

从实际的发展现状来看,在社区体育文化发展的学区模式建立中也存在着诸多问题需要解决。例如,学校体育资源对包括社区居民的社会大众的开放,由于责、权、利不清,服务对象与管理办法不明确等,导致学校体育设施器材的使用频率大幅增加,维护难度也相应增加,同时,管理上也大大增加了校方的负担。

必须充分考虑学校自身的教育活动的正常开展、体育资源损耗、体育运动安全以及学生安全管理等多方面的因素,只有将这些问题都合理协调地解决之后,才能促进社区体育文化发展的学区模式的顺利建立。

当前,建立社区体育文化发展的学区体育模式,必须做好以下几个方面的工作。

(1)以学校为中心进行学区范围的划分,与校方保持联系共同商议建立学区体育模式。

(2)成立学校体育设施对外开放管理委员会,以便对体育设施对外开放使用进行管理。

(3)学校联系社区通过举办各种体育辅导班来吸引社区居民的积极参与,从而提高健身水平。

(4)社区积极寻找学区体育志愿者来对学区居民的体育活动进行有机的辅导工作。

(5)学校与社区共同开展体育竞赛,制订好活动计划,在各个层次上都进行竞赛。

(6)定期举办社区青少年学生和家长协同参加的社区体育活动或竞赛,激发居民参与社区体育的热情。

(三)社区体育文化发展的俱乐部模式

1.体育俱乐部模式的特点

社区体育俱乐部发展模式的特色在于与本社区的具体实际相结合,能最大限度地充分利用本社区的体育设施资源、最大限度地调动本社区居民参与社区体育的积极性和主动性,使社区形成一个良好的体育锻炼氛围。

2.体育俱乐部模式的构建要求

当前社会发展和市场经济发展条件下,依托社区的自然环境与人文环境,成功运作社区商业体育俱乐部至关重要,要促进体育俱乐部模式的良好构建与发展,应重点考虑以下因素。

(1)服务目标群体因素

稳定的消费群体是体育俱乐部发展的重要基础,在社区商业体育俱乐部创建之初,要满足以下几点。

①进行市场调查

调查中的因素要包括地理位置、竞争对手、消费水平、消费习惯以及行业态势等诸多因素,因为社区体育俱乐部只有建立在现实需要的基础上,才能明确经营方向和范围,为目标人群提供准确的服务。

②明确目标市场

在经过基础、全面的市场调查的基础上,充分了解社区的个性化特征,这时还要就新市场形成的可行性进行认真分析,具体来说,就是要针对目标群体进行研究(包括年龄、收入、文化、职业、爱好等),确定市场是否成熟、怎样投资,或者投资额的设定。

③实施差别化经营

当前,我国健身市场竞争激烈,体育俱乐部要想在市场中站稳脚跟,就必须制定科学化的组织,经营与管理策略,例如,通过适当的促销能增进社区体育俱乐部在消费者当中的亲和力;针对上班一族的锻炼时段固定的情况,借助价格、超值服务等手段进行经营调整,以确保每天不同时段都有适中的锻炼人数,从而保证良好的健身效果和资源的有效利用;要求俱乐部的服务人员应当对每个健身者的要求有详尽了解,针对不同的健身个体之间的差异确定差异化的、个性化的健身服务。

④提供优质服务

不断提升服务质量是体育俱乐部发展的核心。对于体育消费者——健身锻炼者来说,服务会影响其体育消费的忠诚度,健身者会以自己对所消费服务的满意度来评价服务质量,好的健身服务会使健身者向亲友推荐,扩大俱乐部的消费人群。因此,社区体育俱乐部要充分发挥自己的优势和实力,对俱乐部的职员经常进行专业性的服务培训,使其服务水平不断提高,提供舒适、细致的服务,融洽客户与俱乐部的关系,使客户与俱乐部能各取所需。

(2)权重因素

商业化经营需要充分了解市场经济的基本特点、规律和经营影响要素,如此才能实现经济利益的最大化。

西方经济学描述市场,用一个公式表示:

$$市场＝人口＋购买力＋购买欲望$$

对影响市场的三个因素具体分析如下。

①人口

一定量的人口是组成市场最重要的因素,近年来,我国的人口发展状况呈现出两方面特点:一方面,农村人口大量流入城市,城市流动人口数量倍增;另一方面,晚婚趋势明显,同时离婚率增高。在考虑人口因素时,我国社区居民的年龄结构、生活方式也是重要的考量因素。

②购买力

经济环境是决定消费者购买力强弱的重要因素,其中包括收入、价格、存款和信贷等多种因素。消费者购买力的大小与收入、价格、储蓄和信贷等多种因素有关。

③购买欲望

购买欲望具体是指消费者得到那些满足自身需要的特殊物品和服务的愿望。在社区商业体育俱乐部的发展中,消费者的健身服务的购买欲望与社区商业体育俱乐部的服务质量、服务价格的高低、塑造的品牌形象以及服务环境和地理位置等诸多因素密切相关。

综上分析,社区商业体育俱乐部要想不断扩大体育市场,吸引足够多的锻炼者,获得顾客忠诚度,就必须做好以下工作。

首先,在价格相同的基础上,持续提高自己的服务质量。

其次,在俱乐部之间提供的服务质量水平相当时,价格会影响消费者的购买欲望,可适当调整服务价格。

再次,科学选址。社区商业体育俱乐部属于区域经济,人们往往会选择交通便利、周边环境宜人的俱乐部健身,所以社区体育俱乐部的选址几乎是最为重要的因素之一。

最后,加强宣传。培育与发展消费市场是健身俱乐部持续经营和发展的重要基础。健身市场做得越大,投资者收获也就越大。为扩大和发展市场,健身俱乐部应做好宣传工作,不断提高俱乐部的知名度与美誉度。一方面,体育俱乐部可以通过媒体或标牌进行健身宣传,为居民开展健身咨询,培养社区居民的健身意识。另一方面,体育俱乐部与街道办事处积极合作,联手举办面向整个社区的社区体育活动。此外,不同的社区商业体育俱乐部间可以举办一定数量的体育比赛,以加快社区商业体育俱乐部发展和树立自身形象。

特别值得提出的是,当前,虽然我国的社区体育组织多为公益性的,社区居民可以免费参加,但是设备不齐全,健身指导不专业,而在社区体育俱乐部和体育健身中心这些专业性的体育场所,需要居民承担一定的消费支出。

二、社区体育文化服务体系的构建与完善

(一)社区体育服务体系的内容

1. 组织服务

社区体育各项服务工作的开展需要一定的组织机构来承担和具体实施。

目前,我国社区体育项目的组织机构主要有两种,一种为官方的正式组织;另一种为由居民自发组成的非正式组织。具体分析如下。

(1)正式组织。无论是在工作形式上还是组织人员编制上都拥有较为完善和系统的规章制度和活动方法,该组织举办的社区体育活动通常较为正式,活动环境较好,影响力较大,能充分调动和利用社区的各种体育资源。

(2)非正式组织。由社区中拥有相同体育爱好和运动需求的民众自由自发组成的体育组织。与正式组织相比,由于不能完全利用社区体育资源,所以在组织的活动规模上和影响力都不能与正式组织相媲美。但是,非正式组织的组成人员较为灵活,活动方式多样,活动较为频繁。现阶段,在我国大中城市,承担我国基层社区体育组织服务工作的就是地区办事处。各地地区办事处作为社区体育服务的主管部门,领导着下辖的各个社区,直到它们落实好社区体育发展的政策和服务,为相关体育活动提供资源保障。

2. 设施服务

设置服务是保证社区体育正常开展的物质保障。设施完善与否,也直接决定了社区体育服务的质量,只有设施服务到位,才能真正开展活动,否则一切都是空谈。

就全国范围来看,我国社区居民健身路径呈不断增加的趋势,但是由于我国人口众多,从整体来说,我国社区健身路径的配置数量是非常少的,人均占有量极低。

当前社区设施服务应做好以下两个方面工作。

一方面,增加基础设施建设。近些年来,国家非常重视现代化社区及其服务提供机构的设置和管理,这使社区的功能性逐渐得到完善,进而使社区体育服务工作也渐渐走上正轨。最典型的表现就是在社区中修建和完善的体育场地,器材逐渐增多。这些物质资源有力地保证了社区居民参加体育运动的物质基础。

另一方面,提高体育设施利用率。为保证社区体育设施服务到位,就要在可能的情况下充分利用政府等多种团体提供的体育资源,并做到合理利用、高效利用。

3. 技术指导

社区体育管理组织拥有辖区内所有体育资源的调配权和使用权,这些体育资源中就包含了体育人才资源。因此,在社区体育服务体系中就存在有指导服务。

健身锻炼是一门科学,它要区别于随意性的体育活动,而表现出更多系统的、有规律的活动。因此,需要专业性的指导就成为一种必然。社区体育指导员是我国社区体育健身人才队伍建设的骨干力量。

从整体来看,我国社区体育的人力资源不够多,社会体育指导员较少,因此,为了促进社区体育建设的顺利进行,政府应集合社会各方面的理论,加强对社会体育指导员进行多方

面、多途径的培养,以使社区居民能够在科学指导中参与体育健身运动。

4. 经费支持

体育服务经费是社区体育服务的重要保障,可以说,没有经费的支持,很多体育服务都无法进行。

现阶段,做好社区体育的经费补充相关工作应从以下两方面入手。

宏观方面,国家有关部门可以想方设法从多种渠道为社区体育服务提供经费,如在体育彩票的获利中拿出一部分专门作为开展社区体育的经费等。

微观方面,社区自身应在正当渠道和方法下与企业合作获得赞助。当然,一些特殊的体育服务还可以适当向居民收取一定的费用,但应注意这种收费不应是以营利为目的的。

5. 信息服务

当今社会是信息社会,各种信息交流、传播速度快,伴随着社会化与数字信息化的到来,体育事业的蓬勃发展离不开先进的体育信息处理平台,社区体育建设也离不开信息化的发展。

从社区体育信息服务形式来看,我国大部分社区对体育健身的宣传都具有多样化的特点,不仅包括信息宣传栏、通告栏、社区 LED 显示屏、社区电视广播、社区横幅、海报等,还包括社区 QQ、微信、论坛等新兴虚拟媒体载体,这些信息服务充分保证了我国社区体育活动的多样化、频繁开展。

新时期,社区体育服务必须在"服务"的理念下开展,并且始终不能脱离"服务"的本质。为了不脱离"服务"的本质,应明确各项服务内容与服务要求。

(二)社区体育服务体系的构建与完善要求

1. 符合我国基本国情

由于国家制度、社会背景及发展程度不同,社区体育服务体系的构建也必须以立足于中国社区体育服务的客观需求为目标,要有利于我国社区体育服务的发展。因此,构建适合中国的社区体育服务体系应当在审视我国国情的基础上,切实立足中国社区体育服务的客观需求。社区体育服务体系必须与中国的实际情况结合起来,才能得到有效地运用并发挥作用。

2. 满足居民体育需求

在中国迈向小康社会的进程中,社区体育服务随着中国社会制度改革和经济发展而发展起来,它的健康发展对不断完善有中国特色的社区体育形式有积极的作用。

随着中国居民的经济文化水平不断提高,人们对于健康的需求意识也越来越强烈。所以目前的情况就是公众渴望获得高质量的社区体育服务,其对社区体育服务的需求进一步增强,要求也随之增高。信息化社会的到来,使人们了解新事物的周期不断缩短,信息量逐渐增大,人们越发想尝试新潮的体育活动。然而与这种想法不相匹配的是目前广泛开展的社区体育项目仍旧显得陈旧且方式单调,不能与时代接轨。

目前,社区体育项目的更新滞后问题已经成为影响社区体育发展的主要因素之一。社区居民期望自己所居住的社区能够组织与时俱进、丰富多彩的体育活动。充分了解居民健身需求,以开发出适合社区居民参加的体育健身活动是当前构建科学社区体育服务体系和促进其不断发展完善的重要途径之一。

3. 体现公众本位理念

社区体育服务体系的运作要突出反映公众参与服务,接受服务的变化以及社区服务能力的高低,并以此引导相关的政府主管部门的体育管理工作向提高体育服务能力的方向发展。

社区体育服务体系自身就是一种服务和公众至上的管理机制,这一体系的存在能够加强公众对政府、社区公关部门的信任,从而突出"公众本位"的服务理念,向公众强调政府是社区体育服务的供给者,贯彻社区体育服务必须以公众为中心,以公众的需求为社区体育健身资源开发与利用的基本导向。

4. 提高公众满意度

社区居民是社区体育健身的参与主体,因此,社区体育服务应充分考虑居民的满意度,以社区居民的满意程度作为社区体育服务效果的最终评价。社区体育服务从本质上来说就是政府提供的公共服务,所以它具有公共性和福利性的属性。这就要求社区体育服务体系的建立与完善要以社区公众为最终评价者,树立顾客意识,在提供各项社区体育服务体系时尽最大努力满足公众的体育参与和发展需求。

5. 突出社区发展特色

创新是社区体育发展的生命力,也是社区体育服务工作的一个重点。当前,社区体育服务体系的建立与完善应结合具体的不同社区的特点来进行。社区体育服务要做到与时俱进,符合社区居民的整体体育参与和发展需求,体现出不同社区体育服务的特色(如服务形式、体育项目设置、服务标准定位等)。

参考文献

[1]夏越.现代高校体育教学研究[M].北京:北京理工大学出版社,2019.01.

[2]刘景堂.高校体育教学改革研究[M].北京:中国纺织出版社,2019.12.

[3]陈轩昂.新时期高校体育教学的改革与发展[M].北京:航空工业出版社,2019.01.

[4]谷茂恒,姜武成.高校体育教学评价体系的构建[M].北京:航空工业出版社,2019.01.

[5]郝英.高校体育教学俱乐部的组织与设计[M].北京:九州出版社,2019.11.

[6]张京杭.高校体育教学方法实践探索[M].北京:现代出版社,2019.10.

[7]杨乃彤,王毅.高校体育教学创新及运动教育模式应用研究[M].北京:九州出版社,2019.12.

[8]廖建媚.高校公共体育教学环境研究[M].厦门:厦门大学出版社,2019.12.

[9]刘伟.高校体育教育创新理念与实践教学研究[M].北京:九州出版社,2019.06.

[10]蒋明建,左茜颖,何华.高校体育教学体系的建设与发展[M].长春:吉林大学出版社,2020.07.

[11]欧枝华.新时期高校体育教学及其课程体系改革研究[M].北京:中国纺织出版社,2020.03.

[12]杜烨,刘斌,刘慧.新背景下的高校体育教学改革与发展[M].北京:原子能出版社,2020.07.

[13]邱天.高校体育创新思维的教学与实践[M].厦门:厦门大学出版社,2020.07.

[14]贾清兰.体育教学与体育文化融合研究[M].长春:吉林出版集团股份有限公司,2018.04.

[15]赵金林.校园体育文化建设与实践探究[M].北京:中国书籍出版社,2018.05.

[16]舒为平,潘小非,何颖.新时代民族体育发展研究[M].成都:电子科技大学出版社,2018.06.

[17]张宝秀,叶晓,刘守合.文化视角下教育教学改革新探索[M].北京:知识产权出版社,2018.11.

[18]辛宪军,黄琪,李能仁.体育教学与文化融合[M].长春:吉林大学出版社,2017.05.

[19]薛文忠.民族传统体育文化与研究生体育健康教育研究[M].长春:吉林大学出版社,2017.12.

[20]吴江.体育教学与文化融合[M].北京:冶金工业出版社,2015.08.

[21]李进文.高校体育教学与体育文化融合发展研究[M].北京:中国原子能出版社,2021.09.

[22]杨艳生.体育教学改革与创新实践研究[M].长春:吉林人民出版社,2021.09.